中国科学院统计年鉴

STATISTICAL YEARBOOK OF THE CHINESE ACADEMY OF SCIENCES

1 9 9 7

中国科学院计划财务局 编

Bureau of Planning and Finance
Chinese Academy of Sciences

科 学 出 版 社

Science Press
1 9 9 7

中国科学院统计年鉴

STATISTICAL YEARBOOK OF

THE CHINESE ACADEMY OF SCIENCES

1 9 9 7

中国科学院计划财务局 编

科学出版社出版

北京东黄城根北街 16 号

邮政编码：100717

中国科学院印刷厂印刷

新华书店北京发行所发行　各地新华书店经售

*

1997 年 11 月第 一 版	开本：787×1092 1/16
1997 年 11 月第一次印刷	印张：23 ¾
印数：1—700	字数：649 000

ISBN 7-03-006234-5/N・60

定价：120.00 元

《中国科学院统计年鉴》
编委会和编辑人员

一、编委会

主　编：竺　玄

副主编：王声孚　丁晓良

编辑委员（以姓氏笔画为序）：

丁晓良　王声孚　王喜敏　刘学英　陈兰英

李致洁　李廷杰　李云玲　李宪卿　沈幸华

何仁甫　张树春　竺　玄　姜淑娟　戚　强

黄伯明　龚望生　梁增勇　韩建国　魏　玲

二、编辑部工作人员

总编辑：丁晓良

副总编辑：刘学英

编辑人员（以姓氏笔画为序）：

白　宁　刘学英　刘建军　刘继昱　孙　伟

吕中林　陈立立　李　宏　李　菊　沈　菁

杨菊惠　杨兴宪　杨　茜　张　洁　苗雨新

庞　维　金碧辉　侯宏飞　赵衍库　赵国华

柴弘俪　高　晶　郭绳武　唐　炜　唐裕华

颜永平

英文翻译：韩建国　齐志英

Members of the Editorial Committee and Editorial Office of the *Statistical Yearbook of the Chinese Academy of Sciences*

Editorial Committee

Chief Editor: Zhu Xuan

Deputy Chief Editors: Wang Shengfu, Ding Xiaoliang

Members (according to the order of Chinese alphabet):

Ding Xiaoliang, Wang Shengfu, Wang Ximin, Liu Xueying, Chen Lanying, Li Zhijie, Li Tingjie, Li Yunling, Li Xianqing, Shen Xinghua, He Renfu, Zhang Shuchun, Zhu Xuan, Jiang Shujuan, Qi Qiang, Huang Boming, Gong Wangsheng, Liang Zengyong, Han Jianguo, Wei Ling

Editorial Office

Chief: Ding Xiaoliang

Deputy Chief: Liu Xueying

Members (according to the order of Chinese alphabet):

Bai Ning, Liu Xueying, Liu Jianjun, Liu Jiyu, Sun Wei, Lü Zhonglin, Chen Lili, Li Hong, Li Ju, Shen Qing, Yang Juhui, Yang Xingxian, Yang Xi, Zhang Jie, Miao Yuxin, Pang Wei, Jin Bihui, Hou Hongfei, Zhao Yanku, Zhao Guohua, Chai Hongli, Gao Jing, Guo Shengwu, Tang Wei, Tang Yuhua. Yan Yongping

English Translations: Han Jianguo, Qi Zhiying

编 者 说 明

一、《中国科学院统计年鉴，1997》是一部全面反映我院科技工作和各项事业发展的资料性年刊。本书收录了全院及院属各单位1996年的统计数据以及历年全院主要统计数据。

二、全书内容分为十一个部分，即：学部，机构，人员，经费、基本建设，科技活动，企业开发经营活动，科技论文、专利、获奖成果，国际交流，人才培养，文献、情报，图书出版。主要统计指标解释附在各部分后面。

三、本年鉴资料来源于综合、业务及其他管理部门年度统计报表。

四、本年鉴部分数据合计数由于单位取舍不同产生的计算误差均未做机械调整。

五、本年鉴部分“按学科分”的汇总数，均指按机构所属学科分。

六、本年鉴由中国科学院计划财务局会同院机关有关部门共同完成。编辑出版过程中，得到各方面的支持和帮助，在此一并致谢。

EDITOR'S NOTES

The *Statistical Yearbook of the Chinese Academy of Sciences*, 1997 is an informational almanac which gives an overall description of every major aspect related to CAS's scientific and technological (S&T) activities and its development. It contains statistical data of institutions and organizations of the CAS in 1996 as well as its important statistical information in the past years.

The Yearbook consists of the following 11 parts: academic divisions, organizations, personnel, funds and capital construction, S &T activities, business activities of CAS enterprises, S &T papers, patents and award-wining achievements, international cooperation, talent training, documentation and information, and publication. Explanatory notes on key indicators are attached at the end of each part.

Data contained in the Yearbook are selected from the annual statistical reports of various professional and management departments of the Head Office of the CAS.

Details may not add to the total in some statistical tables due to rounding. No manual adjustment is made.

The definition "By field" in some statistical tables refers to the classification of research fields which the institutes mainly deal with.

The Yearbook is completed by the Bureau of Planning and Finance of the CAS in cooperation with the relevant departments of the Head Office of the CAS. The Editorial Committee extends its gratitude to all those who have rendered their valuable support and assistance during the preparation of this Yearbook.

目　录

一、学　　部

二、机　　构

三、人　　员

四、经费、基本建设

五、科技活动

六、企业开发经营活动

七、科技论文、专利、获奖成果

八、国际交流

九、人才培养

十、文献、情报

十一、图书出版

CONTENTS

1. ACADEMIC DIVISIONS

2. ORGANIZATIONS

3. PERSONNEL

4. FUNDS AND CAPITAL CONSTRUCTION

5. SCIENTIFIC AND TECHNOLOGICAL ACTIVITIES

6. BUSINESS ACTIVITIES OF CAS ENTERPRISES

7. S&T PAPERS, PATENTS AND AWARD-WINNING ACHIEVEMENTS

8. INTERNATIONAL COOPERATION

9. TALENT TRAINING

10. DOCUMENTATION AND INFORMATION

11. PUBLICATION

一、学　部

ACADEMIC DIVISIONS

1.1 历届当选的中国科学院院士（学部委员）人数按学部分布

CAS Members, by Academic Division and Year of Election

单位：人

	合计 Total	数学物理学部 Division of Mathematics and Physics	化学部 Division of Chemistry	生物学部 Division of Biological Sciences	地学部 Division of Earth Sciences	技术科学部 Division of Technological Sciences
总计	**801**	**145**	**129**	**175**	**146**	**206**
1955年	172	30	22	60	24	36
1957年	18	6	2	5	3	2
1980年	283	51	51	53	64	64
1991年	210	38	35	34	35	68
1993年	59	10	10	11	10	18
1995年	59	10	9	12	10	18

1.2 现有院士人数按单位分布（1996）

Present CAS Members, by Institution: 1996

单位：人

	合计 Total	数学物理学部 Division of Mathematics and Physics	化学部 Division of Chemistry	生物学部 Division of Biological Sciences	地学部 Division of Earth Sciences	技术科学部 Division of Technological Sciences
总　计 Total	**563**	**111**	**99**	**93**	**102**	**158**
科研院所 Research units	250	62	41	59	42	46
高等学校 Institutions of higher learning	209	39	49	32	23	66
其他单位 Other institutions	104	10	9	2	37	46

二、机　　构

ORGANIZATIONS

2.1 院直属单位发展情况

The Development of Units Directly under CAS

单位：个

年份 Year	院直属事业单位 Institutions directly under CAS	科研机构 Research units	院直属企业单位 Enterprises directly under CAS
1949	25	22	
1952	26	31	
1957	97	67	
1962	117	99	
1966	135	106	
1975	80	63	
1980	156	117	
1985	157	122	
1990	159	123	
1994	159	123	5
1995	161	124	5
1996	158	123	8

2.2 院直属事业单位（1996年）
Institutions Directly under CAS：1996

序号 No.	单位名称 Unit	序号 No.	单位名称 Unit
	合计：158个 **Total**	13	感光化学研究所 Inst. of Photographic Chemistry
	北京市：54个 Beijing	14	生态环境研究中心 Research Center for Eco-Environmental Sciences
1	数学研究所 Inst. of Mathematics	15	化工冶金研究所 Inst. of Chemical Metallurgy
2	应用数学研究所 Inst. of Applied Mathematics	16	地理研究所 Inst. of Geography
3	系统科学研究所 Inst. of Systems Science	17	地质研究所 Inst. of Geology
4	计算数学与科学工程计算研究所 Inst. of Computational Mathematics and Scientific/Engineering Computing	18	地球物理研究所 Inst. of Geophysics
		19	古脊椎动物与古人类研究所 Inst. of Vertebrate Paleontology and Paleoanthropology
5	物理研究所 Inst. of Physics	20	大气物理研究所 Inst. of Atmospheric Physics
6	声学研究所 Inst. of Acoustics	21	遥感应用研究所 Inst. of Remote Sensing Application
7	理论物理研究所 Inst. of Theoretical Physics	22	自然资源综合考察委员会 Commission for Integrated Surveys of Natural Resources
8	低温技术实验中心 Cryogenic Laboratory	23	植物研究所 Inst. of Botany
9	高能物理研究所 Inst. of High Energy Physics	24	动物研究所 Inst. of Zoology
10	北京天文台 Beijing Astronomical Observatory	25	心理研究所 Inst. of Psychology
11	力学研究所 Inst. of Mechanics	26	微生物研究所 Inst. of Microbiology
12	化学研究所 Inst. of Chemistry	27	生物物理研究所 Inst. of Biophysics

续表 2.2

序号 No.	单 位 名 称 Unit	序号 No.	单 位 名 称 Unit
28	遗传研究所 Inst. of Genetics	44	北京科学仪器研制中心 Beijing R&D Center for Scientific Instruments
29	发育生物学研究所 Inst. of Developmental Biology	45	中国科学院机关 CAS Head Office
30	计算技术研究所 Inst. of Computing Technology	46	行政管理局 Bureau of Administration and Logistics
31	计算机网络信息中心 Computer Network Information Center	47	科技促进经济基金委员会 China Foundation of S&T for Development
32	软件研究所 Inst. of Software	48	中国科学技术大学研究生院 Graduate School of the University of Science and Technology of China
33	北京软件工程研制中心 Beijing Software Engineering Center	49	管理干部学院 College for Training Managerial Caders
34	半导体研究所 Inst. of Semiconductors	50	中国科学院文献情报中心 CAS Documentation and Information Center
35	微电子中心 Microelectronics R&D Center	51	中国科学报社 Chinese Science News
36	电子学研究所 Inst. of Electronics	52	科学出版社 Science Press
37	电工研究所 Inst. of Electric Engineering	53	北京建筑设计研究院 Beijing Inst. of Architectural Designing
38	工程热物理研究所 Inst. of Engineering Thermophysics	54	中国科学院科技物资中心 CAS S&T Materials Supply Center
39	空间科学与应用研究中心 Cenfer for Space Science and Applied Research		河北省：1个 Hebei Province
40	自动化研究所 Inst. of Automation	55	石家庄农业现代化研究所 Shijiazhuang Inst. of Agricultural Modernization
41	遥感卫星地面站 Remote Sensing Satellite Ground Station		山西省：1个 Shanxi Province
42	自然科学史研究所 Inst. of History of Natural Sciences	56	山西煤炭化学研究所 Shanxi Inst. of Coal Chemistry
43	科技政策与管理科学研究所 Inst. of Science Policy and Management		

序号 No.	单位名称 Unit	序号 No.	单位名称 Unit
	辽宁省：8个 Liaoning Province		黑龙江省：1个 Heilongjiang Province
57	大连化学物理研究所 Dalian Inst. of Chemical Physics	71	黑龙江农业现代化研究所 Heilongjiang Inst. of Agricultural Modernization
58	沈阳应用生态研究所 Shenyang Inst. of Applied Ecology		上海市：17个 Shanghai
59	沈阳计算技术研究所 Shenyang Inst. of Computing Technology	72	上海原子核研究所 Shanghai Inst. of Nuclear Research
60	沈阳自动化研究所 Shenyang Inst. of Automation	73	上海天文台 Shanghai Observatory
61	金属研究所 Inst. of Metals Research	74	上海硅酸盐研究所 Shanghai Inst. of Ceramics
62	金属腐蚀与防护研究所 Inst. of Corrosion and Protection of Metals	75	上海有机化学研究所 Shanghai Inst. of Organic Chemistry
63	沈阳科学仪器研制中心 Shenyang R&D Center for Scientific Instruments	76	上海植物生理研究所 Shanghai Inst. of Plant Physiology
64	中国科学院沈阳分院 CAS Shenyang Branch	77	上海昆虫研究所 Shanghai Inst. of Entomology
	吉林省：6个 Jilin Province	78	上海药物研究所 Shanghai Inst. of Materia Medica
65	长春物理研究所 Changchun Inst. of Physics	79	上海生理研究所 Shanghai Inst. of Physiology
66	长春人造卫星观测站 Changchun Satellite Observation Station	80	上海生物化学研究所 Shanghai Inst. of Biochemistry
67	长春应用化学研究所 Changchun Inst. of Applied Chemistry	81	上海细胞生物学研究所 Shanghai Inst. of Cell Biology
68	长春地理研究所 Changchun Inst. of Geography	82	上海脑研究所 Shanghai Inst. of Brain Research
69	长春光学精密机械研究所 Changchun Inst. of Optics and Fine Mechanics	83	上海生物工程研究中心 Shanghai Bioengineering Research Center
70	中国科学院长春分院 CAS Changchun Branch	84	上海冶金研究所 Shanghai Inst. of Metallurgy
		85	上海光学精密机械研究所 Shanghai Inst. of Optics and Fine Mechanics

序号 No.	单 位 名 称 Unit	序号 No.	单 位 名 称 Unit
86	上海技术物理研究所 Shanghai Inst. of Technical Physics	100	中国科学技术大学 University of Science and Technology of China
87	上海文献情报中心 Shanghai Center for Documentation and Information		福建省：1个 Fujian Province
88	中国科学院上海分院 CAS Shanghai Branch	101	福建物质结构研究所 Fujian Inst. of Research on the Structure of Matter
	江苏省：6个 Jiangsu Province		江西省：1个 Jiangxi Province
89	紫金山天文台 Purple Mountain Observatory	102	庐山疗养院 Lushan Sanatorium
90	南京天文仪器研制中心 Nanjing R&D Center for Astronomical Instruments		山东省：2个 Shandong Province
91	南京地理与湖泊研究所 Nanjing Inst. of Geography and Limnology	103	海洋研究所 Inst. of Oceanology
92	南京地质古生物研究所 Nanjing Inst. of Geology and Palaeontology	104	青岛疗养院 Qingdao Sanatorium
93	南京土壤研究所 Nanjing Inst. of Soil Science		河南省：1个 Henan Province
94	中国科学院南京分院 CAS Nanjing Branch	105	新乡科学仪器研制中心 Xinxiang R&D Center for Scientific Instruments
	安徽省：6个 Anhui Province		湖北省：8个 Hubei Province
95	固体物理研究所 Inst. of Solid State Physics	106	武汉物理与数学研究所 Wuhan Inst. of Physics and Mathematics
96	等离子体物理研究所 Inst. of Plasma Physics	107	武汉岩土力学研究所 Wuhan Inst. of Rock and Soil Mechanics
97	合肥智能机械研究所 Hefei Inst. of Intelligent Machines	108	测量与地球物理研究所 Inst. of Geodesy and Geophysics
98	安徽光学精密机械研究所 Anhui Inst. of Optics and Fine Mechanics	109	武汉植物研究所 Wuhan Inst. of Botany
99	中国科学院合肥分院 CAS Hefei Branch	110	水生生物研究所 Inst. of Hydrobiology

续表 2.2

序号 No.	单 位 名 称 Unit	序号 No.	单 位 名 称 Unit
111	武汉病毒研究所 Wuhan Inst. of Virology	124	成都有机化学研究所 Chengdu Inst. of Organic Chemistry
112	武汉文献情报中心 Wuhan Center for Documentation and Information	125	成都山地灾害与环境研究所 Chengdu Inst. of Mountain Hazards and Environment
113	中国科学院武汉分院 CAS Wuhan Branch	126	成都计算机应用研究所 Chengdu Inst. of Computer Application
	湖南省：2个 Hunan Province	127	成都生物研究所 Chengdu Inst. of Biology
114	长沙大地构造研究所 Changsha Inst. of Geotectonics	128	光电技术研究所 Inst. of Optics and Electronics
115	长沙农业现代化研究所 Changsha Inst. of Agricultural Modernization	129	成都科学仪器研制中心 Chengdu R&D Center for Scientific Instruments
	广东省：8个 Guangdong Province	130	成都文献情报中心 Chengdu Documentation and Information Center
116	广州人造卫星观测站 Guangzhou Satellite Observation Station	131	中国科学院成都分院 CAS Chengdu Branch
117	广州化学研究所 Guangzhou Inst. of Chemistry		贵州省：1个 Guizhou Province
118	广州地球化学研究所 Guangzhou Inst. of Geochemistry	132	贵阳地球化学研究所 Guiyang Inst. of Geochemistry
119	南海海洋研究所 South China Sea Inst. of Oceanology		云南省：5个 Yunnan Province
120	华南植物研究所 South China Inst. of Botany	133	云南天文台 Yunnan Observatory
121	广州电子研究所 Guangzhou Inst. of Electronic Technology	134	昆明植物研究所 Kunming Inst. of Botany
122	广州能源研究所 Guangzhou Inst. of Energy Conversion	135	西双版纳热带植物园 Xishuangbanna Tropical Botanical Garden
123	中国科学院广州分院 CAS Guangzhou Branch	136	昆明动物研究所 Kunming Inst. of Zoology
	四川省：8个 Sichuan Province	137	中国科学院昆明分院 CAS Kunming Branch

序号 No.	单位名称 Unit	序号 No.	单位名称 Unit
	陕西省：4个 Shaanxi Province	149	中国科学院兰州分院 CAS Lanzhou Branch
138	陕西天文台 Shaanxi Observatory		青海省：2个 Qinghai Province
139	水土保持研究所 Inst. of Soil and Water Conservation	150	青海盐湖研究所 Qinghai Inst. of Saline Lakes
140	西安光学精密机械研究所 Xi'an Inst. of Optics and Fine Mechanics	151	西北高原生物研究所 Northwest Inst. of Plateau Biology
141	中国科学院西安分院 CAS Xi'an Branch		新疆维吾尔自治区：6个 Xinjiang Uygur Autonomous Region
	甘肃省：8个 Gansu Province	152	新疆物理研究所 Xinjiang Inst. of Physics
142	近代物理研究所 Inst. of Modern Physics	153	乌鲁木齐天文工作站 Ürümqi Astronomic Working Station
143	兰州化学物理研究所 Lanzhou Inst. of Chemical Physics	154	新疆化学研究所 Xinjiang Inst. of Chemistry
144	兰州冰川冻土研究所 Lanzhou Inst. of Glaciology and Geocryology	155	新疆生物土壤沙漠研究所 Xinjiang Inst. of Biology, Pedology and Desert Research
145	兰州沙漠研究所 Lanzhou Inst. of Desert Research	156	新疆地理研究所 Xinjiang Inst. of Geography
146	兰州地质研究所 Lanzhou Inst. of Geology	157	中国科学院新疆分院 CAS Xinjiang Branch
147	兰州高原大气物理研究所 Lanzhou Inst. of Plateau Atmospheric Physics		海南省：1个 Hainan Province
148	兰州文献情报中心 Lanzhou Center for Documentation and Information	158	中国科学院海南分院（筹备组） CAS Hainan Branch (Preparatory Group)

注：Inst. ——Institute. R&D——Research and Development.

2.3 院直属企业单位（1996 年）

Enterprises Directly under CAS：1996

序号 No.	单位名称 Unit
	合计：8 个 **Total**
	北京市：6 个 Beijing
1	中科实业集团公司 China Sciences Group Co.
2	东方科学仪器进出口集团公司 Oriental Scientific Instrument Import & Export Group Co.
3	中国科技国际信托投资公司 China S&T International Trust & Investment Co.
4	联想集团公司 Legend Computer Group Co.
5	北京科海高技术集团公司 Beijing Kehai High Technology Group Co.
6	中国科学院印刷厂 CAS Printing House
	河南省：1 个 Henan Province
7	开封印刷厂 Kaifeng Printing House
	广东省：1 个 Guangdong Province
8	深圳科健集团有限公司 Shenzhen Kejian Group Co. Ltd.

主要统计指标解释

1. 院直属单位

院直属单位指经国家正式批准的院直属独立核算单位。独立核算单位的条件是：行政上有独立的组织形式，具有法人资格；会计上独立核算盈亏，独立编制资金平衡表或财务预算、决算表；有权与其他单位签订合同，并在银行设有独立的帐户。

2. 事业单位

事业单位指从事为生产和生活服务以及为提高人民科学、文化水平和素质服务的独立核算单位，包括：科学研究和综合技术服务事业等。

3. 企业单位

企业单位指院直属从事商品生产、流通、经营和服务性经济活动，以营利为目的并在工商行政管理部门登记的独立核算单位。

Explanatory Notes on Key Indicators

1. Units directly under CAS

This refers to the independent accounting units directly under the jurisdiction of the CAS, which are established on the formal approval of the State. Independent accounting units should have independent organizational structure, enjoy corporate status, assume sole responsibility for their profits or losses, compile independently their financial balance sheets or financial budgets and final accounts, have the right to sign contract with other organizations and establish their own bank account.

2. Institutions

This refers to those independent accounting units which serve for the production, people's well-fare as well as the improvement of the standard and quality of science and culture, including scientific research and overall technological services.

3. Enterprises

This refers to CAS independent accounting units which are engaged in the commodity production, circulation and business activities as well as service activities with the aim of making profit and are registered in industrial and commercial administrative departments.

三、人　员

PERSONNEL

3.1 职工分类情况
Classification of CAS Staff

单位：人

年份 Year	总计 Total	其中：女性 Of which: Female	干部 Caders						工人 Workers
			合计 Total	各类专业技术人员 Various kinds of professional and technical staff				行政干部 Administrative staff	
				小计 Subtotal	高级 Senior	中级 Middle-level	初级及未定 Junior and others		
1949	575		416	345	122	112	82	71	159
1950	1063		789	562	165	206	141	227	274
1951	1494		1105	811	220	290	228	294	389
1952	5239		3014	1967	351	405	754	1047	2225
1953	7262		4382	2776	391	470	1309	1606	2880
1954	7043		4745	3296	413	493	1560	1449	2298
1955	7978		5817	4152	488	536	1953	1665	2161
1956	14209		11336	8476	731	815	3735	2860	2873
1957	17294		13347	10566	753	931	4750	2781	3947
1958	34049		21558	14979	752	938	5770	6579	12491
1959	45769		32421	20022	680	847	7103	12399	13348
1960	57876		37505	23898	736	1137	9316	13607	20471
1961	40957		28586	19128	590	1219	9794	9458	12371
1962	42143		32285	23179	623	2113	13198	9106	9858
1963	46198		35355	25264	640	2354	14866	10091	10843
1964	52775		39969	28822	696	2719	16634	11147	12806
1965	60258		44341	30835	688	2874	18375	13506	15917
1966	61681		44900	31109	693	2973	18644	13791	16781
1973	35157		24911	16407	414	1768	11289	8504	10246
1974	36635		25944	17242	408	1764	11907	8702	10691
1975	48716		33134	20749	505	1874	14675	12385	15582
1976	51824		34736	19915	429	1903	15496	14821	17088
1977	54756		36811	20592	413	1894	17357	16219	17945

续表 3.1

年份 Year	总计 Total	其中：女性 Of which：Female	干部 Caders							工人 Workers
			合计 Total	各类专业技术人员 Various kinds of professional and technical staff					行政干部 Administrative staff	
				小计 Subtotal	高级 Senior	中级 Middle-level	初级及未定 Junior and others			
1978	79755		52045	34406	1261	10380	19253		13856	27710
1979	83488	28544	55076	43058	2238	21411	19409		12018	28412
1980	84497	28897	55813	44098	2737	22795	18566		11715	28684
1981	76644	26319	50026	40239	2724	22016	15499		9787	26618
1982	78109	26728	52092	42931	3076	25267	14588		9161	26017
1983	78439	26786	52610	44295	3283	26014	14998		8315	25829
1984	80792	27615	54099	44850	3204	25526	16120		9249	26693
1985	81501	27946	55201	46056	3491	25194	17371		9145	26300
1986	82326	28484	57363	49865	8358	22716	18791		7498	24963
1987	82721	28624	59667	52628	10638	23138	18852		7039	23054
1988	83969	29248	62328	55910	12010	24413	19487		6418	21641
1989	84287	29157	63499	57550	13280	24328	19942		5949	20788
1990	84848	29031	64554	59028	14574	25043	19411		5526	20294
1991	84909	29088	65179	59800	14810	24621	20369		5379	19730
1992	83909	28638	64592	59387	15612	24714	19061		5205	19317
1993	81456	27645	62930	57878	16735	24468	16675		5052	18526
1994	78295	26462	60443	55565	17267	23649	14649		4878	17852
1995	75039	25314	58021	52992	17774	22446	12772		5029	17018
1996	71763	24224	55523	47789	16712	19842	11235		7734	16240

注：1. 1949 年～1978 年各类专业技术人员中，高级、中级、初级仅包括研究技术人员和高校教学人员。因此各类专业技术人员小计＞高级＋中级＋初级。

Note：The data of senior，middle-level and junior in the category of various kinds of professional and technical staff from 1949 to 1978 only include research and technical people and teaching staff in the universities. Therefore，the total of various kinds of professional and technical staff is more than the total of the senior，middle-level and junior.

2. 1967 年～1972 年全院职工分类无统计数据。女性职工 1949 年～1978 年无统计数据。

The statistical data for female staff from 1949 to 1978 and that for the total CAS staff from 1967 to 1972 are not available.

地区及单位 Region and unit	总 计 Total	其中：女性 Of which: Female
总计 Total	**71763**	**24224**
一、按系统分 By sistem		
（一）科研机构 Research units	56245	18159
数学、物理 Mathematics & physics	10858	3222
化学与化工 Chemistry & chemical engineering	9140	3069
地学 Earth sciences	7103	1959
生物学 Biological sciences	10285	3823
技术科学 Technological sciences	18648	6006
其他 Others	211	80
（二）支撑机构 Supporting organizations	9059	3539
教育培干 Education & cader training	4137	1439
图书、情报、出版 Library, information & publication	1171	611
科学仪器研制 Scientific instrument development	2426	894
基本建设 Capital construction	150	62
服务与福利 Service & welfare	1154	523
其他 Others	21	10

类情况（1996 年）

Staff：1996

单位：人

干部 Caders							工人 Workers	离、退休人员总数 Total retired staff
合计 Total	各类专业技术人员 Various kinds of professional and technical staff					行政干部 Adminis-trative staff		
	小计 Subtotal	高级 Senior	其中：研究员 Of which：Research fellow	中级 Middle-level	初级及未定 Junior and others			
55523	**47789**	**16712**	**4269**	**19842**	**11235**	**7734**	**16240**	**25695**
45149	39652	14203	3714	16588	8861	5497	11096	20923
8768	7691	3025	741	2983	1683	1077	2090	3618
7425	6636	2356	630	2917	1363	789	1715	3852
6299	5441	2228	725	2274	939	858	804	2579
8708	7512	2602	715	3009	1901	1196	1577	4179
13750	12196	3915	869	5328	2953	1554	4898	6621
199	176	77	34	77	22	23	12	74
6321	5428	1794	449	2068	1566	893	2738	2577
3375	3113	1239	347	1093	781	262	762	741
1058	924	235	45	384	305	134	113	586
1232	945	222	39	435	288	287	1194	782
143	129	54	13	43	32	14	7	46
493	302	38	3	105	159	191	661	420
20	15	6	2	8	1	5	1	2

地区及单位 Region and unit	总　计 Total	其中： 女性 Of which: Female
（三）管理机构 Management organizations	3614	1481
中国科学院本部 CAS Head Office	976	440
地区管理部门 CAS Branches	2638	1041
（四）院直属企业 Enterprises directly affiliated to CAS	2845	1045
二、按单位分 By unit		
（一）事业单位 Institution	68918	23179
北京市 Beijing	25633	9611
数学研究所 Inst. of Mathematics	135	37
应用数学研究所 Inst. of Applied Mathematics	115	18
系统科学研究所 Inst. of Systems Science	137	33
计算数学与科学工程计算研究所 Inst. of Computational Mathematics and Scientific/Engineering Computing	100	28
物理研究所 Inst. of Physics	636	187
声学研究所 Inst. of Acoustics	807	236
理论物理研究所 Inst. of Theoretical Physics	59	14
低温技术实验中心 Cryogenic Laboratory	269	79
高能物理研究所 Inst. of High Energy Physics	1551	615
北京天文台 Beijing Astronomical Observatory	336	104

续表 3.2

干部 Caders							工人 Workers	离、退休人员总数 Total retired staff
合计 Total	各类专业技术人员 Various kinds of professional and technical staff					行政干部 Adminis-trative staff		
	小计 Subtotal	高级 Senior	其中：研究员 Of which: Research fellow	中级 Middle-level	初级及未定 Junior and others			
2553	1510	404	73	680	426	1043	1061	1459
684	297	121	30	125	51	387	292	464
1869	1213	283	43	555	375	656	769	995
1500	1199	311	33	506	382	301	1345	736
54023	46590	16401	4236	19336	10853	7433	14895	24959
20259	17372	6628	1784	6475	4269	2887	5374	9427
123	109	72	44	25	12	14	12	48
112	102	55	36	21	26	10	3	23
134	121	78	40	33	10	13	3	43
99	87	45	23	32	10	12	1	32
542	490	291	79	144	55	52	94	252
708	643	194	44	272	177	65	99	270
57	45	33	21	8	4	12	2	16
176	142	54	16	45	43	34	93	81
1222	1057	422	72	343	292	165	329	568
279	231	94	24	101	36	48	57	180

地区及单位 Region and unit	总 计 Total	其中： 女性 Of which: Female
力学研究所 Inst. of Mechanics	616	201
化学研究所 Inst. of Chemistry	695	265
感光化学研究所 Inst. of Photographic Chemistry	377	143
生态环境研究中心 Research Center for Eco-Environmental Sciences	436	174
化工冶金研究所 Inst. of Chemical Metallurgy	386	123
地理研究所 Inst. of Geography	479	146
遥感应用研究所 Inst. of Remote Sensing Application	247	86
地质研究所 Inst. of Geology	441	121
地球物理研究所 Inst. of Geophysics	325	87
古脊椎动物与古人类研究所 Inst. of Vertebrate Paleontology and Paleoanthropology	195	63
大气物理研究所 Inst. of Atmospheric Physics	543	175
自然资源综合考察委员会 Commission for Integrated Surveys of Natural Resources	305	80
植物研究所 Inst. of Botany	664	280
动物研究所 Inst. of Zoology	484	193
心理研究所 Inst. of Psychology	152	69
微生物研究所 Inst. of Microbiology	462	216
生物物理研究所 Inst. of Biophysics	608	258

干部 Caders							工人 Workers	离、退休人员总数 Total retired staff
合计 Total	各类专业技术人员 Various kinds of professional and technical staff					行政干部 Adminis-trative staff		
	小计 Subtotal	高级 Senior	其中：研究员 Of which: Research fellow	中级 Middle-level	初级及未定 Junior and others			
551	504	270	60	155	79	47	65	241
618	566	276	74	181	109	52	77	247
337	301	129	43	134	38	36	40	94
387	339	129	34	137	73	48	49	152
339	325	129	41	141	55	14	47	184
435	410	196	77	158	56	25	44	236
231	205	74	16	91	40	26	16	40
400	357	181	63	128	48	43	41	163
288	243	91	27	90	62	45	37	97
179	146	65	25	50	31	33	16	103
495	443	155	56	188	100	52	48	134
279	234	108	31	109	17	45	26	90
557	506	200	70	163	143	51	107	304
457	421	186	57	148	87	36	27	255
145	127	62	22	36	29	18	7	66
413	384	139	38	132	113	29	49	213
521	467	193	40	171	103	54	87	253

地区及单位 Region and unit	总 计 Total	其中： 女性 Of which： Female
遗传研究所 Inst. of Genetics	437	184
发育生物学研究所 Inst. of Developmental Biology	136	61
计算技术研究所 Inst. of Computing Technology	1004	379
软件研究所 Inst. of Software	600	220
北京软件工程研制中心 Beijing Software Engineering Center	189	64
计算机网络信息中心 Computer Network Information Center	74	35
半导体研究所 Inst. of Semiconductors	827	317
微电子中心 Microelectronics R&D Center	604	255
电子学研究所 Inst. of Electronics	781	271
自动化研究所 Inst. of Automation	465	168
电工研究所 Inst. of Electric Engineering	478	159
工程热物理研究所 Inst. of Engineering Thermophysics	228	63
空间科学与应用研究中心 Center for Space Science and Applied Research	616	218
遥感卫星地面站 Remote Sensing Satellite Ground Station	171	50
自然科学史研究所 Inst. of History of Natural Sciences	110	37
科技政策与管理科学研究所 Inst. of Science Policy and Management	101	43
中国科学技术大学研究生院 Graduate School of the University of Science and Technology of China	517	219

续表 3.2

干部 Caders							工人 Workers	离、退休人员总数 Total retired staff
合计 Total	各类专业技术人员 Various kinds of professional and technical staff					行政干部 Adminis-trative staff		
	小计 Subtotal	高级 Senior	其中：研究员 Of which: Research fellow	中级 Middle-level	初级及未定 Junior and others			
405	305	85	20	110	110	100	32	147
117	91	30	10	34	27	26	19	37
754	699	280	66	279	140	55	250	472
560	495	132	38	151	212	65	40	86
185	178	28	4	66	84	7	4	3
71	64	20	5	25	19	7	3	16
599	533	244	61	169	120	66	228	243
383	327	91	22	150	86	56	221	252
643	585	219	40	210	156	58	138	383
399	356	130	23	134	92	43	66	163
395	358	120	30	142	96	37	83	194
213	194	76	23	81	37	19	15	56
573	498	184	29	195	119	75	43	274
150	137	33	11	68	36	13	21	27
103	89	46	20	36	7	14	7	52
96	87	31	14	41	15	9	5	22
418	333	152	61	121	60	85	99	227

地区及单位 Region and unit	总计 Total	其中：女性 Of which: Female
管理干部学院 College for Training Managerial Caders	242	105
中国科学院文献情报中心 CAS Documentation and Information Center	346	203
中国科学报社 Chinese Science News	40	19
科学出版社 Science Press	402	199
中国科学院科技物资中心 CAS S&T Materials Supply Center	99	34
北京科学仪器研制中心 Beijing R&D Center for Scientific Instruments	596	243
北京建筑设计研究院 Beijing Inst. of Architectural Designing	150	62
行政管理局 Bureau of Management and Administration	1063	486
科技促进经济基金委员会 China Foundation of S&T for Develompent	21	10
中国科学院本部* CAS Head Office	976	440
河北省 Hebei Province	154	51
石家庄农业现代化研究所 Shijiazhuang Inst. of Agricultural Modernization	154	51
山西省 Shanxi Province	674	229
山西煤炭化学研究所 Shanxi Inst. of Coal Chemistry	674	229
辽宁省 Liaoning Province	4732	1313
大连化学物理研究所 Dalian Inst. of Chemical Physics	1260	394

* 中国科学院本部，含机关下属单位 516 人。

The number of CAS Head Office personnel includes 516 people from the subordinate units of the CAS Head

续表 3.2

干部 Caders								
合计 Total	各类专业技术人员 Various kinds of professional and technical staff					行政干部 Administrative staff	工人 Workers	离、退休人员总数 Total retired staff
	小计 Subtotal	高级 Senior	其中：研究员 Of which: Research fellow	中级 Middle-level	初级及未定 Junior and others			
190	129	36	8	46	47	61	52	74
307	263	63	15	100	100	44	39	178
37	25	12	5	12	1	12	3	4
374	339	94	16	126	119	35	28	235
68	37	4		22	11	31	31	63
370	327	70	10	151	106	43	226	191
143	129	54	13	43	32	14	7	46
447	278	35	3	88	155	169	616	405
20	15	6	2	8	1	5	1	2
684	297	121	30	125	51	387	292	464
144	123	48	8	62	13	21	10	66
144	123	48	8	62	13	21	10	66
508	436	150	28	187	99	72	166	284
508	436	150	28	187	99	72	166	284
3871	3395	1123	302	1651	621	476	861	1886
1074	977	269	78	505	203	97	186	496

Offics.

地区及单位 Region and unit	总　计 Total	其中： 女性 Of which: Female
沈阳应用生态研究所 Shenyang Inst. of Applied Ecology	501	168
沈阳计算技术研究所 Shenyang Inst. of Computing Technology	493	140
沈阳自动化研究所 Shenyang Inst. of Automation	702	171
金属研究所 Inst. of Metals Research	1010	248
金属腐蚀与防护研究所 Inst. of Corrosion and Protection of Metals	213	47
沈阳科学仪器研制中心 Shenyang R&D Center for Scientific Instruments	440	114
中国科学院沈阳分院 CAS Shenyang Branch	113	31
吉林省、黑龙江省 Jilin and Heilongjiang provinces	5035	1476
长春物理研究所 Changchun Inst. of Physics	572	158
长春人造卫星观测站 Changchun Satellite Observation Station	59	10
长春应用化学研究所 Changchun Inst. of Applied Chemistry	1192	378
长春地理研究所 Changchun Inst. of Geography	278	68
长春光学精密机械研究所 Changchun Inst. of Optics and Fine Mechanics	2709	800
中国科学院长春分院 CAS Changchun Branch	78	24
黑龙江农业现代化研究所 Heilongjiang Inst. of Agricultural Modernization	147	38
上海市 Shanghai	9469	3275
上海原子核研究所 Shanghai Inst. of Nuclear Research	1043	277

干部 Caders							工人 Workers	离、退休人员总数 Total retired staff
合计 Total	各类专业技术人员 Various kinds of professional and technical staff					行政干部 Administrative staff		
	小计 Subtotal	高级 Senior	其中：研究员 Of which: Research fellow	中级 Middle-level	初级及未定 Junior and others			
447	384	131	37	177	76	63	54	263
419	378	155	25	157	66	41	74	160
583	516	197	37	227	92	67	119	264
803	716	237	84	372	107	87	207	442
196	171	60	21	86	25	25	17	32
252	193	49	11	99	45	59	188	175
97	60	25	9	28	7	37	16	54
3744	3259	953	237	1571	735	485	1291	2141
476	405	125	30	213	67	71	96	227
51	40	10	1	26	4	11	8	5
975	865	325	96	386	154	110	217	532
240	197	79	23	87	31	43	38	97
1808	1606	359	78	786	461	202	901	1201
69	42	20	2	17	5	27	9	35
125	104	35	7	56	13	21	22	44
6777	5889	1872	490	2704	1313	888	2692	3647
725	693	236	42	309	148	32	318	415

地区及单位 Region and unit	总 计 Total	其中： 女性 Of which: Female
上海天文台 Shanghai Observatory	346	111
上海硅酸盐研究所 Shanghai Inst. of Ceramics	822	258
上海有机化学研究所 Shanghai Inst. of Organic Chemistry	1043	384
上海植物生理研究所 Shanghai Inst. of Plant Physiology	423	145
上海昆虫研究所 Shanghai Inst. of Entomology	185	58
上海药物研究所 Shanghai Inst. of Materia Medica	425	173
上海生理研究所 Shanghai Inst. of Physiology	315	112
上海生物化学研究所 Shanghai Inst. of Biochemistry	518	226
上海细胞生物学研究所 Shanghai Inst. of Cell Biology	302	141
上海脑研究所 Shanghai Inst. of Brain Research	78	23
上海生物工程研究中心 Shanghai Bioengineering Research Center	216	80
上海冶金研究所 Shanghai Inst. of Metallurgy	922	310
上海光学精密机械研究所 Shanghai Inst. of Optics and Fine Mechanics	1138	357
上海技术物理研究所 Shanghai Inst. of Technical Physics	885	293
上海文献情报中心 Shanghai Center for Documentation and Information	98	58
中国科学院上海分院 CAS Shanghai Branch	710	269
江苏省 Jiangsu Province	1863	579

干部 Caders							工人 Workers	离、退休人员总数 Total retired staff
合计 Total	各类专业技术人员 Various kinds of professional and technical staff					行政干部 Administrative staff		
	小计 Subtotal	高级 Senior	其中：研究员 Of which：Research fellow	中级 Middle-level	初级及未定 Junior and others			
298	264	111	32	111	42	34	48	90
592	542	205	57	252	85	50	230	304
643	573	169	47	235	169	70	400	614
342	298	77	35	136	85	44	81	192
163	135	32	10	67	36	28	22	89
361	322	99	28	155	68	39	64	225
261	233	61	18	112	60	28	54	86
419	345	115	45	151	79	74	99	153
252	226	59	15	93	74	26	50	116
72	61	21	7	23	17	11	6	25
162	122	29	6	46	47	40	54	30
641	599	194	54	312	93	42	281	440
752	683	273	49	322	88	69	386	461
661	522	144	33	252	126	139	224	208
79	68	15	1	39	14	11	19	58
354	203	32	11	89	82	151	356	141
1474	1277	616	138	488	173	197	389	669

地区及单位 Region and unit	总 计 Total	其中: 女性 Of which: Female
紫金山天文台 Purple Mountain Observatory	383	118
南京地理与湖泊研究所 Nanjing Inst. of Geography and Limnology	249	74
南京地质古生物研究所 Nanjing Inst. of Geology and Palaeontology	277	66
南京土壤研究所 Nanjing Inst. of Soil Science	396	116
南京天文仪器研制中心 Nanjing R&D Center for Astronomical Instruments	507	190
中国科学院南京分院 CAS Nanjing Branch	51	15
安徽省 Anhui Province	5636	1844
固体物理研究所 Inst. of Solid State Physics	158	40
等离子体物理研究所 Inst. of Plasma Physics	581	150
合肥智能机械研究所 Hefei Inst. of Intelligent Machines	166	48
安徽光学精密机械研究所 Anhui Inst. of Optics and Fine Mechanics	932	309
中国科学技术大学 University of Science and Technology of China	3378	1115
中国科学院合肥分院 CAS Hefei Branch	421	182
福建省 Fujian Province	432	107
福建物质结构研究所 Fujian Inst. of Research on the Structure of Matter	432	107
江西省 Jiangxi Province	44	14
庐山疗养院 Lushan Sanatorium	44	14

续表 3.2

干部 Caders							工人 Workers	离、退休人员总数 Total retired staff
合计 Total	各类专业技术人员 Various kinds of professional and technical staff					行政干部 Administrative staff		
	小计 Subtotal	高级 Senior	其中：研究员 Of which: Research fellow	中级 Middle-level	初级及未定 Junior and others			
343	302	150	23	111	41	41	40	96
228	209	81	19	97	31	19	21	95
258	226	126	47	73	27	32	19	123
359	321	169	31	122	30	38	37	192
238	197	77	16	80	40	41	269	136
48	22	13	2	5	4	26	3	27
4470	4134	1494	353	1569	1071	336	1166	950
137	123	44	10	44	35	14	21	14
464	409	148	24	146	115	55	117	79
152	139	40	10	63	36	13	14	43
649	575	152	30	264	159	74	283	207
2767	2651	1051	278	926	674	116	611	440
301	237	59	1	126	52	64	120	167
377	318	106	24	139	73	59	55	128
377	318	106	24	139	73	59	55	128
22	6	2		2	2	16	22	3
22	6	2		2	2	16	22	3

地区及单位 Region and unit	总 计 Total	其中： 女性 Of which: Female
山东省 Shandong Province	848	210
海洋研究所 Inst. of Oceanology	801	187
青岛疗养院 Qingdao Sanatorium	47	23
河南省 Henan Province	388	150
新乡科学仪器研制中心 Xinxiang R&D Center for Scientific Instruments	388	150
湖北省、湖南省 Hubei and Hunan provinces	2358	714
武汉物理与数学研究所 Wuhan Inst. of Physics and Mathematics	406	100
武汉岩土力学研究所 Wuhan Inst. of Rock and Soil Mechanics	423	111
测量与地球物理研究所 Inst. of Geodesy and Geophysics	148	44
武汉植物研究所 Wuhan Inst. of Botany	225	77
水生生物研究所 Inst. of Hydrobiology	400	110
武汉病毒研究所 Wuhan Inst. of Virology	240	92
武汉文献情报中心 Wuhan Center for Documentation and Information	89	44
中国科学院武汉分院 CAS Wuhan Branch	191	72
长沙大地构造研究所 Changsha Inst. of Geotectonics	92	20
长沙农业现代化研究所 Changsha Inst. of Agricultural Modernization	144	44
广东省 Guangdong Province	2427	701

干部 Caders							工人 Workers	离、退休人员总数 Total retired staff
合计 Total	各类专业技术人员 Various kinds of professional and technical staff					行政干部 Administrative staff		
	小计 Subtotal	高级 Senior	其中：研究员 Of which: Research fellow	中级 Middle-level	初级及未定 Junior and others			
692	581	221	93	263	97	111	156	432
668	563	220	93	248	95	105	133	420
24	18	1		15	2	6	23	12
123	68	4		29	35	55	265	59
123	68	4		29	35	55	265	59
1924	1605	517	133	702	386	319	434	966
350	295	107	29	138	50	55	56	199
275	235	82	21	92	61	40	148	194
130	113	34	11	56	23	17	18	50
179	149	39	12	63	47	30	46	90
343	298	98	27	127	73	45	57	151
207	182	60	10	77	45	25	33	81
86	74	13		36	25	12	3	41
155	93	12	1	48	33	62	36	90
77	64	31	11	23	10	13	15	29
122	102	41	11	42	19	20	22	41
2052	1721	574	141	721	426	331	375	933

地区及单位 Region and unit	总 计 Total	其中： 女性 Of which: Female
广州人造卫星观测站 Guangzhou Satellite Observation Station	62	16
广州化学研究所 Guangzhou Inst. of Chemistry	403	136
广州地球化学研究所 Guangzhou Inst. of Geochemistry	312	118
南海海洋研究所 South China Sea Inst. of Oceanology	570	122
华南植物研究所 South China Inst. of Botany	456	151
广州电子研究所 Guangzhou Inst. of Electronic Technology	321	76
广州能源研究所 Guangzhou Inst. of Energy Conversion	188	53
中国科学院广州分院 CAS Guangzhou Branch	70	20
四川省 Sichuan Province	3959	1365
成都有机化学研究所 Chengdu Inst. of Organic Chemistry	425	145
成都山地灾害与环境研究所 Chengdu Inst. of Mountain Hazards and Environment	330	91
成都生物研究所 Chengdu Inst. of Biology	421	158
成都计算机应用研究所 Chengdu Inst. of Computer Application	359	107
光电技术研究所 Inst. of Optics and Electronics	1717	553
成都文献情报中心 Chengdu Documentation and Information Center	85	35
成都科学仪器研制中心 Chengdu R&D Center for Scientific Instruments	396	163
中国科学院成都分院 CAS Chengdu Branch	226	113

干部 Caders							工人 Workers	离、退休人员总数 Total retired staff
合计 Total	各类专业技术人员 Various kinds of professional and technical staff					行政干部 Adminis-trative staff		
	小计 Subtotal	高级 Senior	其中：研究员 Of which: Research fellow	中级 Middle-level	初级及未定 Junior and others			
51	41	9	1	20	12	10	11	21
356	318	98	18	121	99	38	47	156
296	257	123	45	115	19	39	16	133
485	415	142	29	183	90	70	85	198
327	266	67	21	106	93	61	129	224
281	256	71	10	114	71	25	40	109
165	143	52	12	53	38	22	23	50
62	25	12	4	9	4	37	8	32
2721	2318	671	134	1029	618	403	1238	1268
392	371	123	28	173	75	21	33	176
297	253	96	25	102	55	44	33	104
374	325	113	30	148	64	49	47	161
320	292	74	17	134	84	28	39	61
882	732	191	25	317	224	150	835	447
82	76	20	4	36	20	6	3	26
181	123	18	2	54	51	58	215	158
193	146	36	3	65	45	47	33	135

地区及单位 Region and unit	总 计 Total	其中： 女性 Of which： Female
贵州省 Guizhou Province	412	109
贵阳地球化学研究所 Guiyang Inst. of Geochemistry	412	109
云南省 Yunnan Province	1387	462
云南天文台 Yunnan Observatory	316	86
昆明植物研究所 Kunming Inst. of Botany	338	125
西双版纳热带植物园 Xishuangbanna Tropical Botanical Garden	367	127
昆明动物研究所 Kunming Inst. of Zoology	281	95
中国科学院昆明分院 CAS Kunming Branch	85	29
陕西省 Shaanxi Province	1893	590
陕西天文台 Shaanxi Observatory	639	182
水土保持研究所 Inst. of Soil and Water Conservation	326	94
西安光学精密机械研究所 Xi'an Inst. of Optics and Fine Mechanics	856	295
中国科学院西安分院 CAS Xi'an Branch	72	19
甘肃省、青海省 Gansu and Qinghai provinces	3203	1003
近代物理研究所 Inst. of Modern Physics	783	213
兰州化学物理研究所 Lanzhou Inst. of Chemical Physics	517	169
兰州冰川冻土研究所 Lanzhou Inst. of Glaciology and Geocryology	340	78

干部 Caders							工人 Workers	离、退休人员总数 Total retired staff
合计 Total	各类专业技术人员 Various kinds of professional and technical staff					行政干部 Administrative staff		
	小计 Subtotal	高级 Senior	其中：研究员 Of which: Research fellow	中级 Middle-level	初级及未定 Junior and others			
340	286	136	50	110	40	54	72	125
340	286	136	50	110	40	54	72	125
1117	986	284	64	383	319	131	270	472
279	261	79	15	127	55	18	37	46
285	242	83	22	79	80	43	53	156
247	200	41	7	67	92	47	120	150
233	220	68	18	82	70	13	48	78
73	63	13	2	28	22	10	12	42
1189	927	304	73	439	184	262	704	626
370	262	46	9	145	71	108	269	154
236	193	82	25	88	23	43	90	119
513	444	159	32	199	86	69	343	327
70	28	17	7	7	4	42	2	26
2686	2225	761	180	921	543	461	517	1313
648	563	204	35	184	175	85	135	274
428	356	134	41	163	59	72	89	266
295	243	84	21	117	42	52	45	95

地区及单位 Region and unit	总 计 Total	其中：女性 Of which: Female
兰州沙漠研究所 Lanzhou Inst. of Desert Research	248	68
兰州地质研究所 Lanzhou Inst. of Geology	142	36
兰州高原大气物理研究所 Lanzhou Inst. of Plateau Atmospheric Physics	218	75
兰州文献情报中心 Lanzhou Center for Documentation and Information	111	53
中国科学院兰州分院 CAS Lanzhou Branch	313	138
青海盐湖研究所 Qinghai Inst. of Saline Lakes	322	107
西北高原生物研究所 Northwest Inst. of Plateau Biology	209	66
新疆维吾尔自治区 Xinjiang Uygur Autonomous Region	1216	421
新疆物理研究所 Xinjiang Inst. of Physics	234	69
乌鲁木齐天文工作站 Ürümqi Astronomic Working Station	92	29
新疆化学研究所 Xinjiang Inst. of Chemistry	156	57
新疆地理研究所 Xinjiang Inst. of Geography	151	45
新疆生物土壤沙漠研究所 Xinjiang Inst. of Biology，Pedology and Desert Research	275	92
中国科学院新疆分院 CAS Xinjiang Branch	308	129
（二）企业单位 Enterprises	2845	1045
中科实业集团公司 China Sciences Group Co.	792	259
东方科学仪器进出口集团公司 Oriental Scientific Instrument Import and Export Group Co.	191	66

干　部　Caders								
合计 Total	各类专业技术人员 Various kinds of professional and technical staff					行政干部 Administrative staff	工人 Workers	离、退休人员总数 Total retired staff
	小计 Subtotal	高级 Senior	其中：研究员 Of which: Research fellow	中级 Middle-level	初级及未定 Junior and others			
217	187	72	16	82	33	30	31	85
128	103	49	17	41	13	25	14	72
194	164	47	19	67	50	30	24	57
93	79	18	4	35	26	14	18	44
242	164	21		76	67	78	71	126
256	221	76	14	101	44	35	66	196
185	145	56	13	55	34	40	24	98
1033	863	248	37	397	218	170	183	300
210	192	53	10	99	40	18	24	38
88	75	13		39	23	13	4	12
143	128	38	7	62	28	15	13	23
139	123	38	4	59	26	16	12	33
248	215	83	15	81	51	33	27	74
205	130	23	1	57	50	75	103	120
1500	1199	311	33	506	382	301	1345	736
677	617	190	24	246	181	60	115	10
177	148	36	3	74	38	29	14	10

地区及单位 Region and unit	总　计 Total	其中： 女性 Of which: Female
中国科技国际信托投资公司 China S&T International Trust & Investment Co.	103	38
联想集团公司 Legend Computer Group Co.	167	47
北京科海高技术集团公司 Beijing Kehai High Technology Group Co.	130	35
中国科学院印刷厂 CAS Printing House	849	365
开封印刷厂 Kaifeng Printing House	568	226
深圳科健集团有限公司 Shenzhen Kejian Group Co. Ltd.	45	9

续表 3.2

干部 Caders								
合计 Total	各类专业技术人员 Various kinds of professional and technical staff					行政干部 Administrative staff	工人 Workers	离、退休人员总数 Total retired staff
	小计 Subtotal	高级 Senior	其中：研究员 Of which: Research fellow	中级 Middle-level	初级及未定 Junior and others			
102	102	9	1	39	54		1	
165	165	25		79	61		2	41
119	114	50	4	44	20	5	11	2
144	36	1		23	12	108	705	334
87	17			1	16	70	481	329
29			1			29	16	10

3.3 职工年龄情况（1996 年）

Age Distribution of CAS Staff：1996

3.3.1 职工总数
Total Staff

	合计 Total	30 岁 以下 Under 30	30 岁～ 34 岁	35 岁～ 39 岁	40 岁～ 44 岁	45 岁～ 49 岁	50 岁～ 54 岁	其中： 女性 Of which： Female	55 岁～ 59 岁	60 岁 及以上 60， Over 60
总计 Total	**71763**	**11050**	**13026**	**7877**	**11155**	**8166**	**8654**	**3089**	**10710**	**1125**
一、科研机构 Research units	56245	8259	10545	5747	8258	6212	7034	2503	9219	971
数学、物理 Mathematics & physics	10858	1503	1994	1122	1581	1147	1488	502	1830	193
化学与化工 Chemistry & chemical engineering	9140	1375	1682	836	1364	855	1174	474	1632	222
地学 Earth sciences	7103	829	1571	938	1023	704	704	241	1203	131
生物学 Biological sciences	10285	1645	2095	1174	1583	913	992	401	1631	252
技术科学 Technological sciences	18648	2878	3154	1641	2679	2578	2649	875	2899	170
其他 Others	211	29	49	36	28	15	27	10	24	3
二、支撑机构 Supporting organizations	9059	1384	1336	1126	1787	1278	1056	419	999	93
教育培干 Education & cader training	4137	657	711	431	679	550	540	239	492	77
图书、情报、出版 Library，information & publication	1171	184	207	183	220	121	110	48	143	3
科学仪器研制 Scientific instrument development	2426	388	254	256	585	422	262	85	251	8
基本建设 Capital construction	150	27	21	12	10	16	33	14	31	

	合计 Total	30岁以下 Under 30	30岁～34岁	35岁～39岁	40岁～44岁	45岁～49岁	50岁～54岁	其中：女性 Of which: Female	55岁～59岁	60岁及以上 60, Over 60
服务与福利 Service & welfare	1154	128	138	240	291	167	108	32	78	4
其他 Others	21		5	4	2	2	3	1	4	1
三、管理机构 Management organizations	3614	718	558	502	678	428	397	130	308	25
中国科学院本部 CAS Head Office	976	283	142	151	181	77	72	23	63	7
地区管理部门 CAS Branches	2638	435	416	351	497	351	325	107	245	18
四、院直属企业 Enterprises directly affiliated to CAS	2845	689	587	502	432	248	167	37	184	36

3.3.2 专业技术干部 Various Kinds of Professional Staff

	合计 Total	30岁以下 Under 30	30岁～34岁	35岁～39岁	40岁～44岁	45岁～49岁	50岁～54岁	其中：女性 Of which: Female	55岁～59岁	60岁及以上 60, Over 60
总计 Total	**47789**	**8081**	**9820**	**4512**	**5504**	**4138**	**6185**	**2653**	**8527**	**1022**
一、科研机构 Research units	39652	6546	8364	3600	4393	3262	5086	2163	7508	893
数学、物理 Mathematics & physics	7691	1155	1556	669	860	628	1135	430	1512	176
化学与化工 Chemistry & chemical engineering	6636	1075	1350	512	732	495	919	430	1349	204
地学 Earth sciences	5441	689	1347	683	623	415	533	198	1027	124

续表 3.3.2

	合计 Total	30岁以下 Under 30	30岁～34岁	35岁～39岁	40岁～44岁	45岁～49岁	50岁～54岁	其中：女性 Of which: Female	55岁～59岁	60岁及以上 60, Over 60
生物学 Biological sciences	7512	1394	1723	786	861	486	711	341	1315	236
技术科学 Technological sciences	12196	2207	2346	921	1295	1228	1766	757	2283	150
其他 Others	176	26	42	29	22	10	22	7	22	3
二、支撑机构 Supporting organizations	5428	938	932	588	765	608	774	360	737	86
教育培干 Education & cadre training	3113	498	573	284	402	376	486	221	421	73
图书、情报、出版 Library, information & publication	924	162	177	139	157	83	88	40	115	3
科学仪器研制 Scientific instrument development	945	206	116	103	141	98	136	63	138	7
基本建设 Capital construction	129	27	20	7	6	9	30	11	30	
服务与福利 Service & welfare	302	45	41	52	58	41	33	25	30	2
其他 Others	15		5	3	1	1	1		3	1
三、管理机构 Management organizations	1510	286	267	174	211	178	215	98	162	17
中国科学院本部 CAS Head Office	297	87	36	33	39	27	32	12	37	6
地区管理部门 CAS Branches	1213	199	231	141	172	151	183	86	125	11
四、院直属企业 Enterprises directly affiliated to CAS	1199	311	257	150	135	90	110	32	120	26

3.3.3 高级职称
Senior Professionals

	合计 Total	30 岁以下 Under 30	30 岁～34 岁	35 岁～39 岁	40 岁～44 岁	45 岁～49 岁	50 岁～54 岁	其中：女性 Of which: Female	55 岁～59 岁	60 岁及以上 60, Over 60
总计 Total	**16712**	**97**	**1519**	**945**	**1308**	**1231**	**3403**	**1167**	**7206**	**1003**
一、科研机构 Research units	14203	81	1367	813	1016	937	2769	922	6343	877
数学、物理 Mathematics & physics	3025	16	278	150	215	207	704	211	1281	174
化学与化工 Chemistry & chemical engineering	2356	12	219	112	141	128	446	173	1099	199
地学 Earth sciences	2228	16	285	168	207	159	344	110	927	122
生物学 Biological sciences	2602	18	213	175	194	176	419	172	1176	231
技术科学 Technological sciences	3915	19	366	197	246	261	840	250	1838	148
其他 Others	77		6	11	13	6	16	6	22	3
二、支撑机构 Supporting organizations	1794	6	124	79	206	200	459	196	634	86
教育培干 Education & cader training	1239	6	106	53	144	146	326	147	385	73
图书、情报、出版 Library, information & publication	235		5	14	35	27	50	18	101	3
科学仪器研制 Scientific instrument development	222		12	8	24	19	53	21	99	7
基本建设 Capital construction	54			3	1	3	19	3	28	
服务与福利 Service & welfare	38		1	1	2	4	10	7	18	2

续表 3.3.3

	合计 Total	30 岁以下 Under 30	30 岁～34 岁	35 岁～39 岁	40 岁～44 岁	45 岁～49 岁	50 岁～54 岁	其中：女性 Of which: Female	55 岁～59 岁	60 岁及以上 60, Over 60
其他 Others	6					1	1		3	1
三、管理机构 Management organizations	404	9	13	23	50	64	101	34	127	17
中国科学院本部 CAS Head Office	121	9		9	21	18	24	9	34	6
地区管理部门 CAS Branches	283		13	14	29	46	77	25	93	11
四、院直属企业 Enterprises directly affiliated to CAS	311	1	15	30	36	30	74	15	102	23

3.3.4 中级职称 Middle-level Professionals

	合计 Total	30 岁以下 Under 30	30 岁～34 岁	35 岁～39 岁	40 岁～44 岁	45 岁～49 岁	50 岁～54 岁	其中：女性 Of which: Female	55 岁～59 岁	60 岁及以上 60, Over 60
总计 Total	**19842**	**1735**	**5961**	**2461**	**3313**	**2443**	**2634**	**1417**	**1278**	**17**
一、科研机构 Research units	16588	1485	5077	1942	2716	2006	2212	1186	1135	15
数学、物理 Mathematics & physics	2983	228	876	332	530	370	416	210	229	2
化学与化工 Chemistry & chemical engineering	2917	243	835	300	502	334	455	248	243	5
地学 Earth sciences	2274	261	824	364	338	214	179	85	93	1

	合计 Total	30 岁以下 Under 30	30 岁～34 岁	35 岁～39 岁	40 岁～44 岁	45 岁～49 岁	50 岁～54 岁	其中：女性 Of which: Female	55 岁～59 岁	60 岁及以上 60, Over 60
生物学 Biological sciences	3009	317	1074	429	530	249	273	159	132	5
技术科学 Technological sciences	5328	426	1435	501	808	835	883	483	438	2
其他 Others	77	10	33	16	8	4	6	1		
二、支撑机构 Supporting organizations	2068	124	559	344	386	281	281	155	93	
教育培干 Education & cadre training	1093	56	359	195	190	128	135	67	30	
图书、情报、出版 Library, information & publication	384	32	99	61	88	53	37	22	14	
科学仪器研制 Scientific instrument development	435	31	72	67	84	68	78	41	35	
基本建设 Capital construction	43	3	14	2	5	6	11	8	2	
服务与福利 Service & welfare	105	2	10	17	18	26	20	17	12	
其他 Others	8		5	2	1					
三、管理机构 Management organizations	680	61	155	96	126	103	106	59	33	
中国科学院本部 CAS Head Office	125	46	28	19	16	8	5	2	3	
地区管理部门 CAS Branches	555	15	127	77	110	95	101	57	30	
四、院直属企业 Enterprises directly affiliated to CAS	506	65	170	79	85	53	35	17	17	2

3.4 职工学位和学历情况（1996 年）

CAS Staff, by Academic Degree and Qualification: 1996

单位：人

	学 位 Academic degrees			学 历 Academic qualification				
	博士 Ph. D.	硕士 M. S.	学士 Bachelor	研究生 Post graduates	大学 University graduates	大专 Specialized higher school graduates	中专 Specialized secondary school graduates	其他 Others
总计 Total	**2402**	**6385**	**8160**	**10613**	**22664**	**10681**	**5580**	**22225**
一、科研机构 Research units	2162	5560	6616	9138	18483	8007	4372	16245
数学、物理 Mathematics & physics	484	801	1133	1584	4032	1514	817	2911
化学与化工 Chemistry & chemical engineering	423	828	950	1453	2952	1356	728	2651
地学 Earth sciences	367	1102	812	1718	2315	928	442	1700
生物学 Biological sciences	464	1245	1489	2044	3273	1491	830	2647
技术科学 Technological sciences	413	1520	2203	2262	5836	2681	1548	6321
其他 Others	11	64	29	77	75	37	7	15
二、支撑机构 Supporting organizations	213	634	951	1172	2585	1397	680	3225
教育培干 Education & cader training	202	509	484	1026	1430	595	275	811
图书、情报、出版 Library, information & publication	4	58	207	66	460	300	49	296
科学仪器研制 Scientific instrument development	7	58	203	67	504	367	186	1302
基本建设 Capital construction		4	40	7	93	14	7	29

续表 3.4

	学位 Academic degrees			学历 Academic qualification				
	博士 Ph. D.	硕士 M. S.	学士 Bachelor	研究生 Post graduates	大学 University graduates	大专 Specialized higher school graduates	中专 Specialized secondary school graduates	其他 Others
服务与福利 Service & welfare		3	13	4	87	117	161	785
其他 Others		2	4	2	11	4	2	2
三、管理机构 Management organizations	12	43	293	105	945	825	384	1355
中国科学院本部 CAS Head Office	6	15	49	58	310	257	37	314
地区管理部门 CAS Branches	6	28	244	47	635	568	347	1041
四、院直属企业 Enterprises directly affiliated to CAS	15	148	300	198	651	452	144	1400

主要统计指标解释

1. 正式职工

指由本机构直接组织安排工作并支付工资的年末在册各类人员总数。包括固定职工、流动职工、国家有编制的合同制职工。不包括离退休人员和停薪留职人员。

2. 专业技术干部

指具有中专以上学历或初级以上技术职称（务）以及从工作实践中提拔（以工代干）的专业技术人员，还包括已取得专业技术职称，从事科技管理工作的人员和从事与技术管理工作较为密切的党政领导工作的干部。

高级：指研究员、副研究员；教授、副教授；高级工程师；高级农艺师；正、副主任医（药、护、技）师；高级实验师；高级统计师；高级经济师；高级会计师；正、副编审；正、副译审；高级（主任）记者；正、副研究馆员等。

中级：指助理研究员；讲师；工程师；农艺师；主治医（药、护、技）师；实验师；统计师；经济师；会计师；编辑；翻译；记者；馆员等。

初级：指研究实习员；助教；助理工程师、技术员；助理农艺师、农业技术员；医（药、护、技）师、医（药、护、技）士；助理实验师、实验员；助理统计师、统计员；助理经济师；助理会计师、会计员；助理编辑、见习编辑；助理翻译；助理记者；助理馆员、管理员等。

3. 离、退休人员总数

指历年由本机构离、退休，并在本机构领取离、退休费的人员。

4. 学位和学历

指由人事部门或干部部门根据国家有关规定，填报的本机构职工总数中人员的学位和学历情况（均指获得的最高学位和最高学历）。

Explanatory Notes on Key Indicators

1. Regular staff

Regular staff refers to persons who are on the year-end payroll, working directly under the management of an institution or unit and receiving remuneration for their work. It includes permanent staff, temporary staff, contract personnel and invited personnel. The retired and those who retain their posts with pay temporarily suspended are not included.

2. Professional and technical staff

This heading can be defined as personnel who are of specialized secondary or higher educational level or hold junior technical titles (or posts), as well as those who are technicians of work origin. Also included are those who have professional and technical titles and are now engaged in scientific and technological management, or engaged in Party and administrative work closely related to technical management.

Senior: research fellow and associate research fellow, professor and associate professor, senior engineer, senior agronomist, chief (and associate chief) physician (pharmacist, nurse and technician), senior laboratorian, senior statistician, senior economist, senior accountant, senior editor and associate senior editor, translation editor and associate translation editor, senior journalist, senior librarian and associate librarian, and so on.

Intermediate: research associate, lecturer, engineer, agronomist, physician (pharmacist, nurse and technician) in charge, laboratorian, statistician, economist, accountant, editor, translator, journalist, librarian, and so on.

Junior: research assistant, teaching assistant, assistant engineer, technician, assistant agronomist, agrotechnician, physician (pharmacist, nurse and technician), assistant laboratorian, laboratory technician, assistant physician (pharmacist, nurse and technician), assistant statistician, statistical clerk, assistant economist, assistant accountant, accounting clerk, assistant editor, assistant translator, assistant journalist, library assistant, library clerk, and so on.

3. Total retired staff

Total retired staff refers to the total number of staff who retired from the CAS and draw their pension from the CAS.

4. Academic degrees and qualifications

This heading reflects the basic status of academic degrees and qualifications of the staff in a particular institution or unit, compiled by the personnel department according to relevant state regulations, and only the highest academic degrees and qualifications are recorded.

四、经费、基本建设

FUNDS AND CAPITAL CONSTRUCTION

4.1 科学事业总经费收入

Total Income of CAS Scientific Operating Funds

单位：千元（thousand yuan）

年份 Year	合计 Total	事业费拨款 Operating funds	三项费用拨款 Three sums of S&T funds	科学基金拨款 Scientific foundation funds	"863"项目拨款 "863" project funds	其他收入 Other income
1986	895718	684114	58575	10656		142373
1987	1018170	678752	97160	16240		226018
1988	1265700	741124	134520	32100		357956
1989	1310260	737310	155140	39910	68920	308980
1990	1492520	855140	137670	43540	65350	390820
1991	1510037	872684	112021	40708	66890	417733
1992	1889062	938965	130640	61102	71799	686556
1993	2402766	1091135	212769	79328	67259	952275
1994	2906680	1402100	209650	87741	113683	1093506
1995	3225004	1417350	205870	100205	114934	1386645
1996	3249594	1501200	107225	82412	115670	1443087

注：此表以中国科学院财务决算口径统计。

Note：This table is based on the specifications for CAS final financial accounts.

4.2 科学事业总经费支出

Total Expenditure of CAS Scientific Operating Funds

单位：千元（thousand yuan）

年份 Year	合计 Total	人员费用支出 Personnel expenditure	公用费用支出 Public expenditure	科研费用支出 Scientific research expenditure	其中：购置仪器设备 Of which：expenditure for purchasing equipment and instruments
1986	875910	147630	133040	595240	186923
1987	933820	174170	141840	617810	154910
1988	1041030	210040	160030	670960	80710
1989	1155300	233390	207580	714330	105060
1990	1320410	266660	222570	831170	117980
1991	1455792	297607	258955	899229	90630
1992	1913717	371299	301045	1241373	88349
1993	2375603	453661	369730	1552212	109740
1994	2772661	668108	359927	1744626	84547
1995	3133945	744323	605556	1784066	130468
1996	3305872	752644	538883	2014345	232930

注：表中购置仪器设备费支出指用事业费购置的仪器设备。

Note：The expenditure for purchasing scientific equipment and instruments refers to expenditure from operating funds for scientific equipment and instruments.

4.3 科学事业总经费收入、

Total Income and Expenditure of

	合计 Total	收入 Income 事业费拨款 Operating funds	三项费用拨款 Three sums of S&T funds	科学基金拨款 Scientific foundation funds
总计 Total	**3249594**	**1501200**	**107225**	**82412**
一、科研机构 Research units	2636586	1122763	86807	74518
数学、物理 Mathematics & physics	520903	293367	9455	17818
化学与化工 Chemistry & chemical engineering	398279	162919	18129	11442
地学 Earth sciences	301683	162641	6119	15604
生物学 Biological sciences	422420	219819	6985	17341
技术科学 Technological sciences	984550	278975	46059	11374
其他 Others	8750	5042	60	939
二、支撑机构 Supporting organizations	235651	95580	－1750	7610
教育培干 Education & cadre training	84178	38905	150	7025
图书、情报、出版 Library, information & publication	55675	47470		
科学仪器研制 Scientific instrument development	61266	7646	100	585
基本建设 Capital construction	22506	216		
服务与福利 Service & welfare	4270	1344		
其他 Others	7756		－2000	

支出情况（1996 年）

CAS Scientific Operating Funds：1996

单位：千元（thousand yuan）

"863" 项目拨款 "863" project funds	其他收入 Other income	支出 Expenditure 合计 Total	人员费用支出 Personal expenditure	公用费用支出 Public expenditure	科研费用支出 Scientific research expenditure	其中：购置仪器设备 Of which：Expenditure for purchasing equipment and instrumentation
115670	**1443087**	**3305872**	**752644**	**538883**	**2014345**	**232930**
113902	1238594	2793167	646474	378999	1767694	213738
11093	189169	531045	128923	69899	332223	46313
22026	183762	408850	99120	56944	252786	31974
2115	115204	346288	88903	46709	210676	32031
12362	165913	461440	134022	65584	261835	58855
66296	581846	1036509	192578	137212	706719	43835
10	2699	9034	2929	2650	3454	729
1709	132501	263300	44470	67839	150990	17636
1709	36390	89113	14403	17552	57159	15192
	8205	62633	13862	7232	41539	2408
	52935	69172	9343	34748	25081	36
	22290	27694	2297	3265	22131	
	2926	3584	1281	2263	40	
	9756	11105	3285	2781	5039	

	收入 Income			
	合计 Total	事业费拨款 Operating funds	三项费用拨款 Three sums of S&T funds	科学基金拨款 Scientific foundation funds
三、管理机构 Management organizations	377358	282856	22168	283
中国科学院本部 CAS Head Office	285100	236049	21628	
地区管理部门 CAS Branches	92258	46807	540	283

注：1．"事业费拨款"中含 193128 千元国外到货转帐。

Note："Operating funds" include 193128000 yuan transferred from foreign orders.

2．"收入"中扣除了转拨外单位经费，"支撑机构"中"其他"出现负数的原因是当年转拨外单位经费数大于当年收到款

Funds transferred to other institutions have been deducted from the "Income". The negative numbers in "Others" of the is more than funds received in the year. This means that surplus from the last year's funds has been used.

3．"支出"中扣除了不可比因素，即根据国家要求调帐而使支出增加的 717326 千元，全部支出为 3305872 千元＋717326

The "Expenditure" here does not include 717326000 yuan which was added to the expenditure according to the State 717326000 yuan).

		支　出 Expenditure				
"863"项目拨款 "863" project funds	其他收入 Other income	合计 Total	人员费用支出 Personal expenditure	公用费用支出 Public expenditure	科研费用支出 Scientific research expenditure	其中：购置仪器设备 Of which：Expenditure for purchasing equipment and instrumentation
59	71991	249404	61700	92044	95660	1555
	27423	162286	32665	46557	83064	
59	44568	87119	29035	45487	12597	1555

数，即用上年经费结余转拨外单位经费。

"Supporting institutions" are caused by the fact that the amount of funds transferred to other institutions in the year

千元＝4023198 千元。

requirement for account readjustment. Therefore, the total expenditure should be 4023198000 yuan (3305872000 yuan plus

4.4 基本建设

Statistics of CAS Capital Construction

年份 Year	完成投资（万元） Investment completed (ten thousand yuan)	自筹 Self-raised	贷款 Loan	竣工面积（平方米） Floor space completed (square meter)	自筹 Self-raised
1950～1952	276			20523	
1953～1957	9123			512283	
1958～1962	20972			794049	
1963～1965	12600			338832	
1966～1970	9139			153737	
1971～1975	7835			566566	
1976	2500			82306	
1977	3347			150853	
1978	8454			204677	
1979	18426			332816	
1980	17579			361936	
1981	13600			367813	
1982	15039			346605	
1983	14537			270401	
1984	16114			328310	
1985	17108	346		242340	15193
1986	21908	252		283026	7559
1987	27412	281		203111	10345
1988	28266	240		247028	14449
1989	29384	240		298743	6407
1990	23484	240		373626	11910
1991	30306	1971		231729	28336
1992	36636	5000		287163	67928
1993	38427	4809	3100	258284	61645
1994	40787	10000	3000	239506	39191
1995	44480	10000	2600	235111	
1996	48122	15982	700	226581	

4.5 基本建设投资完成情况（1996年）

Capital Expenditure：1996

单位：万元（Ten thousand yuan）

项目 Project		合计 Total	预算内投资 Budget funds	自筹资金 Self-raised funds	银行贷款 Bank loans
总计 Total		**48122**	**31440**	**15982**	**700**
科研项目 Construction for scientific projects	大中型科研项目 Construction for large and medium sized scientific projects				
	小型科研项目 Construction for small scientific projects	14888	7582	6606	700
基础设施改造和建设项目 Infrastructure renovation and construction projects		7267	6971	296	
住宅 Housing	固定人员 Permanent staff	17449	8933	8516	
	流动人员 Temporary staff	2178	1614	564	
计委专项 Special funds from SPC		6340	6340		

4.6 基本建设建筑面积完成情况（1996 年）

Floor Space Completed：1996

单位：平方米（m^2）

项目 Project		在施面积 Floor space under construction	其中：新开面积 Of which：Floor space starte	竣工面积 Floor space completed	其中：改造面积 Of which：Floor space reconstructed
总计 Total		**601012**	**217439**	**226581**	
科研项目 Construction for scientific projects	大中型科研项目 Construction for large and medium sized scientific projects				
	小型科研项目 Construction for small scientific projects	143280	20354	69583	
基础设施改造和建设项目 Infrastructure renovation and construction projects		4395	2124	2597	
住宅 Housing	固定人员 Permanent staff	412936	177275	146825	
	流动人员 Temporary staff	40401	17686	7576	
计委专项 Special funds from SPC					

主要统计指标解释

1. 科学事业总经费收入

事业费拨款：指财政部、国家科委拨科学事业费。财政部拨科学事业费为专项经费，如：大型科研装置运行费等；国家科委拨科学事业费为经常费及专项经费。

三项费用拨款：指财政部及其他部委拨科技三项费用，科技三项费用指新产品试制费、中间试验费、重大科研补助费。

科学基金拨款：指国家自然科学基金委员会拨自然科学基金。

“863”项目拨款：指国家科委、科工委“863”办公室拨“国家高技术研究与发展计划”项目经费。

其他收入：包括委托单位拨科研费、拨入专项资金（如地方拨副食补贴等）、技术性毛收入、产品销售收入及其他毛收入。

2. 科学事业总经费支出

人员费用支出：含①事业费开支的工资、补助工资、职工福利费、离退休人员费、人民助学金；②自有资金开支的医药费补贴、物价补贴、书报费、洗理费、奖金等。

公用费用支出：含①事业费开支的公务费、差额补助费、行政设备费、行政及其他修缮费、其他行政费；②拨入专项资金支出；③其他毛收入中开支的成本；④收入中应交国家流转税、所得税、能源交通重点建设基金、预算调节基金等；⑤自有资金开支的集体福利设备、设施等。

科研费用支出：含①事业费开支的仪器设备费、专业图书费、专业设备费、研究材料费、科研业务费、实验用房改造费、研究生费（不含人民助学金）、外事费；②科学基金支出、科技三项费用支出、“863”项目支出、委托单位拨科研费支出；③技术性毛收入中开支的成本；④产品销售收入中的成本；⑤自有资金开支的科研设备费、自选课题费、补充科研项目费等。

Explanatory Notes on Key Indicators

1. Total income of CAS scientific operating funds

Operating funds: This refers to the operating funds for scientific research allocated by the Ministry of Finance and the State Science and Technology Commission. Operating funds for scientific research provided by the Ministry of Finance is considered as special funds, such as the operation funds for large scientific facilities, the operating funds for scientific research from the State Science and Technology Commission are in the category of running expenses and special funds.

Three sums of spending: This refers to the three sums of scientific and technological funds provided by the Ministry of Finance and other relevant state departments: spending for new product development, allowances for pilot experiments and subsidies for major research projects.

Scientific foundation funds: This refers to the foundation funds for natural science study allocated by the National Natural Science Foundation.

"863" project funds: This refers to funds provided by the "863" Project Office of the State Science and Technology Commission and the State Commission of Science, Technology and Industry for National Defence for projects included in the "National Hightech R&D Plan".

Other incomes: These include 1) commission funds for research provided by the contracting institutions. 2) specially allocated funds such as non-staple food subsidies provided by the local government. and 3) technology-related gross income, product sales income and other gross incomes.

2. Total expenditure of CAS scientific operation funds

Personnel expenditure: This includes 1) spending from the operating funds such as salary, allowances, welfare expenditure, pension for the retired and People's grant-in-aid and 2) expenditures from self-owned funds, including medical care allowance, inflation subsidies, bonus, and other miscellaneous subsidies.

Public expenditure: This includes 1) spending from the operating funds such as official business spending, difference subsidy, office equipment expenses, administrative and other maintenance and repair charges on buildings, and other administrative expenses. 2) expenses from allocated special funds. 3) costs covered by other gross income. 4) expenses covered by the income, including circulation tax, income tax, funds for key energy and transportation projects, budgetary regulation funds, etc.. and 5) expenses on collective welfare facilities paid from self- owned funds.

Scientific research expenditure: This includes 1) expenses paid from the operating funds such as costs for instruments and equipment spending on specialized books, research equipment and materials, scientific research funds, laboratory building reconstruction expenses, expenses on graduate student training (excluding People's grant-in-aid), spending on international exchange and cooperation. 2) spending from scientific foundation funds, three sums of S&T spending, "863" project spending, expenditure from commission research funds. 3) expenses from technology-related gross income. 4) cost in product sales, and 5) research equipment spending from self-owned funds, spending for carrying out self-selected projects, additional research project funds, etc.

五、科技活动

SCIENTIFIC AND TECHNOLOGICAL ACTIVITIES

5.1 科研机构与人员概况

Statistics of CAS Research Units and Staff

年 份 Year	机构数 (个) Institutions	职工数（人）Staff 合 计 Total	从事科技活动人员 S&T activity personnel	科学家、工程师 Scientists & engineers	其他科技人员 Other S&T personnel
1985	122	69650	58220	32174	8828
1986	122	70510	60107	34495	8777
1987	123	66855	53727	35034	8239
1988	123	67554	56939	36648	9078
1989	123	67451	56895	37587	8757
1990	123	67547	56199	38133	8442
1991	123	67558	56029	37668	8750
1992	123	66608	54293	37642	8283
1993	123	64273	50584	36199	6968
1994	123	61641	46344	33749	5828
1995	124	59008	42934	32446	4991
1996	123	56245	41392	32032	5148

注：S&T——Science and Technology.

5.2 科研机构职工按工作性质分类（1996 年）

Statistics of CAS Staff, by Nature of Work: 1996

单位：人

地区及学科 Region and field	从事科技活动人员 S&T activity personnel	科学家工程师 Scientists & engineers	科技管理人员 S&T management personnel	课题活动人员 S&T project activity personnel	科技服务人员 S&T service personnel	从事生产经营活动人员 Production and business activity personnel
总计 Total	**41392**	**32032**	**5892**	**28760**	**6740**	**8091**
一、按地区、分院分 By region and branch						
北京地区 Beijing	13857	11267	1922	10415	1520	2492
沈阳分院 Shenyang Branch	3330	2783	370	2428	532	449
长春分院 Changchun Branch	3338	2291	473	1833	1032	894
上海分院 Shanghai Branch	5468	4305	687	3968	813	2046
南京分院 Nanjing Branch	1172	1031	168	882	122	58
合肥分院 Hefei Branch	1497	1012	126	1078	293	192
武汉分院 Wuhan Branch	1398	1120	217	947	234	351
广州分院 Guangzhou Branch	1785	1361	268	1275	242	242
成都分院 Chengdu Branch	2262	1669	425	1456	381	668
昆明分院 Kunming Branch	1073	729	230	615	228	26
西安分院 Xi'an Branch	1285	696	173	613	499	162
兰州分院 Lanzhou Branch	2269	1726	454	1523	292	183
新疆分院 Xinjiang Branch	684	573	91	502	91	173
其他地区 Other regions	1974	1469	288	1225	461	155
二、按学科分 By field						
数学、物理 Mathematics & physics	7944	6125	1125	5606	1213	1640

地区及学科 Region and field	从事科技活动人员 S&T activity personnel	科学家工程师 Scientists & engineers	科技管理人员 S&T management personnel	课题活动人员 S&T project activity personnel	科技服务人员 S&T service personnel	从事生产经营活动人员 Production and business activity personnel
化学与化工 Chemistry & chemical engineering	6558	5296	867	4698	993	1455
地学 Earth sciences	5896	4732	856	4053	987	403
生物学 Biological sciences	8030	6271	1267	5721	1042	923
技术科学 Technological sciences	12779	9445	1751	8542	2486	3664
其他 Others	185	163	26	140	19	6

5.3 科研机构经常费收入、支出情况

Total Current Intramural Income and Expenditure in CAS Research Units

单位：千元（thousand yuan）

年 份 Year	经费收入合计 Total income	政府拨款 Government funds	科学事业费 Operating funds	经费支出合计 Total expenditure	劳务费 Labor cost	科研业务费 Operating expenses
1986	742066	604279	469271	692860	125436	213407
1987	837122	627784	378934	747813	135795	233492
1988	1027186	670751	334979	877302	158520	318373
1989	1277091	785212	315294	1006867	198136	398556
1990	1353986	878823	342808	1228672	233057	463237
1991	1353897	849180	349476	1229789	255067	447181
1992	1811201	1093748	326965	1638723	333624	617892
1993	2111061	1107090	322561	1996224	404443	765949
1994	2459665	1354308	424450	2829947	630206	938694
1995	2826593	1506013	486755	2705238	672585	884207
1996	3064470	1647814	518136	2993723	732070	987224

注：1. 经费收入合计中不包括基本建设投资。

Note：Total income does not include capital investment.

2. 1992 年及以前经费收入合计中均未扣除转拨外单位科研经费。

Total income in 1992 and before does not exclude scientific research funds which were transferred to other research institutions.

3. 1995 年经常费支出合计中含暂付款 3.3 亿元。(列支在其他支出中)

The total current intramural expenditure include 330 million yuan of temporary payment (in the item of other expenses).

4. 此表为国家科委《科技统计年报》统计口径。

This table is based on the specifications of the *S&T Statistical Yearbook* of the State Science and Technology Commission.

地区、学科及科研单位 Region, field and research unit	本年收入合计 Total income	政府拨款 Government funds	科学事业费 Operating funds	科技专项费 S&T special funds	科学技术基金 S&T funds
总计 Total	**3064470**	**1647814**	**518136**	**857878**	**76017**
一、按地区、分院分 By region and branch					
北京地区 Beijing	1108719	619268	188347	356925	42221
沈阳分院 Shenyang Branch	282634	121761	34410	71286	3972
长春分院 Changchun Branch	168630	109707	37249	42069	2614
上海分院 Shanghai Branch	631424	285644	76809	144404	9142
南京分院 Nanjing Branch	71423	46243	15435	23065	2233
合肥分院 Hefei Branch	74004	45742	13309	29510	612
武汉分院 Wuhan Branch	83069	53301	18748	27861	2325
广州分院 Guangzhou Branch	124184	44638	21376	15733	4285
成都分院 Chengdu Branch	132024	73753	23264	24639	736
昆明分院 Kunming Branch	60681	31058	12502	14022	1043
西安分院 Xi'an Branch	68194	43398	14208	21840	626
兰州分院 Lanzhou Branch	108305	86073	29936	43931	2855
新疆分院 Xinjiang Branch	34164	23458	8582	13143	230
其他地区 Other regions	117015	63770	23961	29450	3123
二、按学科分 By field					
数学、物理 Mathematics & physics	585372	373804	103581	229346	17747

经常费收入情况（1996 年）

in CAS Research Units：1996

单位：千元（thousand yuan）

横向技术性收入 Lateral technology related income	其中：来自企业 Of which: From enterprises	技术开发收入 Technology development income	技术转让收入 Technology transfer income	技术咨询及服务收入 Income from technical consultancy and services	生产经营收入 Production and business income	借贷款 Loans	其他收入 Other income
649571	**122519**	**433898**	**70325**	**111300**	**265081**	**196933**	**305071**
256659	35337	213401	17274	22940	58873	69766	104153
97059	49050	61116	370	23582	8559	19592	35663
14955	95	13732	980	243	23586	9303	11079
100242		35874	23046	27578	115007	52052	78479
8904	115	7299		1605	5705	3908	6663
15570		15530		40	230	2901	9561
21116	11027	6328	642	14146	3906	819	3927
40655	11595	26395	6485	7458	15487	5821	17583
26741	8360	20699	1064	1346	19698	6226	5606
18410	268	9877	151	7765	547	4652	6014
12154		10963		488	3650	6922	2070
7895	2582	4270	1494	2131	3618	2753	7966
4052	1460	3899		153	834	423	5397
25159	2630	4515	18819	1825	5381	11795	10910
108921	21606	75948	5671	24894	22416	25452	54779

地区、学科及科研单位 Region, field and research unit	本年收入合计 Total income	政府拨款 Government funds	科学事业费 Operating funds	科技专项费 S&T special funds	科学技术基金 S&T funds
化学与化工 Chemistry & chemical engineering	511395	239638	80804	123776	11443
地学 Earth sciences	344640	210520	74728	95666	17174
生物学 Biological sciences	506456	283315	99741	144584	17341
技术科学 Technological sciences	1107351	534518	156060	262648	11373
其他 Others	9256	6019	3222	1858	939
三、按科研单位分 By institute					
北京市 Beijing	1108719	619268	188347	356925	42221
数学研究所 Inst. of Mathematics	6857	5634	1667	3426	541
应用数学研究所 Inst. of Applied Mathematics	4043	3104	1254	1347	352
系统科学研究所 Inst. of Systems Science	9233	6830	1464	3657	1709
计算数学与科学工程计算研究所 Inst. of Computational Mathematics and Scientific/Engineering Commputing	4990	3149	1310	1455	362
物理研究所 Inst. of Physics	57818	40549	8777	16791	2635
声学研究所 Inst. of Acoustics	39337	19273	7266	11493	514
理论物理研究所 Inst. of Theoretical Physics	6625	5836	978	4369	489
低温技术实验中心 Cryogenic Laboratory	10612	4725	2112	2147	466

续表 5.4

横向技术性收入 Lateral technology related income	其中：来自企业 Of which: From enterprises	技术开发收入 Technology development income	技术转让收入 Technology transfer income	技术咨询及服务收入 Income from technical consultancy and services	生产经营收入 Production and business income	借贷款 Loans	其他收入 Other income
124951	37045	48747	35971	16473	34931	46854	65021
63709	6661	47517	9982	6210	11294	22409	36708
97069	3615	59377	11489	24751	32526	47133	46413
253273	53592	200669	7212	38964	163043	55085	101432
1648		1640		8	871		718
256659	35337	213401	17274	22940	58873	69766	104153
445		445			305		473
367		367					572
472	100	472			550		1381
147	51	147				666	1028
4133		3564		569	2994	7864	2278
16414	6543	11205	150	2651	2909		741
353		353					436
3161	1200	2684	200	277	674		2052

地区、学科及科研单位 Region, field and research unit	本年收入合计 Total income	政府拨款 Government funds	科学事业费 Operating funds	科技专项费 S&T special funds	科学技术基金 S&T funds
高能物理研究所 Inst. of High Energy Physics	102597	61471	13533	44807	3131
北京天文台 Beijing Astronomical Observatory	23903	20294	4907	14565	822
力学研究所 Inst. of Mechanics	49064	24140	6599	15367	2174
化学研究所 Inst. of Chemistry	35620	21057	6182	12871	2004
感光化学研究所 Inst. of Photographic Chemistry	18244	11896	3237	7729	930
生态环境研究中心 Research Center for Eco-Environmental Sciences	16791	10843	4522	5237	1084
化工冶金研究所 Inst. of Chemical Metallurgy	24270	11916	4359	5016	585
地理研究所 Inst. of Geography	27450	15548	5898	8328	1322
遥感应用研究所 Inst. of Remote Sensing Application	20833	15717	2103	9507	662
地质研究所 Inst. of Geology	21127	13389	4434	4439	2104
地球物理研究所 Inst. of Geophysics	17504	11115	3627	5031	1837
古脊椎动物与古人类研究所 Inst. of Vertebrate Paleontology and Paleoanthropology	11063	3333	2299	342	227
大气物理研究所 Inst. of Atmospheric Physics	29794	19271	4677	6638	1913
自然资源综合考察委员会 Commission for Integrated Surveys of Natural Resources	22139	10381	3440	6896	45
植物研究所 Inst. of Botany	29247	15266	6015	7134	2117

续表 5.4

横向技术性收入 Lateral technology related income	其中：来自企业 Of which: From enterprises	技术开发收入 Technology development income	技术转让收入 Technology transfer income	技术咨询及服务收入 Income from technical consultancy and services	生产经营收入 Production and business income	借贷款 Loans	其他收入 Other income
22267		21884		383	820		18039
210		84		126		400	2999
22122	1933	19843	600	1679		500	2302
11651		7900	2347	1404	1010	130	1772
5470	811	4989		74		800	78
4146		996	1650	1500	845	609	348
6040	3648	5706		315		4557	1757
5622		5622			698	712	4870
3822		3822			521		773
5258		661	4597				2480
1620		1620			1100		3669
4087		4087					3643
359		359				7354	2810
7751		7751				2451	1556
7718		3444		4274	965	4832	466

地区、学科及科研单位 Region, field and research unit	本年收入合计 Total income	政府拨款 Government funds	科学事业费 Operating funds	科技专项费 S&T special funds	科学技术基金 S&T funds
动物研究所 Inst. of Zoology	23542	13985	5057	5586	2198
心理研究所 Inst. of Psychology	6295	3304	1686	881	737
微生物研究所 Inst. of Microbiology	26233	16616	4492	10119	2005
生物物理研究所 Inst. of Biophysics	32984	26503	6334	15494	2121
遗传研究所 Inst. of Genetics	25051	13053	4081	8304	668
发育生物学研究所 Inst. of Developmental Biology	8261	5885	1272	4045	438
计算技术研究所 Inst. of Computing Technology	41150	14990	8800	5652	538
软件研究所 Inst. of Software	33903	13525	4719	8197	609
北京软件工程研制中心 Beijing Software Engineering Center	11004	1573	903	670	
计算机网络信息中心 Computer Network Information Center	20392	5417	5371		
半导体研究所 Inst. of Semiconductors	52765	25996	7474	16723	1799
微电子中心 Microelectronics R&D Center	37878	8904	6949	1955	
电子学研究所 Inst. of Electronics	34792	14568	7680	6240	648
自动化研究所 Inst. of Automation	23691	9695	4515	4717	463
电工研究所 Inst. of Electric Engineering	21481	11272	5152	5959	161

续表 5.4

横向技术性收入 Lateral technology related income	其中：来自企业 Of which: From enterprises	技术开发收入 Technology development income	技术转让收入 Technology transfer income	技术咨询及服务收入 Income from technical consultancy and services	生产经营收入 Production and business income	借贷款 Loans	其他收入 Other income
1871		1812		59	800	6314	572
1731	1731	1731			715		545
4717		2693	1015	949	191	4347	362
666	666		360	306			5815
5581		5431			95	5916	406
521		521			917		938
13163		7611	4693	859	1369	500	11128
13441	13441	12434	1007		2090		4847
8116		8105	5	6	16		1299
661				661		14314	
14178		14165		13	4783		7808
3084				3084	19550		6340
16332	200	15650	650	32	2220		1672
6194		6181		13	1947	5500	355
4370	650	3720		650	3527	2000	312

地区、学科及科研单位 Region, field and research unit	本年收入合计 Total income	政府拨款 Government funds	科学事业费 Operating funds	科技专项费 S&T special funds	科学技术基金 S&T funds
工程热物理研究所 Inst. of Engineering Thermophysics	20475	10284	2332	7710	242
空间科学与应用研究中心 Center for Space Science and Applied Research	66104	46247	6854	38322	630
遥感卫星地面站 Remote Sensing Satellite Ground Station	24301	16695	794	15901	
自然科学史研究所 Inst. of History of Natural Sciences	3620	2461	1435	718	308
科技政策与管理科学研究所 Inst. of Science Policy and Management	5636	3558	1787	1140	631
河北省 Hebei Province	6141	4640	1567	1780	118
石家庄农业现代化研究所 Shijiazhuang Inst. of Agricultural Modernization	6141	4640	1567	1780	118
山西省 Shanxi Province	22210	11494	6016	2458	161
山西煤炭化学研究所 Shanxi Inst. of Coal Chemistry	22210	11494	6016	2458	161
辽宁省 Liaoning Province	282634	121761	34410	71286	3972
沈阳应用生态研究所 Shenyang Inst. of Applied Ecology	19639	9241	4971	3434	304
沈阳计算技术研究所 Shenyang Inst. of Computing Technology	27856	8778	3639	4776	
沈阳自动化研究所 Shenyang Inst. of Automation	60215	19790	5557	11555	54
金属研究所 Inst. of Metals Research	62324	33353	8915	16319	1919
金属腐蚀与防护研究所 Inst. of Corrosion and Protection of Metals	13729	7920	2041	5169	581

续表 5.4

横向技术性收入 Lateral technology related income	其中：来自企业 Of which: From enterprises	技术开发收入 Technology development income	技术转让收入 Technology transfer income	技术咨询及服务收入 Income from technical consultancy and services	生产经营收入 Production and business income	借贷款 Loans	其他收入 Other income
6282	956	5993		289	2131		1778
17337	3407	17337			2520		
3131		372		2759	1740		2735
306		298		8	737		116
1342		1342			134		602
609			553	56	47	706	139
609			553	56	47	706	139
1742	740	905	570	267	939	5365	2670
1742	740	905	570	267	939	5365	2670
97059	49050	61116	370	23582	8559	19592	35663
2625	730	2123	370	132	660	1967	5146
14290		14290			937	3500	351
35853	17257	33774		2079	572	4000	
16192	3095	3095		13097	5479	6125	1175
2521	2390	2276		245	577	1500	1211

地区、学科及科研单位 Region，field and research unit	本年收入合计 Total income	政府拨款 Government funds	科学事业费 Operating funds	科技专项费 S&T special funds	科学技术基金 S&T funds
大连化学物理研究所 Dalian Inst. of Chemical Physics	98871	42679	9287	30033	1114
吉林省、黑龙江省 Jilin and Heilongjiang provinces	168630	109707	37249	42069	2614
长春物理研究所 Changchun Inst. of Physics	15933	12477	5813	5139	800
长春人造卫星观测站 Changchun Satellite Observation Station	1115	1056	714	342	
长春应用化学研究所 Changchun Inst. of Applied Chemistry	43613	31821	10243	17238	1527
长春地理研究所 Changchun Inst. of Geography	8868	5177	2578	2456	94
长春光学精密机械研究所 Changchun Inst. of Optics and Fine Mechanics	95489	57562	16560	16655	193
黑龙江农业现代化研究所 Heilongjiang Inst. of Agricultural Moderniza	3612	1614	1341	239	
上海市 Shanghai	631424	285644	76809	144404	9142
上海原子核研究所 Shanghai Inst. of Nuclear Research	55032	15179	8165	5507	434
上海天文台 Shanghai Observatory	17713	11787	3436	7719	632
上海硅酸盐研究所 Shanghai Inst. of Ceramics	64533	27721	6750	13165	1000
上海有机化学研究所 Shanghai Inst. of Organic Chemistry	90165	25959	8230	13409	1508
上海植物生理研究所 Shanghai Inst. of Plant Physiology	16726	13323	3977	6880	588
上海昆虫研究所 Shanghai Inst. of Entomology	6983	2648	1743	647	258

续表 5.4

横向技术性收入 Lateral technology related income	其中：来自企业 Of which: From enterprises	技术开发收入 Technology development income	技术转让收入 Technology transfer income	技术咨询及服务收入 Income from technical consultancy and services	生产经营收入 Production and business income	借贷款 Loans	其他收入 Other income
25578	25578	5558		8029	334	2500	27780
14955	95	13732	980	243	23586	9303	11079
826		809		17	23	1500	1107
							59
6372	95	5297	980	95	895		4525
2254		2123		131	266	795	376
5329		5329			22402	5846	4350
174		174				1162	662
100242		35874	23046	27578	115007	52052	78479
10173		1653	4521	3999	6523	11900	11257
4910		4910			638		378
19950		4164	2764	1830	4214	10459	2189
12929		4681	6676	1421	21524	18850	10903
1400		1348		52	64	1000	939
1256		412	488	356	1149	1500	430

地区、学科及科研单位 Region，field and research unit	本年收入合计 Total income	政府拨款 Government funds	科学事业费 Operating funds	科技专项费 S&T special funds	科学技术基金 S&T funds
上海药物研究所 Shanghai Inst. of Materia Medica	33864	14654	4353	8099	324
上海生理研究所 Shanghai Inst. of Physiology	12720	6926	2703	3795	413
上海生物化学研究所 Shanghai Inst. of Biochemistry	29654	15889	4844	9972	1069
上海细胞生物学研究所 Shanghai Inst. of Cell Biology	23933	9057	2954	4952	56
上海脑研究所 Shanghai Inst. of Brain Research	15455	13805	855	12788	162
上海生物工程研究中心 Shanghai Bioengineering Research Center	15615	6113	2929	3184	
上海冶金研究所 Shanghai Inst. of Metallurgy	91770	18378	8595	7001	533
上海光学精密机械研究所 Shanghai Inst. of Optics and Fine Mechanics	65810	48037	11682	31794	1519
上海技术物理研究所 Shanghai Inst. of Technical Physics	91451	56168	5593	15492	646
江苏省 Jiangsu Province	71423	46243	15435	23065	2233
紫金山天文台 Purple Mountain Observatory	25449	21538	4316	11530	470
南京地理与湖泊研究所 Nanjing Inst. of Geography and Limnology	8906	4485	3892	422	171
南京地质古生物研究所 Nanjing Inst. of Geology and Palaeontology	15258	9273	3183	5436	654
南京土壤研究所 Nanjing Inst. of Soil Science	21810	10947	4044	5677	938
安徽省 Anhui Province	74004	45742	13309	29510	612

续表 5.4

横向技术性收入 Lateral technology related income	其中：来自企业 Of which: From enterprises	技术开发收入 Technology development income	技术转让收入 Technology transfer income	技术咨询及服务收入 Income from technical consultancy and services	生产经营收入 Production and business income	借贷款 Loans	其他收入 Other income
10289		7170	2807	312	1496	1736	5689
2999		764	275	1960	757		2038
8141		2693	4742	706	974		4650
7521		3309		4212	865	5100	1390
795		445		350	83		772
5719		3618	100	1693	1086		2697
3749			100	1888	61999	157	7487
4736			80	4324	5955	1290	5792
5675		707	493	4475	7680	60	21868
8904	115	7299		1605	5705	3908	6663
					3296		615
1420	20	1420			572	490	1939
3507		2575		932	327		2151
3977	95	3304		673	1510	3418	1958
15570		15530		40	230	2901	9561

地区、学科及科研单位 Region, field and research unit	本年收入合计 Total income	政府拨款 Government funds	科学事业费 Operating funds	科技专项费 S&T special funds	科学技术基金 S&T funds
固体物理研究所 Inst. of Solid State Physics	3743	3594	1225	1087	64
等离子体物理研究所 Inst. of Plasma Physics	25250	21899	4643	16982	274
合肥智能机械研究所 Hefei Inst. of Intelligent Machines	5265	3360	1333	1788	28
安徽光学精密机械研究所 Anhui Inst. of Optics and Fine Mechanics	39746	16889	6108	9653	246
福建省 Fujian Province	35413	9936	4312	5127	497
福建物质结构研究所 Fujian Inst. of Research on the Structure of Matter	35413	9936	4312	5127	497
山东省 Shandong Province	34601	25745	8277	14580	1286
海洋研究所 Inst. of Oceanology	34601	25745	8277	14580	1286
湖北省、湖南省 Hubei and Hunan provinces	83069	53301	18748	27861	2325
武汉物理与数学研究所 Wuhan Inst. of Physics and Mathematics	19474	16973	4373	11895	690
武汉岩土力学研究所 Wuhan Inst. of Rock and Soil Mechanics	24185	4050	2309	1596	145
测量与地球物理研究所 Inst. of Geodesy and Geophysics	5903	4900	1730	2969	201
武汉植物研究所 Wuhan Inst. of Botany	5145	3015	1989	927	99
水生生物研究所 Inst. of Hydrobiology	15135	13613	3811	5782	959
武汉病毒研究所 Wuhan Inst. of Virology	5639	4295	2192	1936	60

续表 5.4

横向技术性收入 Lateral technology related income	其中：来自企业 Of which: From enterprises	技术开发收入 Technology development income	技术转让收入 Technology transfer income	技术咨询及服务收入 Income from technical consultancy and services	生产经营收入 Production and business income	借贷款 Loans	其他收入 Other income
					12	12	125
668		628		40		2345	338
					26	493	1386
14902		14902			192	51	7712
19772		1713	17696	363	1946		3759
19772		1713	17696	363	1946		3759
2894	1890	1897		997	1958	487	3517
2894	1890	1897		997	1958	487	3517
21116	11027	6328	642	14146	3906	819	3927
1337		1337			614		550
17451	11027	3607		13844	2422		262
300		245	55		373		330
750		385	365		23	329	1028
70				70	51	490	911
1018		754	222	42	106		220

地区、学科及科研单位 Region, field and research unit	本年收入合计 Total income	政府拨款 Government funds	科学事业费 Operating funds	科技专项费 S&T special funds	科学技术基金 S&T funds
长沙大地构造研究所 Changsha Inst. of Geotectonics	3201	2689	863	1158	150
长沙农业现代化研究所 Changsha Inst. of Agricultural Modernization	4387	3766	1481	1598	21
广东省 Guangdong Province	124184	44638	21376	15733	4285
广州人造卫星观测站 Guangzhou Satellite Observation Station	2698	767	672	83	12
广州化学研究所 Guangzhou Inst. of Chemistry	13494	6202	3481	1989	92
广州地球化学研究所 Guangzhou Inst. of Geochemistry	15718	10762	3295	4371	2032
南海海洋研究所 South China Sea Inst. of Oceanology	33157	12063	5283	4433	1712
华南植物研究所 South China Inst. of Botany	22719	7369	4198	2415	256
广州电子研究所 Guangzhou Inst. of Electronic Technology	17895	3352	2819	278	150
广州能源研究所 Guangzhou Inst. of Energy Conversion	18503	4123	1628	2164	31
四川省 Sichuan Province	132024	73753	23264	24639	736
成都有机化学研究所 Chengdu Inst. of Organic Chemistry	16872	6466	3577	2455	434
成都山地灾害与环境研究所 Chengdu Inst. of Mountain Hazards and Environment	8725	5227	2876	2203	148
成都生物研究所 Chengdu Inst. of Biology	20185	6758	3153	2406	119
成都计算机应用研究所 Chengdu Inst. of Computer Application	17158	4041	2071	1935	35

续表 5.4

横向技术性收入 Lateral technology related income	其中：来自企业 Of which: From enterprises	技术开发收入 Technology development income	技术转让收入 Technology transfer income	技术咨询及服务收入 Income from technical consultancy and services	生产经营收入 Production and business income	借贷款 Loans	其他收入 Other income
					28		484
190				190	289		142
40655	11595	26395	6485	7458	15487	5821	17583
1556		50	200	1306		200	175
2882	2882	755	1475	652	555	1500	2355
2189		1160	1000	29	21	1000	1746
14844	216	9210	3772	1862	2033	2109	2108
3063	125	2653		93	9150	1012	2125
8299	8299	6629	38	1632	1887		4357
7822	73	5938		1884	1841		4717
26741	8360	20699	1064	1346	19698	6226	5606
4361	2053	3119	883	359	1713	1955	2377
2483	2483	2483			90		925
3486		2950	35	501	9267	110	564
12587		12147	146	294	235	100	195

地区、学科及科研单位 Region, field and research unit	本年收入合计 Total income	政府拨款 Government funds	科学事业费 Operating funds	科技专项费 S&T special funds	科学技术基金 S&T funds
光电技术研究所 Inst. of Optics and Electronics	69084	51261	11587	15640	
贵州省 Guizhou Province	18650	11955	3789	5505	1061
贵阳地球化学研究所 Guiyang Inst. of Geochemistry	18650	11955	3789	5505	1061
云南省 Yunnan Province	60681	31058	12502	14022	1043
云南天文台 Yunnan Observatory	11318	7779	3070	4506	203
昆明植物研究所 Kunming Inst. of Botany	20556	10843	3327	4365	407
西双版纳热带植物园 Xishuangbanna Tropical Botanical Garden	17777	5171	3681	1423	
昆明动物研究所 Kunming Inst. of Zoology	11030	7265	2424	3728	433
陕西省 Shaanxi Province	68194	43398	14208	21840	626
陕西天文台 Shaanxi Observatory	15785	14185	4765	7891	25
水土保持研究所 Inst. of Soil and Water Conservation	9289	6873	3054	3566	253
西安光学精密机械研究所 Xi'an Inst. of Optics and Fine Mechanics	43120	22340	6389	10383	348
甘肃省、青海省 Gansu and Qinghai provinces	108305	86073	29936	43931	2855
近代物理研究所 Inst. of Modern Physics	33952	33319	6933	24907	788
兰州化学物理研究所 Lanzhou Inst. of Chemical Physics	17770	13216	4956	4705	416

续表 5.4

横向技术性收入 Lateral technology related income	其中：来自企业 Of which: From enterprises	技术开发收入 Technology development income	技术转让收入 Technology transfer income	技术咨询及服务收入 Income from technical consultancy and services	生产经营收入 Production and business income	借贷款 Loans	其他收入 Other income
3824	3824			192	8393	4061	1545
142				142	491	5237	825
142				142	491	5237	825
18410	268	9877	151	7765	547	4652	6014
43		43					3496
6806		5934	13	859	520	1000	1387
8934	268	1273	138	6906	27	3217	428
2627		2627				435	703
12154		10963		488	3650	6922	2070
233		233			481		886
716		716			194	1334	172
11205		10014		488	2975	5588	1012
7895	2582	4270	1494	2131	3618	2753	7966
119		119				50	464
2820		1890	930		743	129	862

地区、学科及科研单位 Region, field and research unit	本年收入合计 Total income	政府拨款 Government funds	科学事业费 Operating funds	科技专项费 S&T special funds	科学技术基金 S&T funds
兰州冰川冻土研究所 Lanzhou Inst. of Glaciology and Geocryology	16326	10912	3738	5975	544
兰州沙漠研究所 Lanzhou Inst. of Desert Research	9824	8109	2870	1106	395
兰州地质研究所 Lanzhou Inst. of Geology	6347	3785	1625	1910	250
兰州高原大气物理研究所 Lanzhou Inst. of Plateau Atmospheric Physics	6018	4547	2769	1399	273
青海盐湖研究所 Qinghai Inst. of Saline Lakes	9691	6148	4281	1799	23
西北高原生物研究所 Northwest Inst. of Plateau Biology	8377	6037	2764	2130	166
新疆维吾尔自治区 Xinjiang Uygur Autonomous Region	34164	23458	8582	13143	230
新疆物理研究所 Xinjiang Inst. of Physics	6773	3607	1997	1432	15
乌鲁木齐天文工作站 Ürümqi Astronomic Working Station	11873	10589	1283	9306	
新疆化学研究所 Xinjiang Inst. of Chemistry	3838	2284	1371	545	68
新疆地理研究所 Xinjiang Inst. of Geography	3228	2137	1482	562	93
新疆生物土壤沙漠研究所 Xinjiang Inst. of Biology, Pedology and Desert Research	8452	4841	2449	1298	54

续表 5.4

横向技术性收入 Lateral technology related income	其中：来自企业 Of which: From enterprises	技术开发收入 Technology development income	技术转让收入 Technology transfer income	技术咨询及服务收入 Income from technical consultancy and services	生产经营收入 Production and business income	借贷款 Loans	其他收入 Other income
2099		1541	558		1238	1000	1077
65				65	593	774	283
2052	2052			2052	233		277
204		204			673		594
530	530	516		14	11		3002
6			6		127	800	1407
4052	1460	3899		153	834	423	5397
1514	752	1511		3	63		1589
					92	15	1177
708	708	558		150	202		644
737		737			79		275
1093		1093			398	408	1712

5.5 科研机构经常费支出情况（1996 年）

Total Current Intramural Expenditure in CAS Research Units ：1996

单位：千元（thousand yuan）

地区、学科及科研单位 Region, field and research unit	本年支出合计 Total expenditure	劳务费 Labor cost	固定资产购建支出 Expenditure on purchasing fixed assets	科研业务费 Operating expenses	管理费 Overhead	其他支出 Other expenses
总计 Total	**2993723**	**732070**	**520572**	**987224**	**226883**	**526974**
一、按地区、分院分 By region and branch						
北京地区 Beijing	1121888	250303	235013	390730	76995	168847
沈阳分院 Shenyang Branch	270551	50238	38661	126662	19188	35802
长春分院 Changchun Branch	179782	44450	15536	58709	23741	37346
上海分院 Shanghai Branch	576448	142168	81626	158836	31519	162299
南京分院 Nanjing Branch	69607	22951	13072	20261	6043	7280
合肥分院 Hefei Branch	70867	17738	5394	25832	4478	17425
武汉分院 Wuhan Branch	89429	22360	14483	29155	8899	14532
广州分院 Guangzhou Branch	107522	36960	10068	35024	13533	11937
成都分院 Chengdu Branch	130216	32400	30282	45728	6280	15526
昆明分院 Kunming Branch	55736	14424	13652	13607	2816	11237
西安分院 Xi'an Branch	64394	19281	8747	22555	3935	9876
兰州分院 Lanzhou Branch	109200	34652	16656	33770	11168	12954
新疆分院 Xinjiang Branch	34426	8630	12965	5784	2991	4056
其他地区 Other regions	113657	35515	24417	20571	15297	17857
二、按学科分 By field						
数学、物理 Mathematics & physics	556436	134133	104330	186036	42250	89687

地区、学科及科研单位 Region, field and research unit	本年支出合计 Total expenditure	劳务费 Labor cost	固定资产购建支出 Expenditure on purchasing fixed assets	科研业务费 Operating expenses	管理费 Overhead	其他支出 Other expenses
化学与化工 Chemistry & chemical Engineering	485428	129986	87164	160212	36737	71329
地学 Earth sciences	341745	96303	59607	106043	33564	46228
生物学 Biological sciences	490146	142890	102635	130609	42851	71161
技术科学 Technological sciences	1111337	225634	165259	402786	69628	248030
其他 Others	8631	3124	1577	1538	1853	539
三、按科研单位分 By institute						
北京市 Beijing	1121888	250303	235013	390730	76995	168847
数学研究所 Inst. of Mathematics	6544	2489	1367	2063	350	267
应用数学研究所 Inst. of Applied Mathematics	4388	1573	1071	938	340	466
系统科学研究所 Inst. of Systems Science	8901	3065	1304	1890	777	1009
计算数学与科学工程计算研究所 Inst. of Computational Mathematics and Scientific/Engineering Computing	4179	1309	190	1737	379	563
物理研究所 Inst. of Physics	38283	8977	7149	20261	394	
声学研究所 Inst. of Acoustics	40335	10321	10710	15741	1963	1535
理论物理研究所 Inst. of Theoretical Physics	6480	1042	1564	2678	382	814
低温技术实验中心 Cryogenic Laboratory	11779	3070	2884	3048	1534	1243
高能物理研究所 Inst. of High Energy Physics	104268	19700	20266	24876	6383	33043
北京天文台 Beijing Astronomical Observatory	32881	5138	8003	16472	1732	213

地区、学科及科研单位 Region, field and research unit	本年支出合计 Total expenditure	劳务费 Labor cost	固定资产购建支出 Expenditure on purchasing fixed assets	科研业务费 Operating expenses	管理费 Overhead	其他支出 Other expenses
力学研究所 Inst. of Mechanics	41997	7708	7566	19266	3370	345
化学研究所 Inst. of Chemistry	34356	6716	7940	10112	4505	5068
感光化学研究所 Inst. of Photographic Chemistry	18226	5130	4077	6146	2214	183
生态环境研究中心 Research Center for Eco-Environmental Sciences	19542	4005	4843	7205	1390	90
化工冶金研究所 Inst. of Chemical Metallurgy	22995	4616	3077	13712	811	423
地理研究所 Inst. of Geography	21187	7002	4937	4346	1474	3419
遥感应用研究所 Inst. of Remote Sensing Application	23717	2976	6413	12853	1355	120
地质研究所 Inst. of Geology	26412	6058	1529	12420	2058	4347
地球物理研究所 Inst. of Geophysics	17325	4751	3709	6323	961	288
古脊椎动物与古人类研究所 Inst. of Vertebrate Paleontology and Paleoanthropology	9498	3409	1486	2041	880	391
大气物理研究所 Inst. of Atmospheric Physics	27137	6366	3754	8375	1851	4691
自然资源综合考察委员会 Commission for Integrated Surveys of Natural Resources	24196	4136	3845	14910	1171	59
植物研究所 Inst. of Botany	27474	7882	1879	7665	3661	5077
动物研究所 Inst. of Zoology	26204	8685	4235	7774	3396	2114
心理研究所 Inst. of Psychology	7572	1999	1029	2340	617	1347
微生物研究所 Inst. of Microbiology	23956	8602	5031	7901	1508	821
生物物理研究所 Inst. of Biophysics	36864	8597	14493	4564	3827	2366

地区、学科及科研单位 Region, field and research unit	本年支出合计 Total expenditure	劳务费 Labor cost	固定资产购建支出 Expenditure on purchasing fixed assets	科研业务费 Operating expenses	管理费 Overhead	其他支出 Other expenses
遗传研究所 Inst. of Genetics	23354	7920	5855	7382	1247	944
发育生物学研究所 Inst. of Developmental Biology	8406	1474	4240	1599	266	431
计算技术研究所 Inst. of Computing Technology	73146	13195	12599	12845	3757	27278
软件研究所 Inst. of Software	31618	8553	10188	9421	736	664
北京软件工程研制中心 Beijing Software Engineering Center	15446	1216	4728	4667	652	1483
计算机网络信息中心 Computer Network Information Center	19769	782	15586	1859	825	707
半导体研究所 Inst. of Semiconductors	52104	11915	10083	20769	4781	3408
微电子中心 Microelectronics R&D Center	46873	7849	7464	10155	3285	10210
电子学研究所 Inst. of Electronics	34792	9994	4115	14278	2716	2091
自动化研究所 Inst. of Automation	23154	7425	2464	11480	1564	221
电工研究所 Inst. of Electric Engineering	18486	6117	2539	6390	1298	2142
工程热物理研究所 Inst. of Engineering Thermo-physics	19698	2944	5401	4380	815	2547
空间科学与应用研究中心 Center for Space Science Applied Research	56641	10113	10262	32004	2132	2127
遥感卫星地面站 Remote Sensing Satellite Ground Station	23074	2360	3561	14306	1785	1062
自然科学史研究所 Inst. of History of Natural Sciences	3343	1717	212	622	604	149

地区、学科及科研单位 Region, field and research unit	本年支出合计 Total expenditure	劳务费 Labor cost	固定资产购建支出 Expenditure on purchasing fixed assets	科研业务费 Operating expenses	管理费 Overhead	其他支出 Other expenses
科技政策与管理科学研究所 Inst. of Science Policy and Management	5288	1407	1365	916	1249	351
河北省 Hebei Province	6038	1942	679	1849	699	869
石家庄农业现代化研究所 Shijiazhuang Inst. of Agricultural Modernization	6038	1942	679	1849	699	369
山西省 Shanxi Province	30377	8819	7942	6079	3874	3663
山西煤炭化学研究所 Shanxi Inst. of Coal Chemistry	30377	8819	7942	6079	3874	3443
辽宁省 Liaoning Province	270551	50238	38661	126662	19188	35802
沈阳应用生态研究所 Shenyang Inst. of Applied Ecology	18428	6620	1665	5004	3000	832
沈阳计算技术研究所 Shenyang Inst. of Computing Technology	32280	4922	2806	13431	2240	98
沈阳自动化研究所 Shenyang Inst. of Automation	53353	5851	6012	24666	3324	
金属研究所 Inst. of Metals Research	63335	14494	5714	33906	6718	2388
金属腐蚀与防护研究所 Inst. of Corrosion and Protection of Metals	13152	2742	3077	3895	1423	
大连化学物理研究所 Dalian Inst. of Chemical Physics	90003	15609	19387	45760	2483	4400
吉林省、黑龙江省 Jilin and Heilongjiang provinces	179782	44450	15536	58709	23741	37346
长春物理研究所 Changchun Inst. of Physics	17348	7136	2014	3225	3296	303
长春人造卫星观测站 Changchun Satellite Observation Station	1237	544	144	56	393	

地区、学科及科研单位 Region, field and research unit	本年支出合计 Total expenditure	劳务费 Labor cost	固定资产购建支出 Expenditure on purchasing fixed assets	科研业务费 Operating expenses	管理费 Overhead	其他支出 Other expenses
长春应用化学研究所 Changchun Inst. of Applied Chemistry	40684	10211	7231	10034	6313	6706
长春地理研究所 Changchun Inst. of Geography	8616	2052	316	2913	1419	1452
长春光学精密机械研究所 Changchun Inst. of Optics and Fine Mechanics	107858	23578	5829	42282	11270	1477
黑龙江农业现代化研究所 Heilongjiang Institute of Agricultural Modernization	4039	929	2	199	1050	659
上海市 Shanghai	576448	142168	81626	158836	31519	162299
上海原子核研究所 Shanghai Inst. of Nuclear Research	40161	12313	3257	9201	3227	4303
上海天文台 Shanghai Observatory	12104	6075	1537	3134	1096	248
上海硅酸盐研究所 Shanghai Inst. of Ceramics	54177	18800	8247	20321	3094	81
上海有机化学研究所 Shanghai Inst. of Organic Chemistry	88465	25116	15384	20180	2217	5989
上海植物生理研究所 Shanghai Inst. of Plant Physiology	16937	6711	3441	4125	1182	1272
上海昆虫研究所 Shanghai Inst. of Entomology	9261	3250	580	1202	644	1792
上海药物研究所 Shanghai Inst. of Materia Medica	36087	8747	3989	14512	3929	2426
上海生理研究所 Shanghai Inst. of Physiology	10058	3586	1201	2299	594	2227
上海生物化学研究所 Shanghai Inst. of Biochemistry	25082	6841	6126	6920	686	3831
上海细胞生物学研究所 Shanghai Inst. of Cell Biology	21025	4521	4735	5490	679	4719

地区、学科及科研单位 Region, field and research unit	本年支出合计 Total expenditure	劳务费 Labor cost	固定资产购建支出 Expenditure on purchasing fixed assets	科研业务费 Operating expenses	管理费 Overhead	其他支出 Other expenses
上海脑研究所 Shanghai Inst. of Brain Research	12652	1539	8526	1862	575	84
上海生物工程研究中心 Shanghai Bioengineering Research Center	12688	2515	2710	2514	760	3664
上海冶金研究所 Shanghai Inst. of Metallurgy	95600	13546	2311	21423	3194	17295
上海光学精密机械研究所 Shanghai Inst. of Optics and Fine Mechanics	56540	14650	8570	8594	4024	11870
上海技术物理研究所 Shanghai Inst. of Technical Physics	85611	13958	11012	37059	5618	11112
江苏省 Jiangsu Province	69607	22951	13072	20261	6043	7280
紫金山天文台 Purple Mountain Observatory	26318	6717	4728	8527	1890	2842
南京地理与湖泊研究所 Nanjing Institute of Geography and Limnology	7903	3846	1089	1384	1084	500
南京地质古生物研究所 Nanjing Inst. of Geology and Palaeontology	14318	5620	3621	2548	1349	1160
南京土壤研究所 Nanjing Inst. of Soil Science	21068	6768	3634	7802	1720	178
安徽省 Anhui Province	70867	17738	5394	25832	4478	17425
固体物理研究所 Inst. of Solid State Physics	3790	1559	357	1172	585	117
等离子体物理研究所 Inst. of Plasma Physics	27505	5505	1843	8656	2799	219
合肥智能机械研究所 Hefei Inst. of Intelligent Machines	4600	1183	768	1963	238	56

地区、学科及科研单位 Region, field and research unit	本年支出合计 Total expenditure	劳务费 Labor cost	固定资产购建支出 Expenditure on purchasing fixed assets	科研业务费 Operating expenses	管理费 Overhead	其他支出 Other expenses
安徽光学精密机械研究所 Anhui Inst. of Optics and Fine Mechanics	34972	9491	2426	14041	856	7972
福建省 Fujian Province	22416	7204	3103	3060	2449	6600
福建物质结构研究所 Fujian Inst. of Research on the Structure of Matter	22416	7204	3103	3060	2449	5941
山东省 Shandong Province	40488	13458	8027	8090	6946	3967
海洋研究所 Inst. of Oceanology	40488	13458	8027	8090	6946	3928
湖北省、湖南省 Hubei and Hunan provinces	89429	22360	14483	29155	8899	14532
武汉物理与数学研究所 Wuhan Inst. of Physics and Mathematics	19894	5226	4122	3999	2391	3585
武汉岩土力学研究所 Wuhan Inst. of Rock and Soil Mechanics	26739	3510	2219	13493	2060	1836
测量与地球物理研究所 Inst. of Geodesy and Geophysics	6451	1649	2151	923	901	827
武汉植物研究所 Wuhan Inst. of Botany	4879	2219	373	1446	319	392
水生生物研究所 Inst. of Hydrobiology	17411	4990	3224	6603	1746	848
武汉病毒研究所 Wuhan Inst. of Virology	6661	2446	1055	1220	642	1298
长沙大地构造研究所 Changsha Inst. of Geotectonics	3266	807	761	865	264	140
长沙农业现代化研究所 Changsha Inst. of Agricultural Modernization	4128	1513	578	606	576	855
广东省 Guangdong Province	107522	36960	10068	35024	13533	11937
广州人造卫星观测站 Guangzhou Satellite Observation Station	2600	1007	33	546	534	204

续表 5.5

地区、学科及科研单位 Region, field and research unit	本年支出合计 Total expenditure	劳务费 Labor cost	固定资产购建支出 Expenditure on purchasing fixed assets	科研业务费 Operating expenses	管理费 Overhead	其他支出 Other expenses
广州化学研究所 Guangzhou Inst. of Chemistry	13226	5262	1201	4659	1798	273
广州地球化学研究所 Guangzhou Inst. of Geochemistry	16659	6000	3142	5379	1817	
南海海洋研究所 South China Sea Inst. of Oceanology	32157	9479	1860	10204	3854	5787
华南植物研究所 South China Inst. of Botany	16327	6218	1966	3718	3565	
广州电子研究所 Guangzhou Inst. of Electronic Technology	15169	5889	539	6599	724	1415
广州能源研究所 Guangzhou Inst. of Energy Conversion	11384	3105	1327	3919	1241	1465
四川省 Sichuan Province	130216	32400	30282	45728	6280	15526
成都有机化学研究所 Chengdu Inst. of Organic Chemistry	18538	4008	1285	5843	827	6338
成都山地灾害与环境研究所 Chengdu Inst. of Mountain Hazards and Environment	7628	3162	98	1181	1610	1577
成都生物研究所 Chengdu Inst. of Biology	21152	6084	7066	6463	944	343
成都计算机应用研究所 Chengdu Inst. of Computer Application	16025	3219	2383	9374	227	309
光电技术研究所 Inst. of Optics and Electronics	66873	15927	19450	22867	2672	439
贵州省 Guizhou Province	14338	4092	4666	1493	1329	2758
贵阳地球化学研究所 Guiyang Inst. of Geochemistry	14338	4092	4666	1493	1329	2582
云南省 Yunnan Province	55736	14424	13652	13607	2816	11237
云南天文台 Yunnan Observatory	11318	3427	4919	2165	522	285

地区、学科及科研单位 Region, field and research unit	本年支出合计 Total expenditure	劳务费 Labor cost	固定资产购建支出 Expenditure on purchasing fixed assets	科研业务费 Operating expenses	管理费 Overhead	其他支出 Other expenses
昆明植物研究所 Kunming Inst. of Botany	17108	3758	4209	4722	720	2408
西双版纳热带植物园 Xishuangbanna Tropical Botanical Garden	16431	4746	1013	3315	965	4798
昆明动物研究所 Kunming Inst. of Zoology	10879	2493	3511	3405	609	861
陕西省 Shaanxi Province	64394	19281	8747	22555	3935	9876
陕西天文台 Shaanxi Observatory	13773	5530	1225	4015	1096	1907
水土保持研究所 Inst. of Soil and Water Conservation	10837	3135	3477	2327	1326	572
西安光学精密机械研究所 Xi'an Inst. of Optics and Fine Mechanics	39784	10616	4045	16213	1513	7189
甘肃省、青海省 Gansu and Qinghai provinces	109200	34652	16656	33770	11168	12954
近代物理研究所 Inst. of Modern Physics	35645	7890	5647	16670	3308	2122
兰州化学物理研究所 Lanzhou Inst. of Chemical Physics	17600	7652	1615	5390	2241	594
兰州冰川冻土研究所 Lanzhou Inst. of Glaciology and Geocryology	13936	3853	3129	2234	1102	271
兰州沙漠研究所 Lanzhou Inst. of Desert Research	10440	2517	619	4169	675	2104
兰州地质研究所 Lanzhou Inst. of Geology	5687	1678	930	2290	639	141
兰州高原大气物理研究所 Lanzhou Inst. of Plateau Atmospheric Physics	6753	1657	3294	512	377	876
青海盐湖研究所 Qinghai Inst. of Saline Lakes	11263	5634	684	1303	2139	1503

地区、学科及科研单位 Region, field and research unit	本年支出合计 Total expenditure	劳务费 Labor cost	固定资产购建支出 Expenditure on purchasing fixed assets	科研业务费 Operating expenses	管理费 Overhead	其他支出 Other expenses
西北高原生物研究所 Northwest Inst. of Plateau Biology	7876	3771	738	1202	687	1474
新疆维吾尔自治区 Xinjiang Uygur Autonomous Region	34426	8630	12965	5784	2991	4056
新疆物理研究所 Xinjiang Inst. of Physics	5996	2127	1279	1383	856	351
乌鲁木齐天文工作站 Ürümqi Astronomic Working Station	11973	1175	8932	824	593	120
新疆化学研究所 Xinjiang Inst. of Chemistry	3560	1204	1148	408	382	418
新疆地理研究所 Xinjiang Inst. of Geography	3633	1735	231	590	448	625
新疆生物土壤沙漠研究所 Xinjiang Inst. of Biology, Pedology and Desert Research	9264	2389	1375	2579	712	1644

5.6 科研机构基本建设投资完成情况

Capital Expenditure in CAS Research Units

单位：千元（thousand yuán）

年份 Year	基本建设投资实际完成额 Actual expepnditrue in capital investment	科研仪器设备 Scientific research instruments and equipment	科研土建工程 Civil engineering projects for scientific research	其中：自筹 Of which: Self-raised funds
1986	141148	62599	43860	3790
1987	152638	59629	62191	4313
1988	168314	63278	73879	3287
1989	177463	34237	72169	3273
1990	125973	26884	47643	4304
1991	207861	49102	117178	13465
1992	240261	48015	123587	25356
1993	201807	30491	71143	43480
1994	192109	38537	101711	34797
1995	248169	70464	113175	59702
1996	248257	77890	118014	75136

5.7 科研机构基本建设投资完成情况（1996 年）

Capital Expenditure in CAS Research Units：1996

单位：千元（thousand yuan）

地区及学科 Region and field	基本建设投资实际完成额 Actual expepnditrue in capital investment	科研仪器设备 Scientific research instruments and equipment	科研土建工程 Civil engineering projects for scientific research	其中：政府拨款 Of which：Government funds
总计 Total	**248257**	**77890**	**118014**	**166036**
一、按地区、分院分 By region and branch				
北京地区 Beijing	107523	46988	48172	87391
沈阳分院 Shenyang Branch	17599		11147	7287
长春分院 Changchun Branch	29327	978	21330	5900
上海分院 Shanghai Branch	32240	10200	16210	23980
南京分院 Nanjing Branch	2080		20	2080
合肥分院 Hefei Branch	1700		1700	1700
武汉分院 Wuhan Branch	14515	8000	5255	10945
广州分院 Guangzhou Branch	8760	5500	2550	7410
成都分院 Chengdu Branch	7440		4000	3440
昆明分院 Kunming Branch	2193		1540	653
西安分院 Xi'an Branch	2700			2400
兰州分院 Lanzhou Branch	9894	6224	2670	6800

续表 5.7

地区及学科 Region and field	基本建设投资实际完成额 Actual expepnditrue in capital investment	科研仪器设备 Scientific research instruments and equipment	科研土建工程 Civil engineering projects for scientific research	其中：政府拨款 Of which: Government funds
新疆分院 Xinjiang Branch				
其他地区 Other regions	12286		3420	6050
二、按学科分 By field				
数学、物理 Mathematics & physics	35430	7978	19052	19413
化学与化工 Chemistry & chemical engineering	48103	1224	30356	21360
地学 Earth sciences	46148	21028	21500	41140
生物学 Biological sciences	62666	34873	21830	44621
技术科学 Technological sciences	55910	12787	25276	39502
其他 Others				

5.8 科研机构固定资产情况（1996年）

Statistics of Fixed Assets in CAS Research Units：1996

单位：千元（thousand yuan）

地区及学科 Region and field	固定资产原值总额 Total original value of fixed assets	房屋和建筑物 Buildings	专用设备 Specialized equipment	图书资料 Books and materials	其　他 Others
总计 Total	**6218233**	**1665688**	**4136510**	**171923**	**244112**
一、按地区、分院分 By region and branch					
北京地区 Beijing	2428733	612021	1641585	70390	104737
沈阳分院 Shenyang Branch	426005	129967	270179	11981	13878
长春分院 Changchun Branch	338840	126219	197543	6675	8403
上海分院 Shanghai Branch	1055282	199943	800848	34866	19625
南京分院 Nanjing Branch	120944	34046	69987	12750	4161
合肥分院 Hefei Branch	253057	40387	208104	2046	2520
武汉分院 Wuhan Branch	183100	68778	95486	6550	12286
广州分院 Guangzhou Branch	218965	75297	128911	4619	10138
成都分院 Chengdu Branch	194977	79840	105688	2094	7355
昆明分院 Kunming Branch	116058	43572	57702	4240	10544
西安分院 Xi'an Branch	156525	52090	101174	2305	956
兰州分院 Lanzhou Branch	362510	92853	257720	5965	5972

地区及学科 Region and field	固定资产原值总额 Total original value of fixed assets	房屋和建筑物 Buildings	专用设备 Specialized equipment	图书资料 Books and materials	其　他 Others
新疆分院 Xinjiang Branch	56924	10959	42863	709	2393
其他地区 Other regions	306313	99716	158720	6733	41144
二、按学科分 By field					
数学、物理 Mathematics & physics	1578294	344627	1124827	32235	76605
化学与化工 Chemistry & chemical engineering	943864	244678	636377	31208	31601
地学 Earth sciences	758006	221691	462645	25255	48415
生物学 Biological sciences	1022910	316093	600249	51275	55293
技术科学 Technological sciences	1906495	536393	1310398	29498	30206
其他 Others	8664	2206	2014	2452	1992

地区、学科及科研单位 Region, field and research unit	合计 Total			
	总额（千元） Total value (thousand yuan)	10万元以上 Above 100 thousand yuan	其中：进口（千元） Of which: Imported (thousand yuan)	10万元以上 Above 100 thousand yuan
总计 Total	**3807250**	**2004909**	**2230297**	**1517143**
一、按地区、分院分 By region and branch				
北京地区 Beijing	1591928	812530	917822	625244
沈阳分院 Shenyang Branch	257935	152374	173881	124790
长春分院 Changchun Branch	191530	87938	101379	68415
上海分院 Shanghai Branch	645062	345857	408563	276583
南京分院 Nanjing Branch	67029	34637	33845	22203
合肥分院 Hefei Branch	204632	148535	133493	123358
武汉分院 Wuhan Branch	89611	37640	61027	30576
广州分院 Guangzhou Branch	124550	70958	65238	38665
成都分院 Chengdu Branch	101618	40164	55787	32702
昆明分院 Kunming Branch	51913	28388	29923	20644
西安分院 Xi'an Branch	57824	26876	20341	16543
兰州分院 Lanzhou Branch	249204	124381	112250	58576
新疆分院 Xinjiang Branch	37957	18245	18177	7586
其他地区 Other regions	136457	76386	98571	71258
二、按学科分 By field				
数学、物理 Mathematics & physics	1077917	620791	520363	366817
化学与化工 Chemistry & chemical engineering	597769	321643	376614	279221

仪器设备情况（1996 年）

in CAS Research Units：1996

其中：90 年代 Of which：In 1990s				其中：80 年代 Of which：In 1980s			
总额（千元）Total value (thousand yuan)	10 万元以上 Above 100 thousand yuan	其中：进口（千元）Of which：Imported (thousand yuan)	10 万元以上 Above 100 thousand yuan	总额（千元）Total value (thousand yuan)	10 万元以上 Above 100 thousand yuan	其中：进口（千元）Of which：Imported (thousand yuan)	10 万元以上 Above 100 thousand yuan
1647776	**943963**	**1010874**	**746828**	**1781621**	**925683**	**1090042**	**683559**
764577	440201	459902	342287	669110	324902	408587	242640
124487	81384	80551	65899	115417	60491	78315	51693
60359	36974	34567	27717	95921	42518	54979	34639
307688	189549	211525	160716	286462	134004	182973	107504
31392	19263	15147	12144	31229	14359	17393	9493
26465	8126	10945	6660	166847	136240	121100	115732
39410	25358	27364	22494	44614	10821	30548	7730
37070	15239	24642	12941	78955	54261	37385	24266
56040	25660	32274	20754	32613	11833	20563	10951
20635	9931	9426	6111	17313	7696	9996	5292
24123	5142	10915	3971	19135	10216	6180	5491
75808	33914	43491	25094	145984	80545	62538	32166
20253	12681	6155	3044	14771	4948	11188	4230
59469	40541	43970	36996	63250	32849	48297	31732
372375	209800	171479	118070	609362	368214	325634	228769
247686	151137	158398	133479	267610	135707	187816	125566

地区、学科及科研单位 Region，field and research unit	合计 Total			
	总额（千元）Total value (thousand yuan)	10万元以上 Above 100 thousand yuan	其中：进口（千元）Of which: Imported (thousand yuan)	10万元以上 Above 100 thousand yuan
地学 Earth sciences	453913	257956	282896	193082
生物学 Biological sciences	572236	237811	384545	207618
技术科学 Technological sciences	1103490	566708	665269	470405
其他 Others	1925		610	
三、按科研单位分 By institute				
北京市 Beijing	1591928	812530	917822	625244
数学研究所 Inst. of Mathematics	7238	5306	5624	5022
应用数学研究所 Inst. of Applied Mathematics	3104	741	2865	741
系统科学研究所 Inst. of Systems Science	5622	1452	2737	1452
计算数学与科学工程计算研究所 Inst. of Computational Mathematics and Scientific/Engineering Computing	9059	6699	4450	4450
物理研究所 Inst. of Physics	103021	60515	66487	51670
声学研究所 Inst. of Acoustics	28744	10932	22357	10813
理论物理研究所 Inst. of Theoretical Physics	2843	617	1057	617
低温技术实验中心 Cryogenic Laboratory	9441	620	2589	620
高能物理研究所 Inst. of High Energy Physics	259655	128903	102293	51449
北京天文台 Beijing Astronomical Observatory	39341	24153	11978	9364

续表 5.9

其中：90年代 Of which：In 1990s				其中：80年代 Of which：In 1980s			
总额（千元） Total value (thousand yuan)	10万元以上 Above 100 thousand yuan	其中：进口（千元） Of which：Imported (thousand yuan)	10万元以上 Above 100 thousand yuan	总额（千元） Total value (thousand yuan)	10万元以上 Above 100 thousand yuan	其中：进口（千元） Of which：Imported (thousand yuan)	10万元以上 Above 100 thousand yuan
199178	117629	133520	99339	218558	129876	136245	88766
289522	150096	193988	130614	236640	77471	167941	61763
537638	315301	352879	265326	448903	214415	272406	178695
1377		610		548			
764577	440201	459902	342287	669110	324902	408587	242640
5900	4040	4626	4040	1338	1266	998	982
2235	741	2012	741	869		853	
4177	1452	2737	1452	1445			
8140	6018	4450	4450	919	681		
42890	26236	25585	21795	53177	31709	38575	28114
13757	5414	10142	5414	13748	5010	11633	4891
2793	617	1010	617	46		46	
4325	220	1650	220	3500	400	800	400
118333	73494	44600	25190	135494	54301	55965	25691
14129	8582	6822	4329	8677	6376	3698	2126

地区、学科及科研单位 Region，field and research unit	合计 Total			
	总额 （千元） Total value (thousand yuan)	10万元以上 Above 100 thousand yuan	其中：进口 （千元） Of which： Imported (thousand yuan)	10万元以上 Above 100 thousand yuan
力学研究所 Inst. of Mechanics	51120	33410	19570	19570
化学研究所 Isnt. of Chemistry	64125	37276	41441	34735
感光化学研究所 Inst. of Photographic Chemistry	26869	16501	21045	15688
生态环境研究中心 Research Center for Eco-Environmental Sciences	36592	13963	21640	12972
化工冶金研究所 Inst. of Chemical Metallurgy	29965	8904	10821	5813
地理研究所 Inst. of Geography	32212	17736	9041	8736
遥感应用研究所 Institute of Remote Sensing Application	44111	36376	42301	35207
地质研究所 Inst. of Geology	30723	12433	23650	12433
地球物理研究所 Inst. of Geophysics	21201	10371	10149	7500
古脊椎动物与古人类研究所 Inst. of Vertebrate Paleontology and Paleoanthropology	3601	660	1701	660
大气物理研究所 Inst. of Atmospheric Physics	53914	26971	25567	19321
自然资源综合考察委员会 Commission for Integrated Surveys of Natural Resources	16363	7031	9725	6734
植物研究所 Inst. of Botany	25320	6495	6802	5225
动物研究所 Inst. of Zoology	33810	14639	22925	13978
心理研究所 Inst. of Psychology	9318	4362	5752	3915

其中：90年代 Of which：In 1990s				其中：80年代 Of which：In 1980s			
总额（千元）Total value (thousand yuan)	10万元以上 Above 100 thousand yuan	其中：进口（千元）Of which：Imported (thousand yuan)	10万元以上 Above 100 thousand yuan	总额（千元）Total value (thousand yuan)	10万元以上 Above 100' thousand yuan	其中：进口（千元）Of which：Imported (thousand yuan)	10万元以上 Above 100 thousand yuan
24457	21300	12280	12280	18400	12110	7290	7290
28142	15464	17424	14968	25000	13929	17464	13055
12358	9126	10584	9126	11250	5779	8317	4966
20111	8106	8489	7539	12378	5206	12278	5201
8280	2657	618	457	15046	5762	8903	4852
15634	8578	6736	6736	12357	9158	2000	2000
20843	13481	19255	12740	23268	22895	23046	22467
8802	2463	6102	2463	17918	8438	14464	8438
9984	5422	4377	4058	10063	4745	5158	3238
1444	660	660	660	1681		950	
29928	18747	15297	13853	18439	5814	10022	5325
10268	6527	6888	6230	6095	504	2837	504
11079	3867	2975	2758	10611	2094	2612	2094
19833	11126	13245	10465	12276	3204	9326	3204
5630	3980	4110	3635	2120	280	1358	280

地区、学科及科研单位 Region, field and research unit	合计 Total			
	总额（千元） Total value (thousand yuan)	10万元以上 Above 100 thousand yuan	其中：进口（千元） Of which: Imported (thousand yuan)	10万元以上 Above 100 thousand yuan
微生物研究所 Inst. of Micrbiology	45884	18437	30716	17000
生物物理研究所 Inst. of Biophysics	62246	38008	52407	36053
遗传研究所 Inst. of Genetics	30762	5162	17573	5162
发育生物学研究所 Inst. of Developmental Biology	10751	6352	6369	4989
计算技术研究所 Inst. of Computing Technology	40708	20922	29382	18910
软件研究所 Inst. of Software	17892	1606	10640	1055
北京软件工程研制中心 Beijing Software Engineering Center	11255		9073	
计算机网络信息中心 Computer Network Information Center	15545	13738	14516	13738
半导体研究所 Isnt. of Semiconductore	101676	70689	74796	62891
微电子中心 Microelectronics R&D Center	92839	49275	65233	49275
电子学研究所 Inst. of Electronics	51930	19300	24337	15200
自动化研究所 Inst. of Automation	39637	21854	20777	14431
电工研究所 Inst. of Electric Engineering	28163	13333	15737	10170
工程热物理研究所 Inst. of Engineering Thermophysics	16745	8204	10089	7827
空间科学与应用研究中心 Center for Space Science and Applied Research	38792	13759	12809	7796

其中：90 年代 Of which：In 1990s				其中：80 年代 Of which：In 1980s			
总额（千元）Total value (thousand yuan)	10 万元以上 Above 100 thousand yuan	其中：进口（千元）Of which：Imported (thousand yuan)	10 万元以上 Above 100 thousand yuan	总额（千元）Total value (thousand yuan)	10 万元以上 Above 100 thousand yuan	其中：进口（千元）Of which：Imported (thousand yuan)	10 万元以上 Above 100 thousand yuan
17432	8243	12759	7390	24276	9559	15965	918
34626	23928	28888	22333	23880	13372	21090	13012
17008	5035	10903	5035	10797	127	5244	127
8502	4989	6351	4989	2249	1363	18	
16199	8164	11968	7142	17755	11311	16036	11211
14948	1353	9206	914	2887	253	1434	141
5036		3079		6219		5994	
15545	13738	14516	13738				
66133	53135	52432	48612	25731	13290	16313	10521
37763	20608	27005	20608	35280	19516	28283	19516
18050	8900	10076	7200	22350	9400	12306	7900
13378	5180	8480	4362	24291	16520	12151	10069
14251	9377	10853	8430	10264	3395	4601	1740
7796	5183	5502	5183	8199	2831	4575	2644
21593	9207	6840	5590	15289	4322	5553	2206

地区、学科及科研单位 Region, field and research unit	合计 Total			
	总额 (千元) Total value (thousand yuan)	10万元以上 Above 100 thousand yuan	其中：进口 (千元) Of which: Imported (thousand yuan)	10万元以上 Above 100 thousand yuan
遥感卫星地面站 Remote Sensing Satellite Ground Station	37866	24825	28191	22062
自然科学史研究所 Inst. of History of Natural Sciences	671			
科技政策与管理科学研究所 Inst. of Science Policy and Management	1254		610	
河北省 Hebei Province	2748	710	743	
石家庄农业现代化研究所 Shijiazhuang Inst. of Agricultural Modernization	2748	710	743	
山西省 Shanxi Province	27395	12608	16497	11587
山西煤炭化学研究所 Shanxi Inst. of Coal Chemistry	27395	12608	16497	11587
辽宁省 Liaoning Provine	257935	152374	173881	124790
沈阳应用生态研究所 Shenyang Inst. of Applied Ecology	16107	5576	7848	3284
沈阳计算技术研究所 Shenyang Inst. of Coputing Technology	24733	19751	22804	15022
沈阳自动化研究所 Shenyang Inst. of Automation	40788	24397	28992	20287
金属研究所 Inst. of Metals Research	78843	51192	48336	38745
金属腐蚀与防护研究所 Inst. of Corrosion and Protection of Metals	15939	10258	11928	9852
大连化学物理研究所 Dalian Inst. of Chemical Physics	81525	41200	53973	37600
吉林省、黑龙江省 Jilin and Heilongjiang provinces	191530	87938	101379	68415

其中：90年代 Of which：In 1990s				其中：80年代 Of which：In 1980s			
总额（千元）Total value (thousand yuan)	10万元以上 Above 100 thousand yuan	其中：进口（千元）Of which：Imported (thousand yuan)	10万元以上 Above 100 thousand yuan	总额（千元）Total value (thousand yuan)	10万元以上 Above 100 thousand yuan	其中：进口（千元）Of which：Imported (thousand yuan)	10万元以上 Above 100 thousand yuan
11468	4843	7760	4545	22980	19982	20431	17517
373				298			
1004		610		250			
1722	710	658		670		73	
1722	710	658		670		73	
14345	8720	8809	7829	11526	3770	7319	3640
14345	8720	8809	7829	11526	3770	7319	3640
124487	81384	80551	65899	115417	60491	78315	51693
5197	2225	1681	1353	8953	2731	5074	1317
14041	13366	10541	9887	9671	6385	7886	5135
29895	21008	23368	18443	9367	3170	5031	1625
34036	21539	19955	16576	40081	23293	23911	19104
9895	6546	6146	6140	6044	3712	5782	3712
31423	16700	18860	13500	41301	21200	30631	20800
60359	36974	34567	27717	95921	42518	54979	34639

地区、学科及科研单位 Region，field and research unit	合计 Total			
	总额 （千元） Total value (thousand yuan)	10 万元以上 Above 100 thousand yuan	其中：进口 （千元） Of which： Imported (thousand yuan)	10 万元以上 Above 100 thousand yuan
长春物理研究所 Changchun Inst. of Physics	27240	8773	12114	5137
长春人造卫星观测站 Dhangchun Satellite Observation Station	3148	1660	506	110
长春应用化学研究所 Changchun Inst. of Applied Chemistry	68555	41900	48703	38851
长春地理研究所 Changchun Inst. of Geography	9314	3850	4717	3027
长春光学精密机械研究所 Changchun Inst. of Optics and Fine Mechanics	81660	31625	35308	21290
黑龙江农业现代化研究所 Heilongjiang Inst. of Agricultural Modernization	1613	130	31	
上海市 Shanghai	645062	345857	408563	276583
上海原子核研究所 Shanghai Inst. of Nuclear Research	52504	25580	20644	15200
上海天文台 Shanghai Observatory	38574	28763	16871	12119
上海硅酸盐研究所 Shanghai Inst. of Ceramics	82657	47744	48198	35961
上海有机化学研究所 Shanghai Inst. of Organic Chemistry	49812	32994	35056	30400
上海植物生理研究所 Shanghai Inst. of Plant Physiology	31873	14237	24420	11237
上海昆虫研究所 Shanghai Inst. of Entomology	7744	2971	5918	2971
上海药物研究所 Shanghai Inst. of Materia Medica	34390	16938	26810	16685
上海生理研究所 Shanghai Inst. of Physiology	16723	5019	12659	4420

其中：90年代 Of which：In 1990s				其中：80年代 Of which：In 1980s			
总额（千元） Total value (thousand yuan)	10万元以上 Above 100 thousand yuan	其中：进口（千元） Of which：Imported (thousand yuan)	10万元以上 Above 100 thousand yuan	总额（千元） Total value (thousand yuan)	10万元以上 Above 100 thousand yuan	其中：进口（千元） Of which：Imported (thousand yuan)	10万元以上 Above 100 thousand yuan
5424	2061	1810	689	15835	6033	8831	3969
403		79		2482	1510	421	110
26538	20147	21295	18681	32113	18479	22698	17076
3897	2551	2123	1843	3908	806	1902	806
24070	12215	9260	6504	41027	15560	21096	12678
27				556	130	31	
307688	189549	211525	160716	286462	134004	182973	107504
15678	7640	4736	4350	25905	11740	14551	9840
12190	9559	10409	8605	23520	18447	5068	2251
34109	23936	23577	20073	36442	16028	23256	15243
30394	22664	22073	20502	16470	8857	11122	8424
17007	9090	13033	7840	13522	3608	10512	3278
2021	1162	1467	1162	4846	1662	3914	1662
14740	8570	11244	8570	14711	5463	11826	5351
7369	3424	5687	2958	8092	1595	6402	1462

地区、学科及科研单位 Region, field and research unit	合计 Total			
	总额 (千元) Total value (thousand yuan)	10万元以上 Above 100 thousand yuan	其中：进口 (千元) Of which: Imported (thousand yuan)	10万元以上 Above 100 thousand yuan
上海生物化学研究所 Shanghai Inst. of Biochemistry	41586	18704	28716	17945
上海细胞生物学研究所 Shanghai Inst. of Cell Biology	28555	10613	17787	8527
上海脑研究所 Shanghai Inst. of Brain Research	14198	6237	11037	6237
上海生物工程研究中心 Shanghai Bioengineering Research Center	28255	15647	25226	15371
上海冶金研究所 Shanghai Inst. of Metallurgy	67978	48736	47431	42628
上海光学精密机械研究所 Shanghai Inst. of Optics and Fine Mechanics	64259	24251	35131	20639
上海技术物理研究所 Shanghai Inst. of Technical Physics	85954	47423	52659	36243
江苏省 Jiangsu Province	67029	34637	33845	22203
紫金山天文台 Purple Mountain Observatory	32302	18774	13614	11578
南京地理与湖泊研究所 Nanjing Inst. of Geography and Limnology	7298	2941	5689	2941
南京地质古生物研究所 Nanjing Inst. of Geology and Palaeontology	11609	5602	5772	2650
南京土壤研究所 Nanjing Inst. of Soil Science	15820	7320	8770	5034
安徽省 Anhui Province	204632	148535	133493	123358
固体物理研究所 Inst. of Solid State Physics	13086	6586	6259	6227
等离子体物理研究所 Inst. of Plasma Physics	152335	131132	111831	107755

其中：90年代 Of which: In 1990s				其中：80年代 Of which: In 1980s			
总额（千元）Total value (thousand yuan)	10万元以上 Above 100 thousand yuan	其中：进口（千元）Of which: Imported (thousand yuan)	10万元以上 Above 100 thousand yuan	总额（千元）Total value (thousand yuan)	10万元以上 Above 100 thousand yuan	其中：进口（千元）Of which: Imported (thousand yuan)	10万元以上 Above 100 thousand yuan
25802	13846	16852	13209	15784	4858	11864	4736
14228	6364	8522	4278	10336	3926	8346	3926
10850	5782	8423	5782	3289	455	2577	455
10982	5196	8809	5022	17273	10451	16417	10349
28204	20793	18178	16907	38150	27943	28941	25721
26814	15832	19117	14130	32796	7840	15376	6186
57300	35691	39398	27328	25326	11131	12801	8620
31392	19263	15147	12144	31229	14359	17393	9493
12914	7435	6514	5353	16635	10552	6500	5777
3810	2431	3298	2431	3185	510	2249	510
6910	4500	2299	1749	3366	874	2910	783
7758	4897	3036	2611	8043	2423	5734	2423
26465	8126	10945	6660	166847	136240	121100	115732
2632	359	160		10454	6227	6099	6099
10705	1866	3491	1360	136341	126256	107948	106266

地区、学科及科研单位 Region, field and research unit	合计 Total			
	总额 (千元) Total value (thousand yuan)	10万元以上 Above 100 thousand yuan	其中：进口 (千元) Of which: Imported (thousand yuan)	10万元以上 Above 100 thousand yuan
合肥智能机械研究所 Hefei Inst. of Intelligent Machines	6051	1557	2919	1557
安徽光学精密机械研究所 Anhui Inst. of Optics and Fine Mechanics	33160	9260	12484	7819
福建省 Fujian Province	35113	21667	25366	20382
福建物质结构研究所 Fujian Inst. of Research on the Structure of Matter	35113	21667	25366	20382
山东省 Shandong Province	49406	26528	38465	24799
海洋研究所 Inst. of Oceanology	49406	26528	38465	24799
湖北省、湖南省 Hubei and Hunan provinces	89611	37640	61027	30576
武汉物理与数学研究所 Wuhan Inst. of Physics and Mathematics	28385	12205	23459	12059
武汉岩土力学研究所 Wuhan Inst. of Rock and Soil Mechanics	13769	4044	5416	1984
测量与地球物理研究所 Inst. of Geodesy and Geophysics	10160	6889	7398	5509
武汉植物研究所 Wuhan Inst. of Botany	3667	473	1224	166
水生生物研究所 Inst. of Hydrobiology	21864	9181	16111	6280
武汉病毒研究所 Wuhan Inst. of Virology	6823	2578	4435	2308
长沙大地构造研究所 Changsha Inst. of Geotectonics	2865	1419	1504	1419
长沙农业现代化研究所 Changsha Inst. of Agricultural Modernization	2078	851	1480	851

续表 5.9

其中：90年代 Of which: In 1990s				其中：80年代 Of which: In 1980s			
总额（千元）Total value (thousand yuan)	10万元以上 Above 100 thousand yuan	其中：进口（千元）Of which: Imported (thousand yuan)	10万元以上 Above 100 thousand yuan	总额（千元）Total value (thousand yuan)	10万元以上 Above 100 thousand yuan	其中：进口（千元）Of which: Imported (thousand yuan)	10万元以上 Above 100 thousand yuan
2956	1441	2113	1441	3095	116	806	116
10172	4460	5181	3859	16957	3641	6247	3251
14080	9545	10590	8916	17565	11417	13038	10760
14080	9545	10590	8916	17565	11417	13038	10760
16713	10613	12424	9298	28058	14984	23993	14754
16713	10613	12424	9298	28058	14984	23993	14754
39410	25358	27364	22494	44614	10821	30548	7730
14936	11423	12962	11276	13449	782	10497	782
5621	854	564	554	7692	3190	4754	1430
4445	3982	3641	2863	5336	2907	3757	2646
1196	353	418	166	1662	120	529	
7717	5211	5775	4100	11039	2650	8244	1970
3196	1905	2310	1905	2814	532	1477	262
1664	1199	1199	1199	1179	220	305	220
635	431	495	431	1443	420	985	420

地区、学科及科研单位 Region, field and research unit	合计 Total			
	总额 (千元) Total value (thousand yuan)	10万元以上 Above 100 thousand yuan	其中：进口 (千元) Of which: Imported (thousand yuan)	10万元以上 Above 100 thousand yuan
广东省 Guangdong Province	124550	70958	65238	38665
广州人造卫星观测站 Guangzhou Satellite Observation Station	2015		168	
广州化学研究所 Guangzhou Inst. of Chemistry	17161	9027	11914	9027
广州地球化学研究所 Guangzhou Inst. of Geochemistry	12739	3165	10950	3165
南海海洋研究所 South China Sea Inst. of Oceanology	64022	50074	24923	18389
华南植物研究所 South China Inst. of Botany	11240	3479	7346	3150
广州电子研究所 Guangzhou Inst. of Electronic Technology	12756	4692	8026	4577
广州能源研究所 Guangzhou Inst. of Energy Conversion	4617	521	1911	357
四川省 Sichuan Province	101618	40164	55787	32702
成都有机化学研究所 Chengdu Inst. of Organic Chemistry	14817	8311	10118	7961
成都山地灾害与环境研究所 Chengdu Inst. of Mountain Hazards and Environment	5877	1414	3024	488
成都生物研究所 Chengdu Inst. of Biology	14304	6084	9810	5103
成都计算机应用研究所 Chengdu Inst. of Computer Application	9885	3759	7136	3430
光电技术研究所 Inst. of Optics and Electronics	56735	20596	25699	15720
贵州省 Guizhou Province	21795	14873	17500	14490

其中：90年代 Of which：In 1990s				其中：80年代 Of which：In 1980s			
总额（千元） Total value (thousand yuan)	10万元以上 Above 100 thousand yuan	其中：进口（千元） Of which：Imported (thousand yuan)	10万元以上 Above 100 thousand yuan	总额（千元） Total value (thousand yuan)	10万元以上 Above 100 thousand yuan	其中：进口（千元） Of which：Imported (thousand yuan)	10万元以上 Above 100 thousand yuan
37070	15239	24642	12941	78955	54261	37385	24266
121				376		168	
7480	4987	5291	4987	7540	3102	5123	3102
11549	2875	10121	2875	1190	290	829	290
8650	4130	3914	2325	53071	45424	19812	15544
5599	2396	3665	2067	4566	1083	3200	1083
1370	470	1296	470	10042	4222	6730	4107
2301	381	355	217	2170	140	1523	140
56040	25660	32274	20754	32613	11833	20563	10951
3100	742	1517	742	11149	7467	8416	7117
1698	285	677	285	3057	350	2015	203
8012	5147	5475	4166	4995	778	3560	778
9576	3591	6935	3322	309	168	201	108
33654	15895	17670	12239	13103	3070	6371	2745
12609	10953	11489	10953	5431	2678	3874	2578

地区、学科及科研单位 Region, field and research unit	合计 Total			
	总额（千元）Total value (thousand yuan)	10 万元以上 Above 100 thousand yuan	其中：进口（千元）Of which: Imported (thousand yuan)	10 万元以上 Above 100 thousand yuan
贵阳地球化学研究所 Guiyang Inst. of Geochemistry	21795	14873	17500	14490
云南省 Yunan Province	51913	28388	29923	20644
云南天文台 Yunan Observatory	22668	15900	15165	12800
昆明植物研究所 Kunming Inst. of Botany	10462	6732	2622	2088
西双版纳热带植物园 Xishuang Banna Tropical Botanical Garden	5272	869	1259	869
昆明动物研究所 Kunming Inst. of Zoology	13511	4887	10877	4887
陕西省 Shaanxi Province	57824	26876	20341	16543
陕西天文台 Shaanxi Observatory	19726	12628	5392	5322
水土保持研究所 Inst. of Soil and Water Conservation	11014	3063	6024	2337
西安光学精密机械研究所 Xi'an Inst. of Optics and Fine Mechanics	27084	11185	8925	8884
甘肃省、青海省 Gansu and Qinghai provinces	249204	124381	112250	58576
近代物理研究所 Inst. of Modern Physics	134123	68171	40066	16442
兰州化学物理研究所 Lanzhou Inst. of Chemical Physics	37265	18632	18600	9300
兰州冰川冻土研究所 Lanzhou Inst. of Glaciology and Geocryology	20347	6464	11531	5041
兰州沙漠研究所 Lanzhou Inst. of Desert Research	7221	2060	4305	1620

续表 5.9

其中：90年代 Of which：In 1990s				其中：80年代 Of which：In 1980s			
总额（千元）Total value（thousand yuan）	10万元以上 Above 100 thousand yuan	其中：进口（千元）Of which：Imported（thousand yuan）	10万元以上 Above 100 thousand yuan	总额（千元）Total value（thousand yuan）	10万元以上 Above 100 thousand yuan	其中：进口（千元）Of which：Imported（thousand yuan）	10万元以上 Above 100 thousand yuan
12609	10953	11489	10953	5431	2678	3874	2578
20635	9931	9426	6111	17313	7696	9996	5292
3087	1000	849	400	8307	4800	5194	3700
7125	4281	1251	1061	2179	1791	791	487
3890	699	876	699	1101	169	237	169
6533	3951	6450	3951	5726	936	3774	936
24123	5142	10915	3971	19135	10216	6180	5491
4307	416	416	416	7835	6290	3213	3188
8622	2341	4850	2016	1780	722	940	321
11194	2385	5649	1539	9520	3204	2027	1982
75808	33914	43491	25094	145984	80545	62538	32166
31522	9026	11515	2757	96808	57704	27843	13383
9352	4686	5993	3886	17350	8675	11050	5414
12308	4995	7482	4458	4923	557	3010	327
2925	1310	1911	970	3493	750	2226	650

地区、学科及科研单位 Region, field and research unit	合计 Total			
	总额 (千元) Total value (thousand yuan)	10万元以上 Above 100 thousand yuan	其中：进口 (千元) Of which: Imported (thousand yuan)	10万元以上 Above 100 thousand yuan
兰州地质研究所 Lanzhou Inst. of Geology	16345	15412	15613	14656
兰州高原大气物理研究所 Lanzhou Inst. of Plateau Atmospheric Physics	9400	4657	7019	3577
青海盐湖研究所 Qinghai Inst. of Saline Lakes	18436	7504	10757	6644
西北高原生物研究所 Northwest Inst. of Plateau Biology	6067	1481	4359	1296
新疆维吾尔自治区 Xinjiang Uygur Autonomous Region	37957	18245	18177	7586
新疆物理研究所 Xinjiang Inst. of Physics	9567	4436	6229	3934
乌鲁木齐天文工作站 Ürümqi Astronomic Working Station	9287	8791	622	382
新疆化学研究所 Xinjiang Inst. of Chemistry	7482	3412	2485	2300
新疆地理研究所 Xinjiang Inst. of Geography	3390	1030	2352	720
新疆生物土壤沙漠研究所 Xinjiang Inst. of Biology, Pedology and Desert Research	8231	576	6489	250

续表 5.9

其中：90年代 Of which：In 1990s				其中：80年代 Of which：In 1980s			
总额（千元）Total value (thousand yuan)	10万元以上 Above 100 thousand yuan	其中：进口（千元）Of which：Imported (thousand yuan)	10万元以上 Above 100 thousand yuan	总额（千元）Total value (thousand yuan)	10万元以上 Above 100 thousand yuan	其中：进口（千元）Of which：Imported (thousand yuan)	10万元以上 Above 100 thousand yuan
10364	9773	9985	9364	5903	5639	5603	5292
3352	1367	2710	1367	4689	2090	3891	2090
4015	2050	2760	1770	9934	4497	6515	4377
1970	707	1135	522	2884	633	2400	633
20253	12681	6155	3044	14771	4948	11188	4230
3142	1756	1721	1454	5685	2480	4408	2480
8557	8291	339	328	425	350	281	
3959	1607	518	503	2546	1539	1686	1539
1381	787	932	619	1948	243	1392	101
3214	240	2645	140	4167	336	3421	110

5.10 科研机构科技活动课题基本情况
Basic Statistics of S&T Projects in CAS Research Units

年 份 Year	课题数（个） Projects	课题经费内部支出（千元） Intramural expenditure (thousand yuan)	课题组人员折合全时人数（人年） Full-time equivalent (man·year)	科学家、工程师 Scientists & engineers	其他科技人员 Other S&T personnel
1985	6220	298448	30650	23756	3410
1986	6217	256235	30337	23144	4850
1987	7091	344353	29125	22989	4733
1988	7579	406347	29565	24477	3543
1989	8287	478258	31015	26115	3434
1990	8476	500561	30283	26780	2074
1991	8051	472828	25463	22063	1838
1992	9503	665757	24769	22342	2259
1993	9922	818096	26405	24010	2183
1994	9996	1129106	25374	23149	1940
1995	10139	1169028	23382	21774	1108
1996	9359	1144557	22742	21341	1065

注：1. 课题数包括基础研究、应用研究、试验发展、研究与试验发展成果应用、科技服务和生产性活动课题。

Note: The figures include projects in basic research, applied research, experimental development, application of research and experimental development results, scientific and technical services and productive activities.

2. 课题经费内部支出指课题组仅限于科研课题经费的实际支出，不包括公用科研仪器、科研土建等费用的核算。

The intramural expenditure of project funds refers only to the actual expenditure spent by the project groups from the project funds. It does not include funds used for public scientific equipment and the expenditure for construction of scientific research projects.

5.11 科研机构研究与发展课题基本情况

Basic Statistics of R&D Projects in CAS Research Units

年 份 Year	课题数（个）Projects	课题经费内部支出（千元）Intramural expenditure (thousand yuan)	课题组人员折合全时人数（人年）Full-time equivalent (man·year)	
			科学家、工程师 Scientists & engineers	其他科技人员 Other S&T personnel
1985	5986	292147	29622	23135	3272
1986	5726	201145	26363	20096	4187
1987	6618	315245	27052	21539	4243
1988	7078	371698	27153	22856	3188
1989	7696	435509	28272	24323	2926
1990	8028	456186	28354	25363	1849
1991	7272	381604	21995	19540	1403
1992	8790	571472	22346	20330	1919
1993	9265	710487	24223	22211	1887
1994	9436	969697	23337	21452	1674
1995	9622	1034207	21824	20479	961
1996	8812	1030956	21192	19977	952

注：研究与发展课题数包括基础研究、应用研究、试验发展课题。

Note: R&D projects include basic and applied research and experimental development projects.

5.12 科研机构科技活动课题综合情况（1996 年）

Statistics of S&T Projects in CAS Research Units：1996

地区及学科 Region and field	课题数（个） Projects	当年开题数（个） Number of projects started	课题经费内部支出（千元） Intramural expenditure (thousand yuan)	课题组人员折合全时人数（人年） Full-time equivalent (man・year)	科学家、工程师 Scientists & engineers	其他科技人员 Other S&T personnel
总计 Total	**9359**	**3477**	**1144557**	**22742**	**21341**	**1065**
一、按地区、分院分 By region and branch						
北京地区 Beijing	3410	1132	402753	8404	8033	331
沈阳分院 Shenyang Branch	736	275	103169	1541	1485	47
长春分院 Changchun Branch	533	244	55163	1448	1368	51
上海分院 Shanghai Branch	1163	463	261834	3644	3372	143
南京分院 Nanjing Branch	340	123	24243	753	743	7
合肥分院 Hefei Branch	261	126	35658	722	629	76
武汉分院 Wuhan Branch	431	173	59966	878	825	47
广州分院 Guangzhou Branch	462	154	30973	812	761	43
成都分院 Chengdu Branch	351	133	48305	806	738	29
昆明分院 Kunming Branch	364	110	19553	585	509	69
西安分院 Xi'an Branch	110	36	20032	545	491	53
兰州分院 Lanzhou Branch	505	230	35403	1202	1075	97
新疆分院 Xinjiang Branch	166	76	18055	388	361	27
其他地区 Other regions	527	202	29450	1014	951	45
二、按学科分 By field						
数学、物理 Mathematics & physics	1741	645	252329	4814	4457	295

地区及学科 Region and field	课题数（个） Projects	当年开题数（个） Number of projects started	课题经费内部支出（千元） Intramural expenditure (thousand yuan)	课题组人员折合全时人数（人年） Full-time equivalent (man · year)	科学家、工程师 Scientists & engineers	其他科技人员 Other S&T personnel
化学与化工 Chemistry & chemical engineering	1366	541	171368	3933	3726	159
地学 Earth sciences	1691	587	103326	2896	2814	82
生物学 Biological sciences	2169	769	166140	4191	3966	192
农学 Agriculture	121	73	7134	306	292	14
技术科学 Technological sciences	2186	822	441164	6467	5953	323
其他 Others	85	40	3096	135	133	

5.13 科研机构科技活动
Total S&T Projects in CAS

地区及学科 Region and field	基础研究课题 Basic research				
	课题数 (个) Project	课题经费 内部支出 (千元) Intramural expenditure (thousand yuan)	课题组人员折合全时人数 (人年) Full-time equivalent (man · year)	科学家、工程师 Scientists & engineers	课题数 (个) Project
总计 Total	**3601**	**289970**	**7520**	**7224**	**4466**
一、按地区、分院分 By region and branch					
北京地区 Beijing	1584	128382	3403	3314	1525
沈阳分院 Shenyang Branch	103	6435	188	185	427
长春分院 Changchun Branch	151	8228	348	340	257
上海分院 Shanghai Branch	448	61320	1117	1069	605
南京分院 Nanjing Branch	128	6604	276	274	170
合肥分院 Hefei Branch	76	18211	266	229	144
武汉分院 Wuhan Branch	199	14239	333	323	207
广州分院 Guangzhou Branch	167	8908	255	246	238
成都分院 Chengdu Branch	68	2308	68	67	184
昆明分院 Kunming Branch	169	9941	272	253	126
西安分院 Xi'an Branch	33	1454	71	68	61
兰州分院 Lanzhou Branch	240	14394	512	463	203
新疆分院 Xinjiang Branch	29	1359	65	57	119
其他地区 Other regions	206	8187	346	337	200

课题按活动类型分类（1996 年）

Research Units，by Type of Research：1996

应用研究课题 Applied research			试验发展课题 Experimental development			
课题经费内部支出（千元）Intramural expenditure (thousand yuan)	课题组人员折合全时人数（人年）Full-time equivalent (man · year)	科学家、工程师 Scientists & engineers	课题数（个）Project	课题经费内部支出（千元）Intramural expenditure (thousand yuan)	课题组人员折合全时人数（人年）Full-time equivalent (man · year)	科学家、工程师 Scientists & engineers
572072	**11241**	**10555**	**745**	**168914**	**2432**	**2197**
188757	3968	3783	141	33368	482	442
58031	858	826	148	34363	372	356
25988	583	565	70	15275	377	335
151598	2034	1887	38	32533	258	217
10858	383	378	10	4322	30	30
12911	311	279	12	1805	66	59
37867	468	434	14	5871	45	41
13853	390	372	43	5735	126	116
25499	479	437	85	11989	208	193
5120	195	165	48	2593	74	58
9312	435	384	4	1436	12	12
14771	527	467	28	2417	74	68
6350	255	243	13	9968	61	53
11157	356	335	91	7239	249	220

地区及学科 Region and field	基础研究课题 Basic research				
	课题数（个）Project	课题经费内部支出（千元）Intramural expenditure (thousand yuan)	课题组人员折合全时人数（人年）Full-time equivalent (man·year)	科学家、工程师 Scientists & engineers	课题数（个）Project
二、按学科分 By field					
数学、物理 Mathematics & physics	909	101552	2401	2258	650
化学与化工 Chemistry & chemical engineering	423	38353	1216	1195	698
地学 Earth sciences	852	44732	1321	1291	753
生物学 Biological sciences	1013	71987	1748	1689	987
农学 Agriculture	15	483	24	23	89
技术科学 Technological sciences	340	30793	718	678	1256
其他 Others	49	2070	92	91	33

续表

地区及学科 Region and field	研究与试验发展成果应用课题 Application of R&D results				
	课题数（个）Project	课题经费内部支出（千元）Intramural expenditure (thousand yuan)	课题组人员折合全时人数（人年）Full-time equivalent (man·year)	科学家、工程师 Scientists & engineers	课题数（个）Project
总计 Total	**205**	**35433**	**588**	**526**	**308**
一、按地区、分院分 By region and branch					
北京地区 Beijing	72	16880	231	209	76
沈阳分院 Shenyang Branch	37	3316	78	75	18
长春分院 Changchun Branch	20	2444	57	55	33

应用研究课题 Applied research			试验发展课题 Experimental development			
课题经费内部支出（千元）Intramural expenditure (thousand yuan)	课题组人员折合全时人数（人年）Full-time equivalent (man・year)	科学家、工程师 Scientists & engineers	课题数（个）Project	课题经费内部支出（千元）Intramural expenditure (thousand yuan)	课题组人员折合全时人数（人年）Full-time equivalent (man・year)	科学家、工程师 Scientists & engineers
92807	1763	1618	70	30676	315	283
101961	1958	1859	173	20090	528	464
53266	1437	1388	34	1365	49	49
80336	2062	1950	92	7213	238	204
5796	248	235	8	441	13	13
236976	3736	3469	367	109104	1287	1182
930	38	37	1	25	2	2

continued

科技服务课题 S&T services			生产性活动课题 Production activities			
课题经费内部支出（千元）Intramural expenditure (thousand yuan)	课题组人员折合全时人数（人年）Full-time equivalent (man・year)	科学家、工程师 Scientists & engineers	课题数（个）Project	课题经费内部支出（千元）Intramural expenditure (thousand yuan)	课题组人员折合全时人数（人年）Full-time equivalent (man・year)	科学家、工程师 Scientists & engineers
63657	**846**	**746**	**34**	**14511**	**116**	**92**
29315	276	248	12	6051	43	35
818	39	39	3	206	6	6
3031	72	61	2	197	12	11

地区及学科 Region and field	研究与试验发展成果应用课题 Application of R&D results				
	课题数（个） Project	课题经费内部支出（千元） Intramural expenditure (thousand yuan)	课题组人员折合全时人数（人年） Full-time equivalent (man·year)	科学家、工程师 Scientists & engineers	课题数（个） Project
上海分院 Shanghai Branch	13	2296	44	39	58
南京分院 Nanjing Branch	6	1543	19	17	26
合肥分院 Hefei Branch	13	1679	36	32	10
武汉分院 Wuhan Branch	3	111	4	3	8
广州分院 Guangzhou Branch	8	2067	30	18	6
成都分院 Chengdu Branch	3	461	13	13	5
昆明分院 Kunming Branch	2	30	3	3	19
西安分院 Xi'an Branch	1	420	2	2	10
兰州分院 Lanzhou Branch	6	1425	19	14	26
新疆分院 Xinjiang Branch	4	362	7	7	
其他地区 Other regions	17	2399	45	39	13
二、按学科分 By field					
数学、物理 Mathematics & physics	38	10092	128	115	66
化学与化工 Chemistry & chemical engineering	32	5680	112	97	39

续表 5.13

科技服务课题 S&T services			生产性活动课题 Production activities			
课题经费内部支出（千元）Intramural expenditure (thousand yuan)	课题组人员折合全时人数（人年）Full-time equivalent (man·year)	科学家、工程师 Scientists & engineers	课题数（个）Project	课题经费内部支出（千元）Intramural expenditure (thousand yuan)	课题组人员折合全时人数（人年）Full-time equivalent (man·year)	科学家、工程师 Scientists & engineers
13993	186	159	1	94	1	1
916	45	43				
496	21	18	6	556	22	13
1878	27	24				
410	11	11				
1010	16	12	6	7038	23	18
1869	41	30				
7290	24	23	1	120	2	2
2163	64	57	2	233	7	7
			1	16	1	1
468	23	23				
13156	180	162	8	4046	27	23
5268	118	110	1	16	1	1

地区及学科 Region and field	研究与试验发展成果应用课题 Application of R&D results				
	课题数 （个） Project	课题经费 内部支出 （千元） Intramural expenditure (thousand yuan)	课题组人员折合全时人数 （人年） Full-time equivalent (man·year)	科学家、工程师 Scientists & engineers	课题数 （个） Project
地学 Earth sciences	4	1082	13	13	47
生物学 Biological sciences	15	2025	27	23	61
农学 Agriculture	6	314	12	12	3
技术科学 Technological sciences	110	16240	295	266	90
其他 Others					2

科技服务课题 S&T services			生产性活动课题 Production activities			
课题经费内部支出（千元）Intramural expenditure (thousand yuan)	课题组人员折合全时人数（人年）Full-time equivalent (man・year)	科学家、工程师 Scientists & engineers	课题数（个）Project	课题经费内部支出（千元）Intramural expenditure (thousand yuan)	课题组人员折合全时人数（人年）Full-time equivalent (man・year)	科学家、工程师 Scientists & engineers
2764	74	71	1	117	2	2
4485	115	99	1	94	1	1
100	9	9				
37813	347	292	23	10238	86	65
71	4	4				

5.14 科研机构科技活动

Total S&T Projects in CAS

地区及学科 Region and field	合 计 Total			国 家	
	课题数（个） Project	课题经费内部支出（千元） Intramural expenditure (thousand yuan)	课题组人员折合全时人数（人年） Full-time equivalent (man·year)	课题数（个） Project	课题经费内部支出（千元） Intramural expenditure (thousand yuan)
总计 Total	**9359**	**1144557**	**22742**	**4255**	**553085**
一、按地区、分院分 By region and branch					
北京地区 Beijing	3410	402753	8403	2026	222826
沈阳分院 Shenyang Branch	736	103169	1540	312	55252
长春分院 Changchun Branch	533	55163	1449	228	33776
上海分院 Shanghai Branch	1163	261834	3641	577	130593
南京分院 Nanjing Branch	340	24243	752	105	9052
合肥分院 Hefei Branch	261	35658	722	104	16128
武汉分院 Wuhan Branch	431	59966	877	146	11535
广州分院 Guangzhou Branch	462	30973	812	134	8442
成都分院 Chengdu Branch	351	48305	807	130	20822
昆明分院 Kunming Branch	364	19553	585	66	3458
西安分院 Xi'an Branch	110	20032	545	64	16610
兰州分院 Lanzhou Branch	505	35403	1202	153	10222

课题按任务来源分类（1996 年）

Research Units，by Project Source：1996

State	中国科学院 CAS			地方 Locality		
课题组人员折合全时人数（人年）Full-time equivalent（man • year）	课题数（个）Project	课题经费内部支出（千元）Intramural expenditure（thousand yuan）	课题组人员折合全时人数（人年）Full-time equivalent（man • year）	课题数（个）Project	课题经费内部支出（千元）Intramural expenditure（thousand yuan）	课题组人员折合全时人数（人年）Full-time equivalent（man • year）
10984	**1402**	**170960**	**3443**	**1045**	**70106**	**2044**
4872	516	71165	1306	89	8142	195
681	52	7259	111	106	5249	200
761	81	7179	243	107	5426	200
1916	124	21944	356	127	16353	336
254	99	8350	243	39	2568	87
274	39	9992	140	22	1071	34
304	92	9465	178	58	3051	95
233	57	2733	85	111	6335	199
354	47	2092	76	58	8599	110
109	73	6315	125	118	3678	186
445	26	1224	49	10	311	23
352	110	9210	339	43	4050	98

地区及学科 Region and field	合　计 Total			国　家	
	课题数 （个） Project	课题经费 内部支出 （千元） Intramural expenditure (thousand yuan)	课题组人员折合全时人数 （人年） Full-time equivalent (man·year)	课题数 （个） Project	课题经费 内部支出 （千元） Intramural expenditure (thousand yuan)
新疆分院 Xinjiang Branch	166	18055	389	34	1423
其他地区 Other regions	527	29450	1018	176	12946
二、按学科分 By field					
数学、物理 Mathematics & physics	1741	252329	4814	814	102197
化学与化工 Chemistry & chemical engineering	1366	171368	3933	596	85574
地学 Earth sciences	1691	103326	2896	786	47764
生物学 Biological sciences	2169	166140	4191	953	76525
农学 Agriculture	121	7134	306	34	3262
技术科学 Technological sciences	2186	441164	6467	1051	237051
其他 Others	85	3096	135	21	712

续表

地区及学科 Region and field	企业委托 Entrusted by enterprises			自　选	
	课题数 （个） Project	课题经费 内部支出 （千元） Intramural expenditure (thousand yuan)	课题组人员折合全时人数 （人年） Full-time equivalent (man·year)	课题数 （个） Project	课题经费 内部支出 （千元） Intramural expenditure (thousand yuan)
总计 Total	**698**	**137389**	**1899**	**1418**	**146398**
一、按地区、分院分 By region and branch					

续表 5.14

State				中国科学院 CAS	地 方 Locality	
课题组人员折合全时人数（人年）Full-time equivalent (man·year)	课题数（个）Project	课题经费内部支出（千元）Intramural expenditure (thousand yuan)	课题组人员折合全时人数（人年）Full-time equivalent (man·year)	课题数（个）Project	课题经费内部支出（千元）Intramural expenditure (thousand yuan)	课题组人员折合全时人数（人年）Full-time equivalent (man·year)
73	26	10461	81	48	2150	123
358	60	3571	111	109	3123	159
2003	428	78168	1380	89	8085	219
1977	107	10537	282	153	8689	269
1403	314	14120	561	224	17792	391
2029	285	18482	494	349	19304	678
141	29	1771	62	45	1527	85
3401	223	47407	639	179	14392	392
31	16	475	26	6	317	9

continued

Self-selected	国际合作 International cooperation			其他 Others		
课题组人员折合全时人数（人年）Full-time equivalent (man·year)	课题数（个）Project	课题经费内部支出（千元）Intramural expenditure (thousand yuan)	课题组人员折合全时人数（人年）Full-time equivalent (man·year)	课题数（个）Project	课题经费内部支出（千元）Intramural expenditure (thousand yuan)	课题组人员折合全时人数（人年）Full-time equivalent (man·year)
3225	**270**	**42388**	**653**	**271**	**24231**	**495**

地区及学科 Region and field	企业委托 Entrusted by enterprises			自 选	
	课题数（个） Project	课题经费内部支出（千元） Intramural expenditure (thousand yuan)	课题组人员折合全时人数（人年） Full-time equivalent (man·year)	课题数（个） Project	课题经费内部支出（千元） Intramural expenditure (thousand yuan)
北京地区 Beijing	222	36693	599	369	33190
沈阳分院 Shenyang Branch	102	22424	260	108	7378
长春分院 Changchun Branch	28	1700	70	73	4777
上海分院 Shanghai Branch	59	29692	186	233	53661
南京分院 Nanjing Branch	10	550	22	60	2070
合肥分院 Hefei Branch	22	2429	59	59	5087
武汉分院 Wuhan Branch	15	12135	118	99	22154
广州分院 Guangzhou Branch	35	4110	101	110	6831
成都分院 Chengdu Branch	63	14992	167	12	272
昆明分院 Kunming Branch	23	462	29	39	1477
西安分院 Xi'an Branch				8	628
兰州分院 Lanzhou Branch	59	7002	176	105	3290
新疆分院 Xinjiang Branch	20	2014	40	14	1066
其他地区 Other regions	40	3186	74	129	4517

Self-selected	国际合作 International cooperation			其他 Others		
课题组人员折合全时人数（人年）Full-time equivalent（man·year）	课题数（个）Project	课题经费内部支出（千元）Intramural expenditure（thousand yuan）	课题组人员折合全时人数（人年）Full-time equivalent（man·year）	课题数（个）Project	课题经费内部支出（千元）Intramural expenditure（thousand yuan）	课题组人员折合全时人数（人年）Full-time equivalent（man·year）
986	93	19133	269	95	11604	175
185	24	3629	53	32	1978	51
141	9	1037	21	7	1268	13
734	30	6728	80	13	2863	34
98	20	1024	25	7	629	24
176	1	190	6	14	761	35
144	10	745	21	11	881	18
170	9	1584	18	6	938	7
31	14	1196	34	27	332	35
49	36	3889	72	9	274	16
22	1	84	2	1	1175	4
178	10	891	17	25	738	43
30	5	255	11	19	686	31
282	8	2003	27	5	104	9

地区及学科 Region and field	企业委托 Entrusted by enterprises			自 选	
	课题数（个）Project	课题经费内部支出（千元）Intramural expenditure (thousand yuan)	课题组人员折合全时人数（人年）Full-time equivalent (man·year)	课题数（个）Project	课题经费内部支出（千元）Intramural expenditure (thousand yuan)
二、按学科分 By field					
数学、物理 Mathematics & physics	94	23217	329	230	28837
化学与化工 Chemistry & chemical engineering	128	15876	361	319	42015
地学 Earth sciences	77	5784	123	193	7912
生物学 Biological sciences	72	5170	120	346	28928
农学 Agriculture	2	36	2	5	29
技术科学 Technological sciences	321	87271	961	296	37694
其他 Others	4	35	4	29	983

Self-selected	国际合作 International cooperation			其他 Others		
课题组人员折合全时人数（人年） Full-time equivalent (man·year)	课题数（个） Project	课题经费内部支出（千元） Intramural expenditure (thousand yuan)	课题组人员折合全时人数（人年） Full-time equivalent (man·year)	课题数（个） Project	课题经费内部支出（千元） Intramural expenditure (thousand yuan)	课题组人员折合全时人数（人年） Full-time equivalent (man·year)
691	15	2231	47	71	9594	146
876	38	6249	103	25	2428	64
251	48	6696	93	49	3258	73
569	121	14505	236	43	3226	66
4	5	507	12	1	2	1
790	41	12089	159	75	5260	126
44	2	111	3	7	463	19

5.15 科研机构研究与发展课题按社会-经济目标分类（1996年）

R&D Projects in CAS Research Units，by Socio-Economic Objectives：1996

社会-经济目标 Socio-Economic objective	课题数合计（个） Total projects	课题经费内部支出（千元） Intramural expenditure (thousand yuan)	课题组人员折合全时人数（人年） Full-time equivalent (man·year)	
			科学家、工程师 Scientists & engineers	其他科技人员 Other S & T personnel
总计 Total	**8812**	**1030956**	**21193**	**19975**	**950**
陆地、海洋与大气的开发与评价 Exploration and assessment of the earth，the sea and the atmosphere	668	53766	1178	1142	33
民用宇宙空间开发 Exploration of civil space	288	80843	835	790	33
农业、林业与渔业的发展 Development of agriculture，forestry and fishing	1020	61330	1939	1819	108
促进工业的发展 Promotion of industrial development	846	128274	2592	2405	141
能源的生产、储存和分配 Production，conservation and distribution of energy	392	59845	1062	966	77
交通、通信事业的发展 Development of transport and communication	190	27928	506	469	22
教育事业的发展 Development of educational services	29	1244	57	56	
卫生事业的发展 Development of health services	483	55658	1181	1115	56
社会发展和社会-经济服务 Social development and socio-economic services	470	48402	1086	1044	33
环境保护 Protection of environment	534	41109	1064	1021	38
知识的全面发展 General development of knowledge	2937	258012	6575	6283	229
其他民用目标 Other civil aims	404	75462	1042	973	53
国防 National defense	551	139083	2076	1892	127

5.16 科研机构科技活动课题按技术领域分类（1996 年）
Total S&T Projects in CAS Research Units, by Type of Technology: 1996

技术领域 Type of Technology	课题数合计（个） Total projects	课题经费内部支出（千元） Intramural expenditure (thousand yuan)	课题组人员折合全时人数（人年） Full-time equivalent (man·year)	科学家、工程师 Scientists & engineers	其他科技人员 Other S & T personnel
总计 **Total**	**5832**	**858505**	**15321**	**14209**	**835**
信息技术 Information technology	910	181103	2684	2527	124
生物技术 Biotechnology	988	82761	2158	2029	110
新材料 New materials	780	111380	2193	2014	121
能源技术 Energy technology	339	37536	786	724	52
激光技术 Laser technology	231	52122	744	669	49
自动化技术 Automation technology	387	47237	964	898	45
航天技术 Space technology	236	96549	927	872	34
海洋技术 Oceanological technology	43	4894	109	105	2
其他技术领域 Other technologies	1918	244923	4756	4371	298

5.17 科研机构科技著作

S&T Works Published by CAS Research Units

年份 Year	科技专著 S & T works		译成外文 Translated into foreign languages		用作大专院校教科书 Those used as text books for universities and colleges		科普著作 Popular science books	
	万字 Ten thousand Chinese characters	种 Title	万字 Ten thousand Chinese characters	种 Title	万字 Ten thousand Chinese characters	种 Title	万字 Ten thousand Chinese characters	种 Title
1985	4323		288		293		601	
1986	4529		413		410		474	
1987	5625	195	717	21	945	33	587	37
1988	8191	455	667	38	854	36	818	35
1989	7798	297	356	18	432	22	984	37
1990	11477	345	285	20	769	27	931	47
1991	9221	319	625	19	900	23	1105	41
1992	8316	245	463	18	383	11	357	12
1993	9792	292	1294	38	125	6	405	16
1994	13978	334	1398	29	248	9	1005	42
1995	11922	337	741	23	241	8	518	25
1996	11044	297	1430	36	109	5	481	24

5.18 科研机构科技著作（1996年）

S&T Works Published by CAS Research Units：1996

地区及学科 Region and field	科技专著 S & T works		译成外文 Translated into foreign languages		用作大专院校教科书 Those used as text books for universities and colleges		科普著作 Popular science books	
	万字 Ten thousand Chinese characters	种 Title	万字 Ten thousand Chinese characters	种 Title	万字 Ten thousand Chinese characters	种 Title	万字 Ten thousand Chinese characters	种 Title
总计 Total	**11044**	**297**	**1430**	**36**	**109**	**5**	**481**	**24**
一、按地区、分院分 By region and branch								
北京地区 Beijing	5800	158	475	17	48	2	420	16
沈阳分院 Shenyang Branch	316	8	55	2				
长春分院 Changchun Branch	139	7	15	2				
上海分院 Shanghai Branch	467	16	66	1	46	2	14	2
南京分院 Nanjing Branch	774	19	199	6			19	2
合肥分院 Hefei Branch	62	1					12	1
武汉分院 Wuhan Branch	605	19						
广州分院 Guangzhou Branch	666	17	4	1			2	1
成都分院 Chengdu Branch	199	6					6	1
昆明分院 Kunming Branch	249	7	88	1			8	1
西安分院 Xi'an Branch	148	5			15	1		

地区及学科 Region and field	科技专著 S & T works		译成外文 Translated into foreign languages		用作大专院校教科书 Those used as text books for universities and colleges		科普著作 Popular science books	
	万字 Ten thousand Chinese characters	种 Title	万字 Ten thousand Chinese characters	种 Title	万字 Ten thousand Chinese characters	种 Title	万字 Ten thousand Chinese characters	种 Title
兰州分院 Lanzhou Branch	993	16	353	2				
新疆分院 Xinjiang Branch	218	5						
其他地区 Other regions	408	13	175	4				
二、按学科分 By field								
数学、物理 Mathematics & physics	1213	31	253	6	12	1	65	2
化学与化工 Chemistry & chemical engineering	733	22	40	3	30	1		
地学 Earth sciences	3852	112	516	17			14	2
生物学 Biological sciences	3547	94	385	5	18	1	116	11
技术科学 Technological sciences	1093	24	236	5	49	2	166	5
其他 Others	606	14					120	4

5.19 科研机构技术合同按买方类型分类（1996 年）

Number of Technology Contracts Signed by CAS Research Units，by Type of Buyer：1996

地区及学科 Region and field	签订合同数（项） Number of contracts signed (item)	政府部门 Government departments	科研机构和院校 Research units and universities	企业 Enterprises	大中型工业企业 Large and medium-sized industrial enterprises	国外 Overseas	其他 Others
总计 Total	**3081**	**294**	**675**	**1578**	**763**	**62**	**472**
一、按地区、分院分 By region and branch							
北京地区 Beijing	783	63	220	382	211	15	103
沈阳分院 Shenyang Branch	332	26	50	188	124		68
长春分院 Changchun Branch	98		51	34	15	2	11
上海分院 Shanghai Branch	695	51	162	283	103	39	160
南京分院 Nanjing Branch	9			9			
合肥分院 Hefei Branch	125	6	25	72	31		22
武汉分院 Wuhan Branch	397	69	56	260	91		12
广州分院 Guangzhou Branch	168	11	28	87	37	2	40
成都分院 Chengdu Branch	223	37	46	120	85		20
昆明分院 Kunming Branch	4	1		1	1	1	1
西安分院 Xi'an Branch	48	14	8	17	10	2	7
兰州分院 Lanzhou Branch	32	8	5	17	14		2
新疆分院 Xinjiang Branch	43	3	12	7	4	1	20
其他地区 Other regions	124	5	12	101	37		6

续表 5.19

地区及学科 Region and field	签订合同数（项） Number of contracts signed (item)	政府部门 Government departments	科研机构和院校 Research units and universities	企业 Enterprises	大中型工业企业 Large and medium-sized industrial enterprises	国外 Overseas	其他 Others
二、按学科分 By field							
数学、物理 Mathematics & physics	816	92	177	473	187		74
化学与化工 Chemistry & chemical engineering	477	12	89	293	138	25	58
地学 Earth sciences	212	25	39	101	49	3	44
生物学 Biological sciences	322	60	21	136	59	16	89
技术科学 Technological sciences	1254	105	349	575	330	18	207

续表 continued

地区及学科 Region and field	当年实收金额（千元） Amount of money received in 1996 (thousand yuan)	政府部门 Government departments	科研机构和院校 Research units and universities	企业 Enterprises	大中型工业企业 Large and medium-sized industrial enterprises	国外 Overseas	其他 Others
总计 Total	**419364**	**54595**	**58622**	**190077**	**109081**	**30057**	**86013**
一、按地区、分院分 By region and branch							
北京地区 Beijing	118863	15358	15958	50816	31924	7935	28796
沈阳分院 Shenyang Branch	82225	6390	11147	45179	30649		19509
长春分院 Changchun Branch	7609		4384	2849	1523	143	233
上海分院 Shanghai Branch	75885	550	7787	25261	9624	13766	28521
南京分院 Nanjing Branch	115			115			

地区及学科 Region and field	当年实收金额（千元） Amount of money received in 1996 (thousand yuan)	政府部门 Government departments	科研机构和院校 Research units and universities	企业 Enterprises	大中型工业企业 Large and medium-sized industrial enterprises	国外 Overseas	其他 Others
合肥分院 Hefei Branch	8326	707	2625	3997	3156		997
武汉分院 Wuhan Branch	18071	3052	2378	12106	3850		535
广州分院 Guangzhou Branch	25871	1015	4774	15882	3555	2513	1687
成都分院 Chengdu Branch	42196	13691	6921	18530	17346		3054
昆明分院 Kunming Branch	1180	20		500	500	320	340
西安分院 Xi'an Branch	20651	12101	982	1955	1385	5320	293
兰州分院 Lanzhou Branch	4465	1500	470	2375	2315		120
新疆分院 Xinjiang Branch	3382	175	821	823	645	30	1533
其他地区 Other regions	10525	36	375	9689	2609	30	395
二、按学科分 By field							
数学、物理 Mathematics & physics	69466	4342	12479	39784	15103		12861
化学与化工 Chemistry & chemical engineering	51160	451	3649	33349	15942	9325	4386
地学 Earth sciences	28570	4705	3760	14452	9117	3113	2540
生物学 Biological sciences	48356	1207	1079	14879	6224	6536	24655
技术科学 Technological sciences	221812	43890	37655	87613	62695	11083	41571

5.20 开放实验室（所、站）

Basic Statistics of Staff in the Open

序号 No.	开放实验室名称 Names of the open laboratories	固定研究人员 Permanent researchers 合计 Total	高级 Senior	中级 Middle-level
	总计	**3076**	**1949**	**766**
	数学、物理	732	459	149
1	波谱与原子分子物理国家重点实验室	19	19	
2	表面物理国家重点实验室	26	14	8
3	声场与声信息国家重点实验室	23	15	5
4	超导国家重点实验室	26	21	4
5	磁学国家重点实验室	25	19	4
6	中国科学院数学研究所	135	72	25
7	中国科学院理论物理研究所	59	31	8
8	内耗与固体缺陷开放研究实验室	18	11	2
9	结构分析开放研究实验室	20	18	
10	非线性连续介质力学开放研究实验室	38	23	2
11	管理、决策与信息系统开放研究实验室	21	20	
12	激发态物理开放研究实验室	19	15	3
13	辐射化学开放研究实验室	14	6	5
14	光学天文联合开放研究实验室	62	31	22
15	射电天文联合开放研究实验室	95	54	34
16	核分析技术开放研究实验室	39	26	12
17	光学物理开放研究实验室	27	20	7
18	低温物理开放研究实验室	28	13	5
19	系统控制开放研究实验室	16	15	
20	高温气体动力学开放研究实验室	22	16	3
	化　学	521	342	141
21	催化基础国家重点实验室	35	19	11
22	分子动态与稳态结构国家重点实验室	41	29	7
23	生命有机化学国家重点实验室	31	18	9
24	分子反应动力学国家重点实验室	26	19	6
25	结构化学国家重点实验室	32	23	8

人员情况（1996 年）

Laboratories（Institutes and Stations）：1996

单位：人

客座研究人员（人月） Guest researchers（person · month）				人才培养 Talent training		
合计 Total	国外 From aboard	国内高级 Senior	国内中级 Middle level	博士后 Postdocs	博士 Candidates for doctor's degree	硕士 Candidates for master's degree
8660	**541**	**4789**	**2322**	**298**	**1729**	**1402**
1526	58	846	451	65	304	205
52		8	37	4	17	10
25	1	15	6	4	12	7
397	22	176	109	4	28	38
75		8	67	2	19	4
39		21	18	2	13	6
65	2	51	12	11	45	16
102		102		6	11	7
16		11	5		6	10
23		22	1	1	14	16
45		32	6	2	5	5
35	3	16	5	2	29	17
35	1	9	3		13	11
17		3	4		7	7
105	14	63	26	1	17	15
266	11	121	124	2	3	7
92		67	16	6	22	10
22	4	18		5	17	7
81		81		4	6	2
				4	15	7
34		22	12	5	5	3
938	51	550	237	56	408	335
70	8	32	21	7	13	17
28		27	1	6	22	25
118		115	1	4	35	37
28	14	4		4	27	12
112	2	45	44	2	12	22

序号 No.	开放实验室名称 Names of the open laboratories	固定研究人员 Permanent researchers		
		合计 Total	高级 Senior	中级 Middle-level
26	高性能陶瓷和超微结构国家重点实验室	28	19	8
27	羰基合成与选择氧化国家重点实验室	17	11	5
28	煤炭转化国家重点实验室	28	14	13
29	工程塑料国家重点实验室	22	9	9
30	多相反应开放研究实验室	16	6	8
31	稀土化学与物理开放研究实验室	28	18	8
32	固体润滑开放研究实验室	24	20	4
33	电分析化学开放研究实验室	16	10	6
34	纤维素化学开放研究实验室	22	14	8
35	计算机化学开放研究实验室	26	14	11
36	高分子物理联合开放研究实验室	44	36	8
37	金属有机化学开放研究实验室	14	10	3
38	光化学开放研究实验室	28	25	2
39	有机固体开放研究实验室	30	20	4
40	无机功能材料开放研究实验室	13	8	3
	资源、环境	723	454	192
41	大气科学和地球流体力学数值模拟国家重点实验室	19	17	2
42	有机地球化学国家重点实验室	19	14	3
43	资源与环境信息系统国家重点实验室	27	16	7
44	冻土工程国家重点实验室	33	17	12
45	气体地球化学国家重点实验室	23	15	5
46	西安黄土与第四纪地质国家重点实验室	17	14	3
47	大气边界层物理和大气化学国家重点实验室	27	15	10
48	环境模拟与污染控制国家重点实验室	19	11	7
49	环境地球化学国家重点实验室	24	17	4
50	黄土高原土壤侵蚀与旱地农业国家重点实验室	24	16	6
51	农业虫害鼠害综合治理国家重点实验室	26	24	1
52	实验海洋生物学开放研究实验室	23	16	7
53	工程地质力学开放研究实验室	22	22	

客座研究人员（人月） Guest researchers（person·month）				人才培养 Talent training		
合计 Total	国外 From aboard	国内高级 Senior	国内中级 Middle level	博士后 Postdocs	博士 Candidates for doctor's degree	硕士 Candidates for master's degree
42		25	12	1	21	11
33		18	15	2	17	3
10	3	7		1	40	19
13		8	4	2	7	8
26	6	7	10	1	13	7
21	1	6	10	2	15	15
131	2	71	49	1	20	21
85	2	37	12	3	19	23
24	1	12	9			5
33	2	22	7	1	10	10
13		12	1	5	31	20
	1	40	35	6	56	54
71		30	3	2	31	15
60	6	18		4	8	9
20	3	14	3	2	11	2
3391	247	2074	856	86	344	219
280	7	129	144	5	23	10
12		6	6	4	6	6
21	4	12	5	7	42	15
44	5	26	13	2	10	5
36		18	14	17	8	9
83	18	62	3		15	7
23		15	8	1	7	1
60		34	12	3	26	14
18	4	14		2	13	18
32		24	8		19	13
491	3	320	144	3	27	18
457	96	198	146	1	15	12
218	3	166	40	2	15	8

序号 No.	开放实验室名称 Names of the open laboratories	固定研究人员 Permanent researchers		
		合计 Total	高级 Senior	中级 Middle-level
54	土壤圈物质循环开放研究实验室	25	17	7
55	系统生态开放研究实验室	24	12	8
56	动力大地测量学开放研究实验室	24	15	9
57	现代古生物和地层学开放研究实验室	14	13	1
58	矿床地球化学开放研究实验室	22	16	3
59	岩石圈构造演化开放研究实验室	19	11	7
60	湖泊沉积与环境开放研究实验室	15	10	3
61	地球动力学高温高压开放研究实验室	21	13	5
62	遥感信息科学开放研究实验室	27	11	13
63	陆地生态系统痕量物质生态过程开放研究实验室	15	10	5
64	结构振动开放研究实验室	19	10	5
65	封丘农业生态实验站	25	17	6
66	禹城综合试验站	28	14	8
67	天山冰川观测试验站	10	5	5
68	东川泥石流观测研究站	19	10	6
69	海北高寒草甸生态系统定位研究站	—	—	—
70	内蒙古草原生态系统定位研究站	19	10	3
71	长白山森林生态系统定位研究站	30	13	10
72	长春净月潭遥感实验站	15	11	4
73	红壤生态实验站	12	6	3
74	大亚湾海洋生物综合实验站	16	10	4
75	沙坡头沙漠实验研究站	21	6	10
	生物学	472	290	114
76	生物大分子国家重点实验室	26	18	7
77	分子生物学国家重点实验室	23	14	7
78	植物分子遗传国家重点实验室	29	14	12
79	淡水生态与生物技术国家重点实验室	25	15	8
80	生物膜与膜生物工程国家重点实验室	38	27	6
81	计划生育生殖生物学国家重点实验室	38	21	5

续表 5.20

客座研究人员（人月） Guest researchers (person · month)				人才培养 Talent training		
合计 Total	国外 From aboard	国内高级 Senior	国内中级 Middle level	博士后 Postdocs	博士 Candidates for doctor's degree	硕士 Candidates for master's degree
37	2	24	11	4	4	2
26	5	21		2	5	5
620	40	520	60		11	9
107	18	60	25	5	7	1
42	1	35	6	9	17	9
22	1	19	1		3	
16		13	3		4	2
7	2	5		3	1	1
6		4	2	3	8	4
89	7	41	39	1	19	10
14	4	5	4	2	2	
50		24	19	1	4	2
39	1	10	16	1	2	3
21	3	10	5	1	4	3
12	5	4	2			1
—	—	—	—			—
252	5	93	49	1	8	11
55	1	32	22	1	7	2
25	3	17	5		7	10
59		48	9	3	4	3
58	6	30	15		1	2
59	3	35	20	2		3
1332	96	449	455	37	298	284
66	3	13	26	2	28	46
90	1	55	33	2	17	26
182		123	18	3	19	10
101	7	32	38	1	15	13
38	1	12	9	4	27	35
32	1	12	4	3	15	6

序号 No.	开放实验室名称 Names of the open laboratories	固定研究人员 Permanent researchers		
		合计 Total	高级 Senior	中级 Middle-level
82	微生物资源前期开发国家重点实验室	24	21	1
83	新药研究国家重点实验室	21	17	2
84	植物细胞与染色体工程国家重点实验室	19	7	9
85	生化工程国家重点实验室	28	11	12
86	真菌、地衣系统学开放研究实验室	25	21	2
87	系统与进化植物学开放研究实验室	27	18	5
88	植物化学开放研究实验室	18	16	2
89	分子细胞生物学开放研究实验室	9	8	
90	神经生物学开放研究实验室	17	13	4
91	植被数量生态学开放研究实验室	14	9	5
92	视觉信息加工开放研究实验室	18	13	4
93	植物生物技术开放研究实验室	42	14	15
94	细胞与分子进化开放研究实验室	13	8	2
95	分子发育生物学开放研究实验室	18	5	6
	技术科学	628	404	170
96	红外物理国家重点实验室	22	16	5
97	传感技术联合国家重点实验室	41	31	9
98	应用光学国家重点实验室	36	21	14
99	模式识别国家重点实验室	21	15	3
100	材料疲劳与断裂国家重点实验室	26	20	5
101	半导体超晶格国家重点实验室	23	17	6
102	信息安全国家重点实验室	18	9	4
103	集成光电子学国家重点实验室	14	12	2
104	金属腐蚀与防护国家重点实验室	27	22	5
105	快速凝固非平衡合金国家重点实验室	20	11	9
106	瞬态光学技术国家重点实验室	22	11	9
107	微细加工光学技术国家重点实验室	22	14	5
108	科学与工程计算国家重点实验室	19	17	1
109	信息功能材料国家重点实验室	20	14	5

客座研究人员（人月） Guest researchers (person · month)				人才培养 Talent training		
合计 Total	国外 From aboard	国内高级 Senior	国内中级 Middle level	博士后 Postdocs	博士 Candidates for doctor's degree	硕士 Candidates for master's degree
36		15	6		7	14
10		8	2	2	15	22
23		12	10	2	6	5
62		12	29	2	19	17
59	2	24	16		3	3
15	5	8	2	1	15	3
27	3	6	9	1	10	15
131		73	46		10	12
122	61	6	35		20	17
19	8	7	4	4	10	2
11	3	5	3	1	23	21
167	1	5	95	4	17	9
140		20	70		12	6
1		1		5	10	2
1473	89	870	323	54	375	359
43	4	27	12	3	15	
60	2	58		1	11	22
47	2	32	9	7	20	37
34	9	11	3	4	17	33
36	6	20	8	2	15	12
28	7	17	3	4	16	8
92		28	40	1	2	28
30		27	3	2	15	4
44		40	4	2	11	8
15	1	12	2	2	20	9
194		88	69		12	5
25	3	14	6		5	8
				2	12	21
23	1	13	2		12	6

序号 No.	开放实验室名称 Names of the open laboratories	固定研究人员 Permanent researchers		
		合计 Total	高级 Senior	中级 Middle-level
110	火灾科学国家重点实验室	28	11	10
111	固体原子象开放研究实验室	13	7	6
112	离子束开放研究实验室	15	8	6
113	激光光谱学开放研究实验室	14	10	4
114	北京电子显微镜开放研究实验室	8	4	2
115	北京真空物理开放研究实验室	8	3	2
116	CAD开放研究实验室	24	13	8
117	认知科学开放研究实验室	12	8	1
118	量子光学开放研究实验室	20	12	6
119	机器人学开放研究实验室	24	15	8
120	现代制造CAD/CAM技术开放研究实验室	14	8	3
121	强光光学开放研究实验室	28	14	9
122	半导体材料开放研究实验室	28	21	6
123	日球物理数值开放研究实验室	11	5	3
124	复杂系统工程学开放研究实验室	15	11	4
125	高功率微波与电磁辐射开放研究实验室	16	10	5
126	计算机科学开放研究实验室	10	14	5

注：1. 本表中所列开放实验室（所、站）序号与第五部分附录所列开放实验室（所、站）序号完全对应，
Note：For the English translation of the names of the open laboratories (institutes and stations), please see
2. 表中“—”表示该项数据未统计（下同）。
The mark “—” means data are not available.

续表 5.20

客座研究人员（人月） Guest researchers（person·month）				人才培养 Talent training		
合计 Total	国外 From aboard	国内高级 Senior	国内中级 Middle level	博士后 Postdocs	博士 Candidates for doctor's degree	硕士 Candidates for master's degree
204	12	192		4	5	11
57		34	2		10	6
36	2	28	6	1	7	3
12		10	2		11	13
17	7	8	2	3	12	11
28	3	11	9		6	3
35	1	9	25	2	29	20
23	11	11	1	1	5	11
9	1	5	3	1	17	12
24		11	5		7	13
120	2	35	46		2	3
16	4	10	2	5	19	8
190	2	100	58	2	17	2
13	2	10	1	1	3	1
				1	14	16
6	3	3			4	2
12	4	6		3	24	23

故开放实验室（所、站）的标准定名及相应的英文名称请参见附录。
Appendix.

5.21 开放实验室（所、站）

Basic Statistics of Research Projects Conducted

学科 Field	合计 Total	攻关项目 State key projects	"863"课题 "863" key projects
总　计 Total	**4226**	**195**	**154**
数学、物理 Mathematics & physics	806	4	37
化学 Chemistry	847	31	10
资源、环境 Resources & environment	1075	95	9
生物学 Biological sciences	581	29	30
技术科学 Technological sciences	917	36	68

5.22 开放实验室（所、站）

Statistics of Research Project Funding for CAS Open

学科 Field	合计 Total	攻关项目 State key projects	"863"课题 "863" key projects
总　计 Total	**180077**	**21649**	**16634**
数学、物理 Mathematics & physics	28240	1980	2981
化学 Chemistry	36127	5975	870
资源、环境 Resources & environment	36361	4040	810
生物学 Biological sciences	36105	2690	5973
技术科学 Technological sciences	43244	6964	6000

课题情况（1996 年）

by the Open Laboratories (Institutes and Stations): 1996

攀登计划 Pandeng plan	国家基金 State funded projects	部委课题 Projects at the ministerial level	学委会审批 Projects selected by academic committees	国际合作 International cooperative projects	其他 Others
195	**1009**	**621**	**1411**	**262**	**379**
48	231	119	258	43	66
48	210	128	308	53	59
41	201	148	394	63	124
29	157	96	150	51	39
29	210	130	301	52	91

科研课题经费情况（1996 年）

Laboratories (Institutes and Stations): 1996

单位：千元（thousand yuan）

攀登计划 Pandeng plan	国家基金 State funded projects	部委课题 Projects at the ministerial level	学委会审批 Projects selected by academic committees	国际合作 International cooperative projects	其他 Others
9049	**36942**	**35078**	**16528**	**22031**	**22166**
1106	7593	7988	2696	2007	1889
2720	9014	5456	3284	4298	4510
1722	7614	8402	4347	2870	6556
2279	6140	3896	3437	9794	1896
1222	6581	9336	2764	3062	7315

5.23 开放实验室

Statistics of S&T Achievements Made

	获奖研究成果 Awards-winning S&T						
	国家级奖 National awards					院、部 Academy and	
	特等 Special class	一等 1st class	二等 2nd class	三等 3rd class	四等 4th class	特等 Special class	一等 1st class
总　计 Total	**2**	**3**	**9**	**7**	**1**	**1**	**29**
数学、物理 Mathematics & physics		1	2	1	1	1	8
化学 Chemistry	1			1			5
资源、环境 Resources & environment	1	1	2	2			9
生物学 Biological sciences		1	1	2			5
技术科学 Technological sciences			4	1			2

（所、站）科技成果情况（1996年）

by the Open Laboratories (Institutes and Stations): 1996

achievements（项）(item)				论文 Theses（篇）(No. of article)		专著 Monographs（种）(title)		授权专利 Patents granted（发明）(Invention)（项）(item)
委奖 ministerial-level awards		国际奖 International awards	其他 Others	国内发表 Published domestically	国际发表 Published internationally	中文 Chinese	外文 Foreign languages	
二等 2nd class	三等 3rd class							
54	**40**	**14**	**111**	**5089**	**2606**	**100**	**23**	**42**
12	5	1	15	954	732	13	5	9
8	7	5	12	938	723	11	3	19
16	10	4	44	1518	294	44	9	
4	5		13	718	251	12	1	2
14	13	4	27	961	606	20	5	12

5.24 支撑机构科技活动课题

Total S&T Projects in CAS Supporting

单 位 Unit	基础研究课题 Basic research 课题数（个） Project	课题经费内部支出（千元） Intramural expenditure (thousand yuan)	课题组人员折合全时人数（人年） Full-time equivalent (man·year)	科学家工程师 Scientists & engineers	课题数（个） Project
总 计 **Total**	**240**	**4163**	**299**	**292**	**495**
中国科学技术大学 University of Science and Technology of China	178	3004	238	231	410
中国科学技术大学研究生院 Graduate School of the University of Science and Technology of China	55	984	47	47	59
北京科学仪器研制中心 Beijing R&D Center for Scientific Instruments					1
南京天文仪器研制中心 Nanjing R&D Center for Astronomical Instruments					11
中国科学院文献情报中心 CAS Documentation and Information Center	1	5	1	1	4
上海文献情报中心 Shanghai Documentation and Information Center					10
武汉文献情报中心 Wuhan Documentation and Information Center					
成都文献情报中心 Chengdu Documentation and Information Center					
兰州文献情报中心 Lanzhou Documentation and Information Center	1	13	2	2	
西安黄土与第四纪地质研究室 Xi'an Laboratory of Loess and Quaternary Geology	5	157	11	11	

按活动类型分类（1996 年）

Units，by Type of Research：1996

应用研究课题 Applied research			试验发展课题 Experimental development			
课题经费内部支出（千元）Intramural expenditure (thousand yuan)	课题组人员折合全时人数（人年）Full-time equivalent (man・year)	科学家工程师 Scientists & engineers	课题数（个）Project	课题经费内部支出（千元）Intramural expenditure (thousand yuan)	课题组人员折合全时人数（人年）Full-time equivalent (man・year)	科学家工程师 Scientists & engineers
12824	**690**	**678**	**28**	**1726**	**54**	**53**
9715	583	573	9	287	12	12
1706	70	71				
33	1	1	4	160	12	12
1111	15	14	15	1279	30	30
227	12	12				
32	9	8				

单　位 Unit	研究与试验发展成果应用课题 Application of R&D results				
	课题数 (个) Project	课题经费内部支出 (千元) Intramural expenditure (thousand yuan)	课题组人员折合全时人数 (人年) Full-time equivalent (man・year)	科学家工程师 Scientists & engineers	课题数 (个) Project
总　计 **Total**	**16**	**3871**	**27**	**26**	**25**
中国科学技术大学 University of Science and Technology of China	8	2656	16	16	7
中国科学技术大学研究生院 Graduate School of the University of Science and Technology of China	1	49	3	3	1
北京科学仪器研制中心 Beijing R&D Center for Scientific Instruments					1
南京天文仪器研制中心 Nanjing R&D Center for Astronomical Instruments	7	1166	8	8	
中国科学院文献情报中心 CAS Documentation and Information Center					5
上海文献情报中心 Shanghai Documentation and Information Center					
武汉文献情报中心 Wuhan Documentation and Information Center					
成都文献情报中心 Chengdu Documentation and Information Center					
兰州文献情报中心 Lanzhou Documentation and Information Center					11
西安黄土与第四纪地质研究室 Xi'an Laboratory of Loess and Quaternary Geology					

科技服务课题 S&T services			生产性活动课题 Production activities			
课题经费内部支出（千元）Intramural expenditure (thousand yuan)	课题组人员折合全时人数（人年）Full-time equivalent (man · year)	科学家工程师 Scientists & engineers	课题数（个）Project	课题经费内部支出（千元）Intramural expenditure (thousand yuan)	课题组人员折合全时人数（人年）Full-time equivalent (man · year)	科学家工程师 Scientists & engineers
806	**48**	**45**				
294	13	13				
19	1	1				
38	2	2				
240	19	16				
215	14	14				

5.25 支撑机构科技活动课题

Total S&T Projects in CAS Supporting

单 位 Unit	合 计 Total			国 家	
	课题数（个）Project	课题经费内部支出（千元）Intramural expenditure (thousand yuan)	课题组人员折合全时人数（人年）Full-time equivalent (man·year)	课题数（个）Project	课题经费内部支出（千元）Intramural expenditure (thousand yuan)
总 计 Total	**804**	**23390**	**1119**	**422**	**11747**
中国科学技术大学 University of Science and Technology of China	612	15956	861	352	8225
中国科学技术大学研究生院 Graduate School of the University of Science and Technology of China	116	2758	121	49	1157
北京科学仪器研制中心 Beijing R&D Center for Scientific Instruments	6	231	15	1	33
南京天文仪器研制中心 Nanjing R&D Center for Astronomical Instruments	33	3556	53	9	1986
中国科学院文献情报中心 CAS Documentation and Information Center	10	472	32	3	113
上海文献情报中心 Shanghai Documentation and Information Center	10	32	9		
武汉文献情报中心 Wuhan Documentation and Information Center					
成都文献情报中心 Chengdu Documentation and Information Center					
兰州文献情报中心 Lanzhou Documentation and Information Center	12	228	16	3	76
西安黄土与第四纪地质研究室 Xi'an Laboratory of Loess and Quaternary Geology	5	157	11	5	157

按任务来源分类（1996 年）

Units，by Project Source：1996

State	中国科学院 CAS			地方 Locality		
课题组人员折合全时人数（人年）Full-time equivalent（man·year）	课题数（个）Project	课题经费内部支出（千元）Intramural expenditure（thousand yuan）	课题组人员折合全时人数（人年）Full-time equivalent（man·year）	课题数（个）Project	课题经费内部支出（千元）Intramural expenditure（thousand yuan）	课题组人员折合全时人数（人年）Full-time equivalent（man·year）
654	**130**	**2967**	**167**	**38**	**405**	**61**
554	88	1567	100	34	348	57
59	16	225	15	1	20	2
1						
17	15	739	23	1	10	1
7	7	359	26			
	1	12	1			
6	3	65	3	2	27	1
11						

单　　位 Unit	企业委托 Entrusted by enterprises 课题数（个） Project	课题经费内部支出（千元） Intramural expenditure (thousand yuan)	课题组人员折合全时人数（人年） Full-time equivalent (man·year)	自选 课题数（个） Project	课题经费内部支出（千元） Intramural expenditure (thousand yuan)
总　计 Total	**61**	**6089**	**73**	**92**	**976**
中国科学技术大学 University of Science and Technology of China	51	5047	60	46	478
中国科学技术大学研究生院 Graduate School of the University of Science and Technology of China	7	867	11	33	258
北京科学仪器研制中心 Beijing R&D Center for Scientific Instruments				5	198
南京天文仪器研制中心 Nanjing R&D Center for Astronomical Instruments	2	152	1	1	13
中国科学院文献情报中心 CAS Documentation and Information Center					
上海文献情报中心 Shanghai Documentation and Information Center				5	3
武汉文献情报中心 Wuhan Documentation and Information Center					
成都文献情报中心 Chengdu Documentation and Information Center					
兰州文献情报中心 Lanzhou Documentation and Information Center	1	23	1	2	26
西安黄土与第四纪地质研究室 Xi'an Laboratory of Loess and Quaternary Geology					

Self-selected	国际合作 International cooperation			其他 Others		
课题组人员折合全时人数（人年）Full-time equivalent（man·year）	课题数（个）Project	课题经费内部支出（千元）Intramural expenditure（thousand yuan）	课题组人员折合全时人数（人年）Full-time equivalent（man·year）	课题数（个）Project	课题经费内部支出（千元）Intramural expenditure（thousand yuan）	课题组人员折合全时人数（人年）Full-time equivalent（man·year）
90	**4**	**40**	**5**	**57**	**1166**	**68**
45	1	15	2	40	276	43
21	2	14	1	8	217	11
14						
2				5	656	10
4				4	17	4
4	1	11	2			

5.26 支撑机构科技活动课题综合情况（1996 年）

Statistics of S&T Projects in CAS Supporting Units：1996

单　位 Unit	课题数合计（个） Total projects	当年开题数（个） Number of projects started	课题经费内部支出（千元） Intramural expenditure (thousand yuan)	课题组人员折合全时人数（人年） Full-time equivalent (man・year)	科学家、工程师 Scientists & engineers	其他科技人员 Other S&T personnel
总　计 Total	**804**	**300**	**23390**	**1119**	**1094**	**14**
中国科学技术大学 University of Science and Technology of China	612	223	15956	861	844	9
中国科学技术大学研究生院 Graduate School of the University of Science and Technology of China	116	41	2758	121	121	
北京科学仪器研制中心 Beijing R&D Center for Scientific Instruments	6	5	231	15	15	1
南京天文仪器研制中心 Nanjing R&D Center for Astronomical Instruments	33	7	3556	53	52	
中国科学院文献情报中心 CAS Documentation and Information Center	10	2	472	32	29	3
上海文献情报中心 Shanghai Documentation and Information Center	10	10	32	9	8	1
武汉文献情报中心 Wuhan Documentation and Information Center						
成都文献情报中心 Chengdu Documentation and Information Center						
兰州文献情报中心 Lanzhou Documentation and Information Center	12	10	228	16	15	1
西安黄土与第四世纪地质研究室 Xi'an Laboratory of Loess and Quaternary Geology	5	2	157	11	11	

附录　开放实验室（所、站）名称索引（1996 年）

Appendix：Namelist of the Open Laboratories (Institutes and Stations)：1996

序号 No.	实验室（所、站）名称 Laboratories（Institutes and Stations）
	数学、物理 **Mathematics & physics**
1	中国科学院武汉物理研究所波谱与原子分子物理国家重点实验室 State Key Laboratory of Magnetic Resonance and Atomic and Molecular Physics，Wuhan Institute of Physics，CAS
2	中国科学院物理研究所、半导体研究所表面物理国家重点实验室 State Key Laboratory of Surface Physics，Institute of Physics and Institute of Semiconductors，CAS
3	中国科学院声学研究所声场与声信息国家重点实验室 State Key Laboratory of Acoustics，Speech and Signal Processing，Institute of Acoustics，CAS
4	中国科学院物理研究所超导国家重点实验室 State Key Laboratory of Superconductivity，Institute of Physics，CAS
5	中国科学院物理研究所磁学国家重点实验室 State Key Laboratory of Magnetism，Institute of Physics，CAS
6	中国科学院数学研究所 Institute of Mathematics，CAS
7	中国科学院理论物理研究所 Institute of Theoretical Physics，CAS
8	中国科学院固体物理研究所、中国科学技术大学内耗与固体缺陷开放研究实验室 Laboratory of Internal Friction and Defects in Soilds，Hefei Institute of Solid State Physics and the University of Science and Technology of China，CAS
9	中国科学技术大学结构分析开放研究实验室 Laboratory of Structure Analysis，University of Science and Technology of China，CAS
10	中国科学院力学研究所非线性连续介质力学开放研究实验室 Laboratory of Nonlinear Mechanics of Continuous Media，Institute of Mechanics，CAS
11	管理、决策与信息系统开放研究实验室（中国科学院系统科学研究所等 3 所联合） Laboratory of Management，Decision and Information Systems，Institute of Systems Science，etc.，CAS
12	中国科学院长春物理研究所激发态物理开放研究实验室 Laboratory of Excited State Processes，Changchun Institute of Physics，CAS
13	中国科学院上海原子核研究所辐射化学开放研究实验室 Laboratory of Radiation Chemistry，Shanghai Institute of Nuclear Research，CAS
14	中国科学院北京天文台、上海天文台、云南天文台光学天文联合开放研究实验室 United Laboratory for Optical Astronomy，Beijing Astronomical Observatory，Shanghai Observatory and Yunnan Observatory，CAS

序号 No.	实验室（所、站）名称 Laboratories（Institutes and Stations）
15	中国科学院紫金山天文台、上海天文台、北京天文台射电天文联合开放研究实验室 United Laboratory for Radio Astronomy，Purple Mountain Observatory，Shanghai Observatory and Beijing Astronomical Observatory，CAS
16	中国科学院上海原子核研究所、高能物理研究所核分析技术开放研究实验室 Laboratory of Nuclear-Analysis Techniques，Shanghai Institute of Nuclear Research and Institute of High Energy Physics，CAS
17	中国科学院物理研究所光学物理开放研究实验室 Laboratory of Optical Physics，Institute of Physics，CAS
18	中国科学院低温技术实验中心极低温物理开放研究实验室 Laboratory of Ultra-Low Temperature Physics，Cryogenic Laboratory，CAS
19	中国科学院系统科学研究所系统控制开放研究实验室 Laboratory of Systems and Control，Institute of Systems Science，CAS
20	中国科学院力学研究所高温气体动力学开放研究实验室 Laboratory of High Temperature Gas Dynamics，Institute of Mechanics，CAS

化　学
Chemistry

序号 No.	实验室（所、站）名称 Laboratories（Institutes and Stations）
21	中国科学院大连化学物理研究所催化基础国家重点实验室 State Key Laboratory of Catalysis，Dalian Institute of Chemical Physics，CAS
22	分子动态与稳态结构国家重点实验室（中国科学院化学研究所、北京大学） State Key Laboratory of Structural Chemsitry of Unstable and Stable Species，Institute of Chemistry，CAS and Peking University
23	中国科学院上海有机化学研究所生命有机化学国家重点实验室 State Key Laboratory of Bio-Organic and Natural Products Chemistry，Shanghai Institute of Organic Chemistry，CAS
24	中国科学院大连化学物理研究所、化学研究所分子反应动力学国家重点实验室 State Key Laboratory of Molecular Reaction Dynamics，Dalian Institute of Chemical Physics and Institute of Chemistry，CAS
25	中国科学院福建物质结构研究所结构化学国家重点实验室 State Key Laboratory of Structrual Chemistry，Fujian Institute of Research on the Structure of Matter，CAS
26	中国科学院上海硅酸盐研究所高性能陶瓷和超微结构国家重点实验室 State Key Laboratory of High Performance Ceramics and Superfine Microstructure，Shanghai Institute of Ceramics，CAS
27	中国科学院兰州化学物理研究所羰基合成和选择氧化国家重点实验室 State Key Laboratory of Oxo Synthesis and Selective Oxidation，Lanzhou Institute of Chemical Physics，CAS
28	中国科学院山西煤炭化学研究所煤炭转化国家重点实验室 State Key Laboratory of Coal Conversion，Shanxi Institute of Coal Chemistry，CAS

序号 No.	实验室（所、站）名称 Laboratories (Institutes and Stations)
29	中国科学院化学研究所工程塑料国家重点实验室 State Key Laboratory of Engineering Plastics，Institute of Chemistry，CAS
30	中国科学院化工冶金研究所多相反应开放研究实验室 Laboratory of Multiphase Reaction，Institute of Chemical Metallurgy，CAS
31	中国科学院长春应用化学研究所稀土化学与物理开放研究实验室 Laboratory of Rare Earth Chemistry and Physics，Changchun Institute of Applied Chemistry，CAS
32	中国科学院兰州化学物理研究所固体润滑开放研究实验室 Laboratory of Solid Lubrication，Lanzhou Institute of Chemical Physics，CAS
33	中国科学院长春应用化学研究所电分析化学开放研究实验室 Laboratory of Electroanalytical Chemistry，Changchun Institute of Applied Chemistry，CAS
34	中国科学院广州化学研究所纤维化学开放研究实验室 Laboratory of Cellulose and Lignocellulosics，Guangzhou Institute of Chemistry，CAS
35	中国科学院化工冶金研究所、上海有机化学研究所计算机化学开放研究实验室 Laboratory of Computer Chemistry，Institute of Chemical Metallurgy and Shanghai Institute of Organic Chemistry，CAS
36	中国科学院化学研究所、长春应用化学研究所高分子物理联合开放研究实验室 Polymer Physics Laboratory，Institute of Chemistry and Changchun Institute of Applied Chemistry，CAS
37	中国科学院上海有机化学研究所金属有机化学开放研究实验室 Laboratory of Organomentallic Chemistry，Shanghai Institute of Organic Chemistry，CAS
38	中国科学院感光化学研究所光化学开放研究实验室 Laboratory of Photochemistry，Institute of Photographic Chemistry，CAS
39	中国科学院化学研究所有机固体开放研究实验室 Laboratory of Organic Solids，Institute of Chemistry，CAS
40	中国科学院硅酸盐研究所无机功能材料开放研究实验室 Laboratory of Inorganic Functional Materials，Shanghai Institute of Ceramics，CAS
	资源、环境 **Resources & environment**
41	中国科学院大气物理研究所大气科学及地球流体力学数值模拟国家重点实验室 State Key Laboratory of Numerical Modeling for Atmospheric Sciences and Geophysical Fluid Dynamics，Institute of Atmospheric Physics，CAS
42	中国科学院地球化学研究所有机地球化学国家重点实验室 State Key Laboratory of Organic Geochemistry，Institute of Geochemistry，CAS

序号 No.	实验室（所、站）名称 Laboratories (Institutes and Stations)
43	中国科学院地理研究所资源与环境信息系统国家重点实验室 State Key Laboratory of Resources and Environmental Information System, Institute of Geography, CAS
44	中国科学院兰州冰川冻土研究所冻土工程国家重点实验室 State Key Laboratory of Frozen Soil Engineering, Lanzhou Institute of Glaciology and Geocryology, CAS
45	中国科学院兰州地质研究所气体地球化学国家重点实验室 State Key Laboratory of Gas Geochemistry, Lanzhou Institute of Geology, CAS
46	中国科学院西安分院黄土与第四纪地质国家重点实验室 State Key Laboratory of Loess and Quaternary Geology, Xi'an Branch, CAS
47	中国科学院大气物理研究所大气边界层物理和大气化学国家重点实验室 State Key Laboratory of Atmospheric Boundary Layer Physics and Atmospheric Chemistry, Institute of Atmospheric Physics, CAS
48	环境模拟与污染控制国家重点实验室（清华大学、中国科学院生态环境研究中心、北京大学等） State Key Laboratory of Enviromental Aquatic Chemistry, Tsinghua University, Research Center for Eco-Environmental Sciences, CAS, and Peking University
49	中国科学院地球化学研究所环境地球化学国家重点实验室 State Key Laboratory of Enviromental Geochemistry, Institute of Geochemistry, CAS
50	中国科学院水土保持研究所黄土高原土壤侵蚀与旱地农业国家重点实验室 State Key Laboratory of Soil Erosion and Dryland Farming on Loess Plateau, Institute of Soil and Water Conservation, CAS
51	中国科学院动物研究所、上海昆虫所等农业虫害鼠害综合治理国家重点实验室 State Key Laboratory of Integrated Management of Pest Insects and Rodents, Institute of Zoology and Shanghai Institute of Entomology, CAS
52	中国科学院海洋研究所实验海洋生物学开放研究实验室 Laboratory of Experimental Marine Biology, Institute of Oceanology, CAS
53	中国科学院地质研究所工程地质力学开放研究实验室 Laboratory of Engineering Geomechanics, Institute of Geology, CAS
54	中国科学院南京土壤研究所土壤圈物质循环开放研究实验室 Laboratory of Material Cyclin in Pedosphere, Nanjing Institute of Soil Science, CAS
55	中国科学院生态环境研究中心系统生态开放研究实验室 Laboratory of Systems Ecology, Research Center for Eco-Environmental Sciences, CAS
56	中国科学院测量与地球物理研究所动力大地测量学开放研究实验室 Laboratory of Dynamical Geodesy, Institute of Geodesy and Geophysics, CAS
57	中国科学院南京地质古生物研究所现代古生物和地层学开放研究实验室 Laboratory of Paleobiology and Stratigraphy, Nanjing Institute of Geology and Paleontology, CAS

序号 No.	实验室（所、站）名称 Laboratories (Institutes and Stations)
58	中国科学院地球化学研究所矿床地球化学开放研究实验室 Laboratory of Ore Deposit Geochemistry，Institute of Geochemistry，CAS
59	中国科学院地质研究所岩石圈构造演化开放研究实验室 Laboratory of Lithosphere Tectonic Evolution，Institute of Geology，CAS
60	中国科学院南京地理与湖泊研究所湖泊沉积与环境开放研究实验室 Laboratory of Lake Sedimentation and Environment，Nanjing Institute of Geography and Limnology，CAS
61	中国科学院地球物理研究所地球动力学高温高压开放研究实验室 Laboratory of Geodynamics Under High Temperature and High Pressure，Institute of Geophysics，CAS
62	中国科学院遥感应用研究所遥感信息科学开放研究实验室 Laboratory of Remote Sensing Information Science，Institute of Remote Sensing Application，CAS
63	中国科学院沈阳应用生态研究所陆地生态系统痕量物质生态过程开放研究实验室 Laboratory of Ecological Process of Trace Substance in Terristrial Ecosystem，Shenyang Institute of Applied Ecology，CAS
64	结构振动开放研究实验室（中国科学院、水利部、电力部） Laboratory of Structural Vibration Research Under CAS，Ministry of Water Resources and Ministry of Energy Resources
65	中国科学院南京土壤研究所封丘农业生态实验站 Fengqiu Agroecological Experimental Station，Nanjing Institute of Soil Science，CAS
66	中国科学院地理研究所禹城综合试验站 Yucheng Comprehensive Experimental Station，Institute of Geography，CAS
67	中国科学院兰州冰川冻土研究所天山冰川观测试验站 Tianshan Experimental Station of Glaciology，Lanzhou Institute of Glaciology and Geocryology，CAS
68	中国科学院成都山地环境研究所东川泥石流观测研究站 Dongchuan Observation and Research Station of Debris Flow，Chengdu Insititute of Mountain Hazards and Enviroment，CAS
69	中国科学院西北高原生物研究所海北高寒草甸生态系统定位研究站 Haibei Alpine Meadow Ecosystem Research Station，Northwest Institute of Plateau Biology，CAS
70	中国科学院植物研究所内蒙古草原生态系统定位研究站 Inner Mongolia Grassland Ecosystem Research Station，Institute of Botany，CAS
71	中国科学院沈阳应用生态研究所长白山森林生态系统定位研究站 Changbaishan Research Station of Forest Ecosystem，Shenyang Institute of Applied Ecology，CAS
72	中国科学院长春分院长春净月潭遥感实验站 Jingyuetan Remote Sensing Test Site，Changchun Branch，CAS

序号 No.	实验室（所、站）名称 Laboratories（Institutes and Stations）
73	中国科学院南京土壤研究所红壤生态实验站 Ecological Experimental Station of Red Soil，Nanjing Institute of Soil Science，CAS
74	中国科学院南海海洋研究所大亚湾海洋生物综合实验站 Marine Biology Research Station at Dayawan，South China Sea Institute of Oceanology，CAS
75	中国科学院兰州沙漠研究所沙坡头沙漠试验研究站 Shapotou Desert Experimental Research Station，Lanzhou Institute of Desert Research，CAS

生 物 学
Biological sciences

76	中国科学院生物物理研究所生物大分子国家重点实验室 State Key Laboratory of Biomacromolecules，Institute of Biophysics，CAS
77	中国科学院上海生物化学研究所分子生物学国家重点实验室 State Key Laboratory of Molecular Biology，Shanghai Institute of Biochemistry，CAS
78	中国科学院上海植物生理研究所植物分子遗传国家重点实验室 State Key Laboratory of Plant Molecular Genetics，Shanghai Institute of Plant Physiology，CAS
79	中国科学院水生生物研究所淡水生态与生物技术国家重点实验室 State Key Laboratory of Freshwater Ecology and Biotechnology，Institute of Hydrobiology，CAS
80	生物膜与膜生物工程国家重点实验室（中国科学院动物研究所、清华大学、北京大学） State Key Laboratory of Biomembranes and Membrane Biotechnology（Institute of Zoology，CAS，Tsinghua University and Peking University）
81	中国科学院动物研究所计划生育生殖生物学国家重点实验室 State Key Laboratory of Reproductive Biology，Institute of Zoology，CAS
82	中国科学院微生物研究所微生物资源前期开发国家重点实验室 State Key Laboratory of Microbial Resources，Institute of Microbiology，CAS
83	中国科学院上海药物研究所新药研究国家重点实验室 State Key Laboratory of Drug Research，Shanghai Institute of Materia Media，CAS
84	中国科学院遗传研究所植物细胞与染色体工程国家重点实验室 State Key Laboratory of Plant Cell and Chromosome Engineering，Institute of Genetics，CAS
85	中国科学院化工冶金研究所生化工程国家重点实验室 State Key Laboratory of Biochemical Engineering，Institute of Chemical Metallurgy，CAS
86	中国科学院微生物研究所真菌、地衣系统学开放研究实验室 Laboratory of Systematic Mycology and Lichenology，Institute of Microbiology，CAS

序号 No.	实验室（所、站）名称 Laboratories (Institutes and Stations)
87	中国科学院植物研究所系统与进化植物学开放研究实验室 Laboratory of Systematic and Evolutionary Botany, Institute of Botany, CAS
88	中国科学院昆明植物研究所植物化学开放研究实验室 Laboratory of Phytochemistry, Kunming Institute of Botany, CAS
89	中国科学院上海细胞生物学研究所分子细胞生物学开放研究实验室 Laboratory of Molecular Cell Biology, Shanghai Institute of Cell Biology, CAS
90	中国科学院上海生理研究所神经生物学开放研究实验室 Laboratory of Neurobiology, Shanghai Institute of Physiology, CAS
91	中国科学院植物研究所植被数量生态学开放研究实验室 Laboratory of Quantitative Vegetation Ecology, Institute of Botany, CAS
92	中国科学院生物物理研究所视觉信息加工开放研究实验室 Laboratory of Visual Information Processing, Institute of Biophysics, CAS
93	中国科学院遗传研究所、微生物研究所植物生物技术开放研究实验室 Laboratory of Plant Biotechnology, Institute of Genetics and Institute of Microbiology, CAS
94	中国科学院昆明动物研究所细胞与分子进化开放研究实验室 Laboratory of Cellular and Molecular Evolution, Kunming Institute of Zoology, CAS
95	中国科学院发育生物学研究所分子发育生物学开放研究实验室 Laboratory of Molecular Developmental Biology, Institute of Developmental Biology, CAS
	技 术 科 学 **Technological sciences**
96	中国科学院上海技术物理研究所红外物理国家重点实验室 State Key Laboratory of Infrared Physics, Shanghai Institute of Technical Physics, CAS
97	中国科学院上海冶金研究所、电子学研究所传感技术联合国家重点实验室 State Key Laboratory of Transducer Technology, Shanghai Institute of Metallurgy and Institute of Electornics, CAS
98	中国科学院长春光学精密机械研究所应用光学国家重点实验室 State Key Laboratory of Applied Optics, Changchun Institute of Optics and Fine Mechanics, CAS
99	中国科学院自动化研究所模式识别国家重点实验室 State Key Laboratory of Pattern Recognition, Institute of Automation, CAS

序号 No.	实验室（所、站）名称 Laboratories (Institutes and Stations)
100	中国科学院金属研究所材料疲劳与断裂国家重点实验室 State Key Laboratory of Fatigue and Fracture of Materials, Institute of Metals Research, CAS
101	中国科学院半导体研究所半导体超晶格国家重点实验室 State Key Laboratory of Superlattices and Microstructures, Institute of Semiconductors, CAS
102	中国科技大学研究生院信息安全国家重点实验室 State Key Laboratory of Information Security, Graduate School of the University of Science and Technology of China, CAS
103	集成光电子学国家重点实验室（清华大学、吉林大学、中国科学院半导体研究所） State Key Laboratory of Integrated Photoelctronics (Tsinghua University, Jinlin University and Institute of Semiconductors, CAS)
104	中国科学院金属腐蚀与防护研究所金属腐蚀与防护国家重点实验室 State Key Laboratory of Metal Corrosion and Protection, Institute of Corrosion and Protection of Metals, CAS
105	中国科学院金属研究所快速凝固非平衡合金国家重点实验室 State Key Laboratory of Rapidly Solidified Non-equilibrium Alloy, Institute of Metals Research, CAS
106	中国科学院西安光学精密机械研究所瞬态光学技术国家重点实验室 State Key Laboratory of Transient Optics and Technology, Xi'an Institute of Optics and Fine Mechanics, CAS
107	中国科学院光电技术研究所微细加工光学技术国家重点实验室 State Key Laboratory of Optical Technologies on Microfabrication, Institute of Optics and Electornics, CAS
108	中国科学院计算中心科学与工程计算国家重点实验室 State Key Laboratory of Scientific and Engineering Computing, Computing Center, CAS
109	中国科学院上海冶金研究所信息功能材料国家重点实验室 State Key Laboratory of Functional Materials for Informatics, Shanghai Institute of Metallurgy
110	中国科学技术大学火灾科学国家重点实验室 State Key Laboratory of Fire Science, University of Science and Technology of China
111	中国科学院金属研究所固体原子象开放研究实验室 Laboratory of Atomic Imaging of Solids, Institute of Metals Research, CAS
112	中国科学院上海冶金研究所离子束开放研究实验室 Ion Beam Laboratory, Shanghai Institute of Metallurgy, CAS
113	中国科学院安徽光学精密机械研究所激光光谱学开放研究实验室 Laser Spectroscopy Laboratory, Anhui Institute of Optics and Fine Mechanics, CAS
114	中国科学院北京科学仪器研制中心北京电子显微镜开放研究实验室 Beijing Laboratory of Electron Microscopy, Beijing R&D Center for Scientific Instruments, CAS

序号 No.	实验室（所、站）名称 Laboratories (Institutes and Stations)
115	中国科学院北京科学仪器研制中心北京真空物理开放研究实验室 Beijing Laboratory of Vacuum Physics, Beijing R&D Center for Scientific Instruments, CAS
116	中国科学院计算技术研究所CAD开放研究实验室 CAD Laboratory, Institute of Computing Technology, CAS
117	中国科学技术大学研究生院认知科学开放研究实验室 Laboratory of Cognitive Science, Graduate School of the University of Science and Technology of China
118	中国科学院上海光学精密机械研究所量子光学开放研究实验室 Laboratory for Quantum Optics, Shanghai Institute of Optics and Fine Mechanics, CAS
119	中国科学院沈阳自动化研究所机器人学开放研究实验室 Robotics Laboratory, Shenyang Institute of Automation, CAS
120	中国科学院沈阳计算技术研究所现代制造CAD/CAM技术开放研究实验室 Laboratory of CAD/CAM Technology for Advanced Manufacturing, Shenyang Institute of Computing Technology, CAS
121	中国科学院上海光学精密机械研究所强光光学开放研究实验室 Laboratory of High Intensity Optics, Shanghai Institute of Optics and Fine Mechanics, CAS
122	中国科学院半导体研究所半导体材料开放研究实验室 Laboratory of Semiconductor Material Science, Institute of Semiconductors, CAS
123	中国科学院空间科学与应用研究中心日球物理数值开放研究实验室 Laboratory of Numeric Study of Heliospheric Physics, Center for Space Science and Applied Research, CAS
124	中国科学院自动化研究所复杂系统工程学开放研究实验室 Laboratory of Engineering Science for Complex Systems, Instiute of Automation, CAS
125	中国科学院电子学研究所高功率微波与电磁辐射开放研究实验室 Laboratory of High Power Microwave and Electromagnetic Radiation, Institute of Electronics, CAS
126	中国科学院软件研究所计算机科学开放研究实验室 Laboratory of Computer Science, Institute of Software, CAS

主要统计指标解释

人　员

1. 从事科技活动人员

指职工总数中的科技管理人员、课题活动人员和科技服务人员。

科技管理人员　指院、所领导及业务、人事管理人员。包括：直接从事科技计划管理、课题管理、成果管理、专利管理、科技统计、科技档案管理、科技外事工作、人事管理、教育培训、财务等活动的人员。

课题活动人员　指编制在研究室或课题组的人员。

科技服务人员　指从事图书、情报、测试、试验、咨询、物资器材供应等工作的人员以及实验室、试验工厂（车间）、试验农场的人员。不包括司机、门卫、食堂人员、医务人员、清洁工，以及幼儿园、托儿所工作人员等。

2. 科学家、工程师

指具有大学毕业及大学毕业以上学历的和其他具有高、中级技术职称（务）的人员。

3. 其他科技人员

指具有大、中专毕业学历的和其他具有初级技术职称（务）的人员。

4. 从事生产、经营活动人员

指主要从事定型产品的批量生产、单位内部招待所、商店、出版印刷等生产经营和对外服务活动的人员。在机构下属经济实体中的院所编制人员也应包括在内。

经　常　费

1. 经常费

包括暂收（暂付）款，经常费收入中各项皆为毛收入。

2. 经常费收入

政府拨款获得收入　指由各级政府部门直接拨款或企事业单位利用政府资金委托本机构从事科学技术活动所获得的收入，包括科学事业费、科技专项费、科学技术基金和政府其他拨款。

● 科学事业费：指为维持本机构的正常运转由中央或地方财政通过预算的形式（即预算科目中的“科学事业费”）拨给本机构的经费。

● 科技专项费：指本机构为了开展科学研究项目、新产品试制项目、中间试验项目、科技成果示范性推广项目，向各级部门通过签订课题合同或其他方式申请并获得的科技专项费。包括课题专项、设备专项和其他专项。不论偿还形式如何，均应按当年实际获得的经费额填报。

● 科学技术基金：包括自然科学基金和科技发展基金。

● 自然科学基金：指从国家自然科学基金会和地方各级的科学基金会获得的科学研

究项目经费。

● 科技发展基金：指从国务院各部门和地方各级有关部门所获得的科技发展基金、技术发展基金等。

● 政府其他拨款：指除上述各项以外的政府基金。

横向技术性收入　指本机构从事科学技术活动所获得非政府的资金，如：企事业单位和社会团体利用自有资金委托本机构开展科学技术活动所提供的资金，包括技术开发收入、技术转让收入、咨询及服务收入和中试产品收入等项。（试行《科学研究单位会计制度》的机构，横向技术性收入按会计科目中“合同预收款”科目的横向课题的毛收入填写。）

● 技术开发收入：指本机构承接社会各方面委托的有关新技术、新产品、新工艺和新材料及其系统的研究开发任务而获得的收入。

● 技术转让收入：指本机构通过专利权转让、专利申请权转让、专利实施许可、非专利技术的转让所获得的收入。

● 咨询及服务收入：指本机构利用本单位人力、物力和数据系统为用户提供技术情报、技术资料、技术咨询、测试分析，引进技术消化吸收和其他类型的技术性服务所获得的收入。

● 中试产品收入：指本机构进行中间试验期间试制的产品经出售或转让所获得的收入。

生产经营收入　包括生产收入和其他收入。

● 生产收入：指本机构及附属工厂、车间、农场等进行批量生产的定型产品经出售所获得的收入。

● 其他收入：指本机构除生产收入以外获得的其他非技术性收入，如单位内部招待所、礼堂、车队、出版等对外服务所获得的收入。

● 银行贷款：指本机构从银行获得的各类贷款。不论贷款的偿还形式、期限和数额如何，均按当年获得的贷款额填报。不包括基本建设贷款。

● 其他：指除上述各项以外的收入，包括：国内外社会和个人赞助、捐赠，以及借款等。

3. 经常费支出

劳务费　指本机构以货币和实物形式直接或间接支付给本机构人员的全部费用。包括工资总额、有关劳动保险和职工福利方面的各项费用；有关离休、退休、退职人员待遇的各项支出；劳动保护的各项支出；稿费、讲课费及其他专门工作报酬；出差伙食补助费、误餐补助、调动工作的旅费和安家费；奖金税、抚恤金、计划生育和独生子女补贴等。研究生的上述费用也记入此项。

固定资产购建支出　指本机构使用非基建投资购建固定资产的实际支出额，固定资产指长期使用而不改变原有的实物形态的主要物资设备，如科研仪器设备、图书资料、实验材料和标本以及其他设备和家具、房屋和建筑物。

科研业务费　指本机构用于科学研究与技术开发活动的全部实际消耗性支出。例如：用于研究与开发的原材料费、水电能源费、差旅费、加工试验费、设备使用费、计算机机时费、资料印刷费等。培训研究生的消耗性支出也一并统计，但不包括劳务费和固定资产购建支出。

管理费　指本机构为组织、管理科学技术活动的全部实际消耗性支出。包括院所管理费和研究室管理费，例如：公务费、差旅费、修缮费、职工教育及工会经费、办公费、外事经费、管理设备使用费、动力及取暖费等。不包括劳务费、固定资产购建支出。

其他支出 包括归还科技专项费、归还贷款支出、税金、能源、交通基金、预算外调节基金、上级提成、转入建行自筹基建资金、社会赞助与摊派等支出。

基本建设

1. 基本建设投资实际完成额

指本机构在报告期内完成的用货币表示的基本建设工作量。

2. 自筹

指在当年基本建设投资实际完成额中自筹投资的部分，自筹部分应包括拨改贷后须由机构自身偿还的贷款。

3. 科研仪器设备

指本机构在基本建设投资的实际完成额中购置的科研仪器设备总值。非科研设备购置不计入此项。

4. 科研土建工程

指本机构在基本建设投资的实际完成额中完成的科研土建工作量(如科研楼、试验用房等)。非科研土建工程（如住房等）不计入此项。

固定资产

1. 固定资产

指单价在50元和200元以上(一般设备单价50元以上，专用设备单价200元以上)，耐用时间在一年以上，在使用过程中保持其原有实物形态的资产。单价虽不满50元和200元，但耐用时间在一年以上的大批同类资产，也视同固定资产。固定资产大体可分为以下几类：①房屋和建筑物：包括办公、科研用房、宿舍、仓库等各种建筑物及附属设施；②专用设备：包括各种仪器、电器、机械设备、医疗器械、文体设备等；③图书资料：包括单位图书馆（室)、资料室藏书和保存期限在10年以上的各种重要资料；④其他：包括一般设备（办公与事务用的家具设备、被服装具、一般文体设备)、交通运输工具、文物和陈列品、牲畜等，以及不属于前三类的其他固定资产。

2. 固定资产原值总额

指本机构获得全部固定资产时所支付的货币总额。固定资产的计价原则是：①新建、购入和调入的固定资产分别按造价、购价和调拨价计价。购入和调入固定资产的运杂费，不计入固定资产价值，直接在经费支出中列支；②自制的固定资产，按所开支的工料费计价；③接受馈赠和其他无价的固定资产，不能查明原价的，可以估计；④新生的牲畜估计，以后根据成长情况及市场情况定期调整；⑤调出、变卖和报废的固定资产都按帐面原值注销。

3. 科研房屋建筑

指可直接用于科技活动的各种建筑设施。包括实验楼、实验室、实验性工厂（车间)、农场的有关建筑设施、学术报告场所、科技管理的办公建筑、科技器材物资仓库。不包括食堂、职工宿舍等福利性建筑。若以上各种建筑设施不是用于单一目的，则按各自实际使用比例统计。

4. 科研仪器设备

指由从事科技活动的人员直接使用的科研仪器设备。不包括与基建配套的各种动力、机械设备、辅助设备，也不包括一般运输工具（科学考察用交通运输工具除外）和专用于生产的仪器设备。若科研与生产共用的仪器设备，则按其使用目的，统计在主要一方。

科技活动

1. 课题活动分类

基础研究　指为获得新知识而进行的独创性研究。其目的是揭示观察到的现象和事实的基本原理和规律，而不以任何特定的实际应用为目的。

应用研究　指为获得新的科学技术知识而进行的独创性研究。它主要针对某一特定的实际应用目的。应用研究通常是为了确定基础研究成果或知识的可能的用途，或是为达到某一具体的、预定的实际目的确定新的方法（原理性）或途径。

●区分基础研究与应用研究的主要标志：具有特定的实际应用目的的研究属于后者。

试验发展　利用从研究或实际经验获得的知识，为生产新的材料、产品和装置，建立新的工艺和系统，以及对已生产或建立的上述各项进行实质性的改进，而进行的系统性工作。

●区分科学研究（基础研究和应用研究）与试验发展的主要标志：前者主要是为了增加科学技术知识，后者则是为了开辟新的应用（如新材料或新技术）。

●区分科学研究与试验发展及其他有关活动的主要标志：具有创新成分的活动归于前者。

研究与试验发展成果应用　为解决R&D活动阶段产生的新产品、新装置、新工艺、新技术、新方法、新系统和服务等能投入生产或在实际中运用所存在的技术问题而进行的系统性活动。它不具有创新成分。此类活动包括为达到生产目的而进行的定型设计和试制以及为扩大新产品生产规模和新方法、新技术、新工艺等的应用领域而进行的适应性试验。

●研究与试验发展、研究与试验发展成果应用和工业生产活动三者之间的界限大致如下划分：

（1）新产品的研制

实质性的新产品，即完全新的新产品或对现有产品的性能进行重大改进的设计、制造和试验，是研究与试验发展活动。对引进（或购买）现成的技术成果（如专利、技术诀窍、图纸和样机等）进行复制或直接应用而形成新产品的过程，不是研究与试验发展活动，而是研究与试验发展成果应用活动。

（2）新工艺、新方法的研制

对新工艺、新方法的研制或对现有工艺、生产过程进行技术上实质性的改进，是研究与试验发展。采用国内已有的生产工艺或生产过程，而在技术上没有实质性的改进，只是对采用的生产工艺或生产过程作适应性的试验，不属于研究与试验发展，而是研究与试验发展成果应用活动。

(3) 中间试验

新产品、新工艺、新生产过程直接用于生产前，往往要进行中间试验，以解决一系列的技术问题，情况比较复杂，对其是否属于研究与试验发展应视具体情况而定。

如果进行中间试验的直接目的是为了从技术上进一步改进产品、工艺或生产过程或为此目的进行试验以获得经验和收集数据，是研究与试验发展；如果是为了进行产品的定型设计，获取生产所需的技术参数，那末就不是研究与试验发展，而是研究与试验发展成果应用活动。

(4) 试生产

试生产是在完成了生产前的各项技术准备后，在正式生产前的“试验性”生产。试生产的直接目的不是对产品或生产过程在技术方面作进一步的改进，而是为了使生产能顺利地进行，因而既不属于研究与试验发展，也不属于研究与试验发展成果应用活动。

(5) 质量控制与检验测试

生产过程的质量控制及材料、设备、产品的常规检验、测试，不属于研究与试验发展，也不属于研究与试验发展成果应用活动，原型检验测试和非商业性的试验工厂（中试车间）中的检验测试，属于研究与试验发展。

(6) 市场研究

既不是研究与试验发展，也不是研究与发展成果应用活动。

科技服务　与科学研究与试验发展有关，并有助于科学技术知识的产生、传播和应用的活动。包括：为扩大科技成果的使用范围，而进行的示范性推广工作；为用户提供科技情报和文献服务的系统性工作；为用户提供可行性报告、技术方案、建议及进行技术论证等技术咨询工作；自然、生物现象的日常观测、监测，资源的考察和勘探；有关社会、人文、经济现象的通用资料的收集，如统计、市场调查等，以及这些资料的常规分析与整理；为社会和公众提供的测试、标准化、计量、计算、质量控制和专利服务，不包括工商企业为进行正常生产而开展的上述活动。

生产性活动　由于具备特殊的工艺设备条件，或掌握某种技术专长或诀窍，所进行的小量非常规生产。

2. 技术领域分类

信息技术　指研制计算机硬件、软件、外部设备、通信网络设备的活动，以及利用计算机硬件、软件及数字传递网对信息进行文字、图形、特征识别、信息采集、信息处理和传递的活动。

生物技术　包括基因工程、细胞工程、酶工程和发酵工程，指为了生物技术本身的发展，就有关原理、技术、特种工艺、测试、仪器而进行的活动，以及利用生物技术为农、林、牧、渔、医药卫生、化学、食品、轻工等部门提供生物技术新产品而开展的活动。无特定目标或虽有特定目标但不是为促进生物技术发展而开展的有关生命科学的研究不包括在此分类内。

新材料　指新近发展或正在研制的具有优异性能或特定功能的材料，如新型无机非金属材料、新型有机合成材料、新型金属和合金材料。包括为发展新材料就有关原理、技术、新产品、特种工艺、测试而进行的活动。

能源技术　包括能源问题一般理论，地区性能源综合开发与利用，石油、天然气、煤

炭、可再生能源的开发与利用，新能源（太阳能、生物能、核能、海洋能等）的研制开发与利用，节能新技术，能源转换和储存新技术等活动。

激光技术 激光器和激光调制技术的研制，以及为了激光在工业、农业、医学、国防等领域内的应用而进行的活动。

自动化技术 指在控制系统、自动化技术应用、自动化元件、仪表与装置，人工智能自动化、机器人等领域中的活动。

航天技术 有关运载火箭及人造卫星本体的研究及有关为了跟踪、通信而使用的地面设备的研究而进行的活动。不包括天文学及气象观察。

其他技术领域 属于技术领域，但不能归入上述七类领域的其他技术活动。

3. 社会-经济目标

陆地、海洋和大气的开发与评价 主要涉及对地壳与地幔、海洋和大气层的开发和评价。它不包括以农业为目的的土壤研究和以渔业为目的的海洋学的研究与发展活动，也不包括有关原料、燃料、能源资源的经济开发方面的研究与发展活动。对气象学、地质学和水文学等方面的基础调查不应包括在此类中，而包括在“知识的全面发展”类中。

民用宇宙空间 包括所有关于空间的民用研究与发展活动（为军事目的进行的各项计划应包括在以下“国防”项下）。其中包括关于运载火箭和宇宙飞船及其动力装置和控制地面设施（发射基地、导航、遥测和遥控指令）方面的研究与发展活动以及人造卫星和星际探测器、同温层探测气球、探空火箭等方面的研究与发展活动。运用宇宙火箭进行通信、气象、航行、地球资源调查等也应规定在这一有关目标中。

农业、林业和渔业的发展 主要涉及两个类别的研究与发展活动，第一类中包括食品的生产、储存、分配方面的研究与发展活动；例如家畜的生产和品种的改进，兽医、农作物的生产和作物学以及农业机械和农业化学方面的研究与发展活动，食品和饮料加工、储存和分配，渔业及其有关的技术。第二类系非食品的农产品和林业的发展，例如：有关毛、皮、烟草、棉花和其他纤维材料等方面，以及林业和有关技术方面的研究与发展活动。

促进工业的发展 这一主要目的涉及促进发展和改进制造工业、非燃料采矿工业及建筑业的各种研究与发展活动。包括有关纺织品、服装、皮革、木材和造纸产品、化学产品（包括石油化工产品）、橡胶和塑料、基本金属、金属成品、包括运输车辆在内的机械和设备、非金属产品、燃料以外的采矿业等生产方面的研究与发展活动。不包括为其他目标（如发展农业和食品生产、运输和通信、宇宙空间探索、城市和农村规划及国防）服务的研究与发展活动。

能源的生产、储存和分配 包括与各种形式的能源（包括核能）的生产、供应、储存和分配有关的研究与发展活动；它包括固体燃料的开采及其有关的技术，石油和天然气生产以及非常规能源（太阳、风）和小能源。

交通、通信事业的发展 涉及交通系统及通信网和通信系统，包括陆地、空间、水上交通、无线电和电视，电话和包括卫星在内的其他通信方面的研究与发展活动，但不包括发动机、电动机和车辆、轮船、飞机等其他交通工具，这些均包括在“促进工业的发展”的目标中。

教育事业的发展 这一主要目标包括正规教育及校外、在职教育和其他形式的成人教育、培训以及技术设备与教学方法（如程序教学、电视及其他视听技术）方面的研究与发展活动。

卫生事业的发展　涉及到所有与保护和改善人类健康直接有关的研究与发展活动。它包括医疗护理（包括外科和产科）、疾病预防、营养和食品卫生方面的研究与发展活动，环境对人体健康的影响等方面的研究与发展活动。

社会发展和社会-经济服务　包括政治组织、法律和秩序、社会治安、文化、休息和娱乐、对消费者的保护、对劳动条件的改善、劳动关系、人力和移居、国际关系（包括维护和平）、国际法院、条约及其他社会服务。它还包括经济组织、货币和银行、保险等方面的研究与发展活动。也包括像民用住宅、清洁卫生服务及其他同改善人类居住环境有关的社会服务等城乡规划方面的研究与发展活动。

环境保护　主要目标涉及环境"保护"的各个方面——保持空气、水和土壤的纯净、噪音控制、环境模型和统计等。不包括环境对人体健康的影响（应列入"卫生事业的发展"目标中）和环境对人类居住的影响（应列入"社会发展和社会-经济服务"目标中），也不包括目的在于通过某些特殊经济活动防止污染的研究与发展活动（这些活动应与相应的活动列在一起）。

知识的全面发展　包括各种具有相当普遍目的的研究与发展活动，这些活动不能归入其他任何一个主要目标，而只是促进社会科学和自然科学知识的全面发展。包括科学院和大学及其研究机构根据其广泛的工作内容所进行的基础研究和应用研究。还包括科学技术活动本身的管理、政策和规划等方面的研究与发展活动。

其他民用目标　此项包括不属于上述任何题目而根据某一特殊目的所进行的所有其他民用研究与发展活动。例如，情报系统的改进，计算机科学（硬件和软件），但不包括数据收集方面的开支。还有为批发与零售贸易、餐厅及旅馆业等服务的研究与发展活动。

国防　这一主要目标包括为军事目的所进行的研究与发展活动。军事机构用于民用研究的开支应尽量分配给与其有关的各主要民用目标。

4. 课题人员折合全时工作量

指按工作量计算的当年实际参加课题活动的各类人员总数。统计时首先把课题人员分离为全时人员和非全时人员，然后折算为全时工作量。

全时人员　指在本年度工作中，从事该课题活动的工作量（累计工作时间与本人全年工作总时间之比）在0.9以上（含0.9）的人员数。

非全时人员　指在本年度工作中，从事该课题活动的工作量在0.1～0.9之间的人员数。工作量不到0.1不计在内。

全时当量　指全时人员数加所有非全时人员的工作量总和，数值取小数点后一位。

5. 技术合同

成交金额　指报告期内所签合同的成交金额。如果是按技术实施后新增销售额或利润的一定比例提成等方式计算技术转让费，则填写当年的预计提成金额数。按不同的受让方类型进行分类加总填报。

开放实验室

1. 固定人员

指由实验室主任聘任，并有一定任期的相对稳定的研究人员、技术人员和管理人员。

开放实验室的固定人员可以由室主任连聘连任。

2. 客座人员

指通过课题申请并获准来开放实验室从事研究工作的所内外工作人员。开放实验室的客座人员没有固定任期，在课题获准进行期内属于开放实验室的人员，享受固定人员同等待遇，课题结束之后，必须离室，因此客座人员是流动的。

3. 学委会审批课题

经学术委员会审议批准，用开放经费支持的课题。固定客座合作课题指由开放实验室固定、客座人员合作共同承担的学委会审批课题。

Explanatory Notes on Key Indicators

Personnel

1. S&T activity personnel

S&T activity personnel comprises the following people:

S&T management personnel refers to leaders at various levels in the Academy and institutes and those who are engaged in S&T and personnel management, including those who participate directly in such activities as S&T planning, project management, research achievement management, patent management, S&T statistics, management of S&T archives, S&T international cooperation, personnel management, education and training, and finance.

Project activity personnel refers to permanent staff whose payroll is in the laboratory or project research group.

S&T service personnel refers to those engaged in library work, information, measurement, testing, consultation, material and equipment supply as well as those working in laboratories, pilot factories (workshops) and farms. They should not include car drivers, janitors, and persons working in mess halls, medical houses, nurseries and kindergartens.

2. Scientists and engineers

This heading can be defined as persons who are of higher educational level or have senior or intermediate academic titles.

3. Other S&T personnel

This heading refers to persons who are of specialized higher school or specialized secondary school educational level or have junior academic (or technical) titles.

4. Professional and business activity personnel

This refers to staff who are engaged in the production, business activity and services such as batch process of finalized products, management and services in the guest houses and shops, and pubication and printing. Staff on the CAS and institute payroll who are working in the economic entities affiliated to CAS institutions should be included.

Current Intramural

1. Current intramural

Current intramural income and expenditure include temporary collection and temporary payment. Items included in the current intramural income are all gross income.

2. Current intramural income

Income from government funds: This heading refers to funds directly allocated by government departments at all levels or income obtained by a particular institution through conducting S&T activities entrusted by enterprises and institutions using government funds. It consists of the following:

Scientific research funds refer to budgetary funds received by a particular institution from the central or local government financial departments for the purpose of maintaining the smooth operation of that institution.

S&T special funds refer to special S&T funds obtained by a particular institution through signing research contracts or other forms for the purpose of carrying out scientific research projects, development of new products, pilot experiments, and demonstration and popularization of S&T results, including special projects funds, expenditure on purchasing equipment and other special funds.

S&T funds include natural science funds and S&T development funds.

Natural science funds refer to scientific research project funds provided by the National Natural Science Foundation and other science foundations at all levels.

S&T development funds refer to S&T development funds and technical development funds received by a particular institution from various departments under the State Council and local governments.

Other government funds refer to government funds except the above-mentioned items.

Lateral tie technology-related income: This heading refers to non-government funds received by a particular institution through its S&T activities, such as incomes provided by enterprises and institutions with their own resources for commissioned S&T research. It consists of the following:

Technology development income refers to incomes received by a particular institution from commissioned R&D on new technologies, products, processes, materials and systems.

Technology transfer income refers to income received by a particular institution from transfer of its patents, patent application rights, patent licenses and non-patented technologies.

Consultation and service income refers to income received by a particular institution from technical services such as providing technical information and data, consultation, testing and analysis, assimilation and absorption of imported technologies and so on, by drawing on its manpower, resources, data and information systems.

Income from pilot products refers to income received by a particular institution from the sale or transfer of its products manufactured during the pilot experimental period.

Production and business income: This heading consists of the following two items:

Productive income refers to income received by a particular institution from the sale of batch processed products manufactured by that institution and its subsidiary factories, workshops or farms.

Other incomes includes non-technical incomes received by a particular institution, such as income from services provided by the guest house, auditorium, cars and trucks and publishing facilities. It excludes productive income.

Bank loans: This heading refers to various kinds of loans obtained by a particular institution from the bank. The total monetary volume of loans obtained in the reference year will be recorded no matter what the form, time and volume of the repayment will be. Loans for capital construction are not included.

Others: This refers to income other than the above mentioned items, including funds received from both at home and abroad such as social and individual endowments and donations as well as borrowed money.

3. Current intramural expenditure

Labor costs: This refers to the total expenditure of funds paid directly or indirectly by a particular institution to its staff in cash or in kind, including total wages, expenditure on labour insurance and welfare services, retired personnel, labour protection, author's remuneration, teaching subsidy and other special working remunerations, food allowance for business trips, travel and family allowance for job transfer, bonus tax, pension funds for disabled or for family of the deceased, subsidy for family planning and so on. The above-mentioned expenses for graduate students are also included.

Expenditure on purchasing fixed assets: This heading refers to the exact expenditure of non-capital investment spent by a particular institution on purchasing fixed assets. Fixed assets cover major equipment and instrumentation which can be used over a long period without changing their original material forms (or appearance), such as scientific research equipment and installations, books and library materials, laboratory materials and specimens as well as other facilities, furniture, office space and buildings.

Scientific research operating expenses: It refers to all actual payment made for the performance of S&T activities by a particular institution. It should include costs of raw materials for research and development, charges for water, electricity and energy, travel, expenses directly associated with processing and experiments, and costs of equipment utilization, computer time, printing of materials, etc. Expenditure for graduate student training are also included, but labour costs and expenditure for fixed assets are excluded.

Overhead: This refers to all actual expenditure spent by a particular institution related to organizing and managing its S&T activities, including overheads paid by the Academy, institutes and laboratories on official business, travel, renovation, and staff training as well as trade union funds, administrative expenses, funds for international cooperative activities, and expenses for administrative facilities, power and heating systems. It excludes labour costs and expenses for fixed assets.

Other expenditure: This includes the repayment of S&T special funds, loans, tax, energy and transportation funds, extra-budgetary funds, overheads charged by superior organizations, self-raised capital construction funds saved in the Construction Bank, and expenses for donation and apportionment.

Capital Construction

1. Actual expenditure in capital investment

This refers to the amount of capital construction work completed by a particular institution in the reference year, which is expressed in monetory terms.

2. Self-raised funds

This refers to funds raised by a particular institution in the actual expenditure in capital investment. It includes loans which should be paid back by the institution itself after the reform of the S&T appropriation system.

3. Expenditure on scientific research equipment

This refers to the total expenditure on scientific research equipment in the actual capital expenditure. Expenditure on non-research equipment is not included in this category.

4. Research construction project

This refers to the actual amount of work completed by a particular institution on research facilities (such as research and experiment buildings) in the actual expenditure of capital investment. Construction project not for research purpose (such as living quarters) is not included.

Fixed Assets

1. Fixed assets

This refers to assets whose unit prices are above 50 yuan (for general equipment) or 200 yuan (for specialized equipment) and which can be used for at least a year without changing their original material forms. Assets of the same kind in large quantity which have a unit price less than 50 yuan (for general equipment) or 200 yuan (for specialized equipment) but can last over a year should be considered as fixed assets. Fixed assets are generally composed of the following categories: 1. houses and buildings, including various kinds of buildings and attached facilities such as office buildings, research space, living quarters and warehouses; 2. specialized equipment, including various kinds of instruments, electrical, mechanical and medical equipment, recreation and sports facilities and so on; 3. books and literature materials, including library collections of books and all kinds of important materials that are worth preserving for ten years and longer; 4. others, including general equipment (office furniture, bedding and clothing, and general recreation and sports facilities), transportation tools and communication facilities, cultural relics and exhibits, livestock as well as other fixed assets that do not fall into the above-mentioned categories.

2. Total original value of fixed assets

This refers to the total payment made by a particular institution for obtaining all of the fixed assets. The principle for calculating the price of the fixed assets is as follows: 1) newly manufactured, purchased or transferred fixed assets are appraised in accordance with the manufacture (or building) costs, purchasing expenditures or the actual costs when the transfer is made. Transportation and other miscellaneous expenses paid for the purchase and allocation are excluded from the value of fixed assets. They are included directly in the total expenditure: 2) self-made fixed assets are calculated according to the actual labour and material costs; 3) fixed assets received through donation or fixed assets whose original prices are unknown can be appraised according to estimation; 4) the value of newborn livestock should be regularly adjusted according to their growth and the market; 5) fixed assets that are transferred to other institutions, sold off or scrapped are written off according to the original book value.

3. Buildings for scientific research activities

This refers to various kinds of buildings and facilities which can be used directly for scientific and technical activities, including research and experiment buildings, factories (or workshops), farm buildings and other facilities, and warehouses for scientific and technical instruments and equipment, but excluding welfare facilities such as dining-rooms and living quarters for staff and workers.

If the above-mentioned buildings and facilities are used not only for scientific and technical activities, they should be appraised separately according to the actual proportion for each purpose.

4. Scientific research instrumentation and equipment

This refers to instrumentation and equipment directly used for scientific research purposes by S&T activity personnel. They do not include corollary equipment for capital construction such as power systems, mechanical equipment and supplementary equipment. General transportation tools (except those for scientific surveys) and equipment used solely for productive purpose are also excluded from this category. Instrumentation and equipment which serve scientific research as well as production should be included in the category for which they are mainly used.

S&T Activities

1. Classification by project activity

Basic research: Basic research can be defined as any original research undertaken to acquire new knowledge. Its purpose is to explore the underlying foundations and laws of observed phenomena and facts, without any particular practical application in view.

Applied research: Applied research is defined as any original research undertaken in order to acquire new scientific and technological knowledge. It is, however, directed primarily towards a specific practical aim or objective. Applied research is usually undertaken to determine the possible application of the results or knowledge of basic research, or to determine new methods or ways of achieving some specific and predetermined practical aim.

●The main criterion for distinguishing basic research from applied research is that the latter has specific practical application in view.

Experimental development: Experimental development can be defined as any systematic work, drawing on existing knowledge gained from research and/or practical experience, that is directed to producing new materials, products and devices, to installing new processes and systems, and to improving substantially those already produced or installed.

●The main criterion for distinguishing scientific research (basic or applied) from experimental development is that whereas the former is primarily directed towards the increase of S&T knowledge, the latter is directed towards the introduction of new application (e. g. new materials or technologies).

●The main criterion for distinguishing scientific research from experimental development is that the former involves creative activities.

Application of research and experimental development results:

Application of research and experimental development results can be defined as any systemic work that is directed to the technical issues in the production and practical use of new products and devices and the installation of new processes, techniques, methods, systems and services which are generated from research and development results. This kind of activity does not involve creation and innovation. It includes finalized design, pilot development and manufacture for production purposes as well as adaptability testing directed to expanding the production scale of new products and the introduction of new applications of new methods, technologies and processes.

●The main criterion for distinguishing research and experimental development, application of research and experimental development results, and industrial activities is basically the following:

(1) Development of new products

Activities directed towards the development of new products, that is, completely new products, substantial improvement of the design, development and experiment on the properties of existing products, should be defined as research and experimental development, while the process of producing new products through copy or direct use of imported (or purchased) technical results (such as patents, technical knowhow, blueprints and prototypes) should not be mentioned as research and experimental development. It falls into the category of application of research and experimental development results.

(2) Development of new processes and methods

The development of new processes and methods and the substantial technical improvement of existing technologies and production processes are part of research and experimental development. Activities involved in adopting existing domestic production techniques or processes without making substantial improvements (or when only adaptability testing is conducted) cannot be considered as research and experimental development. They are the application of research and experimental development results.

(3) Pilot experiment

Before new products, technologies and production processes can be used in production, pilot experiments are usually carried out in order to solve a series of technical issues. These experiments are complex in nature and whether they are considered as research and experimental development or not can only be judged according to concrete conditions.

If the immediate aim of the pilot experiment is further technical improvement of the product, technology or production process, or acquisition of experience and data for that purpose, the activity should be regarded as research and experimental development. If, on the contrary, the immediate aim is to make finalized design for a product and to obtain technical data needed for the production, the activity should not be regarded as research and experimental development. It is part of the application of research and experimental development results.

(4) Trial production

Trial production can be defined as "experimental" production conducted after various technical preparations are completed but before full-scale production is started. Since the immediate aim of trial production is not to make further technical improvement of the product or the production process concerned but to get the production process working smoothly, it is neither research and experimental development, nor application of research and experimental development results.

(5) Quality control, checking and testing

Quality control of production processes and routine checking and testing of materials, devices and products are neither research and experimental development nor application of research and experimental development results. However, the testing of prototypes and testing conducted in a non-commercial pilot plant (workshop) should be regarded as research and experimental development.

(6) Market study

This is excluded from research and experimental development and application of research and experimental development results.

Scientific and technical services: Scientific and technical services can be defined as any activities concerned with scientific research and experimental development and contributing to the generation, dissemination and application of scientific and technological knowledge. They include the following: demonstration and popularization activities to introduce the applications of scientific and technological results; systematic work on scientific and technological information and documentation services; technical consultation such as feasibility studies, technical plans, proposals and technical investigations; routine observation and monitoring of natural and biological phenomena, surveying and exploration of resources, and the gathering of general information on social, human and economic phenomena (such as population censuses and market studies); as well as the routine analysis and compilation of the adove-mentioned information; testing, standardization, metrology, computation, quality control and patent services (excluding the above-mentioned activities carried out by industries for normal production).

Productive activities: This heading refers to small-scale non-conventional production undertaken because of possessing special processing equipment and facilities or technical specialties and knowhow.

2. Classification by technology

Information technology: This covers the development of computer hardware, software, peripheral equipment, communication network facilities, as well as activities using computer hardware, software and digital transmission network for word processing, pattern recognition, and information acquisition, processing and transmission.

Biotechnology: This includes genetic engineering, cell engineering, enzyme engineering and fermentation engineering. It refers to activities directed towards the principles, technologies, special processes, testing and devices for the development of biotechnology as well as activities conducted to develop new biotechnological products used in agriculture, forestry, animal husbandry, medicine and public health, chemistry, food, and light industry. Life science research that has no specific aim, or that has a specific aim but is not directed to the development of biotechnology, is excluded from this category.

New materials: This refers to materials of fine performance or special functions which are newly developed or being developed, such as new inorganic non-metallic materials, organic synthetic materials, new metals and new alloy materials. Activities directed towards the principle, technologies, new products, special processes and testing techniques for the development of new materials are also included.

Energy technology: This covers the study of general theory of energy resource issues, comprehensive development and utilization of regional energy resources, exploitation and utilization of petroleum, natural gas, coal and renewable energy sources, development, exploitation and utilization of new energy sources (solar energy, bioenergy, nuclear energy, ocean energy, etc.), energy-saving technology, and new technology for energy conversion and storage.

Laser technology: This includes the development of laser devices and laser modulation technology as well as activities for laser application in industry, agriculture, medical science, national defense and other fields.

Automation technology: This technology refers to activities in the fields of control systems, application of automation technology, automatic components, instruments and devices, automation of artificial intelligence, robotics, and so on.

Space technology: This includes research on launch vehicles and the main body of man-made satellites as well as activities concerning research and development of ground equipment for satellite tracking and communication. It excludes astronomy and meteorological observations.

Other technological fields: This group includes technological activities which are not included in the above-mentioned items.

3. Classification by major socio-economic aims

Exploration and assessment of the earth, the sea and the atmosphere: This mainly covers activities related to the exploration and assessment of the earth's crust and mantle, the seas and the atmosphere. It does not include studies on soils for agricultural purposes, R&D activities on oceanography serving the fishing industry nor R&D concerning the economic exploitation of raw materials, fuel and energy. Fundamental investigation in meteorology, geology, hydrology, etc. should be excluded from this group, but included under "General advancement of knowledge".

Civil space: This heading covers all civil R&D concerning space (programs undertaken for military purposes should be included under "Defense" below). It includes, among others, R&D on launch vehicles and spacecraft and their propulsion and control, ground facilities (launch bases, guidance, telemeasure and telecommand), satellites, interplanetary probes, stratospheric balloons, and sounding rocket. The use of space vehicles for communication, meteorology, navigation, earth resources surveying, etc. should be assigned to the appropriate objective.

Development of agriculture, forestry and fishing: This heading covers two categories of R&D activities, the first related to aspects of food products, and the second concerned with non-food agricultural products and forestry. Under the first are R&D on the production, storage and distribution of food, e. g. livestock production and improvement of species, veterinary medicine, crop production and agronomy, R&D on agricultural machinery and agricultural chemicals, R&D on the processing of food and beverages, their storage and distribution, fisheries and their related technologies. The second category, development of non-food agricultural products and forestry, covers all R&D

activities on non-food agricultural products such as wool, skin, tobacco, cotton and other fibres, and on forestry and related technology.

Promotion of industrial development: This major aim relates to all R&D activities contributing to the development and improvement of the manufacturing and non-fuel mining industries and construction. It includes the production of textiles, wearing apparel and leather, wood and paper products, chemicals (including petro-chemicals), rubber and plastics, basic metals, fabricated metal products, machinery and equipment (including transport vehicles), non-metallic products, mining other than fuels. It does not include industrial R&D performed in support of other objectives such as development of agriculture and food production, transport and communications, exploration of space, urban and rural planning and defense.

Production, conservation and distribution of energy: This heading covers all R&D activities relating to the production, supply, conservation and distribution of all forms of energy (including nuclear). It includes the mining of solid fuels and related technology, petroleum and gas production as well as non-conventional energy sources (solar, wind) and small energy sources.

Development of transport and communication: This group relates to the transportation systems and networks and systems of communication, covering land, air and water transport, radio and television, telephone and other communications including satellites. It excludes engines, motors and means of transportation such as vehicles, ships and planes which are included in the aim "Promotion of industrial development".

Development of education services: This major aim includes R&D activities concerning formal education and out-of-school, in-service and other forms of adult education and training as well as new technical devices and teaching methods such as programed instruction, television and other audio-visual techniques.

Development of health services: This heading concerns all R&D activities directed to the protection and improvement of human health. It includes R&D on medical care (including surgery and obstetrics), disease prevention, nutrition and food hygiene, and on the impact on health of the environment.

Social development and socio-economic services: This heading includes political organization, law and order, social security, culture, recreation and leisure, consumer protection, the improvement of working conditions, labour relations, manpower and migration, international relations including the maintenance of peace, international courts, treaties and other social services. Also included are R&D activities on economic organization, money and banking, insurance, etc. This aim also includes R&D activities concerning urban and rural planning such as domestic housing, sanitary services and other community services involved in the improvement of human settlements.

Protection of the environment: This major aim covers all aspects of the "protection" of the environment-the maintenance of the purity of the atmosphere, water and soil, the control of noise, environmental models and statistics. It excludes R&D on the environmental impact on health which should be included under above and the environmental impact on human settlements which should be included under above. Also excluded is R&D designed to prevent pollution by specific economic activities, which should be included with the relevant activities.

General advancement of knowledge: This heading includes all R&D of very general orientation which cannot be classified in any other major aims but contributes to the general advancement of knowledge in the social as well as natural sciences. It consists of fundamental and applied research which the Academy's institutes and universities undertake in the context of their broad vocation. It also includes R&D on the administration, policy and planning of research itself.

Other civil aims: This item includes all other civil R&D undertaken with a specific aim which does not fall under any of the above headings. It would include, for example, the improvement of information systems, computer science (hardware and software) but exclude expenditure on the gathering of data. Another example would be R&D in favor of the wholesale and retail trade, restaurants and hotels.

Defense: This major aim includes R&D undertaken for military purposes. Sums spent on civil research by military institutions should, as far as possible, be distributed among the major civil objectives to which they may relate.

4. Full-time equivalent of project acitivity personnel

This refers to the total number of various kinds of personnel who actually participate in the project activities in the reference year, calculated according to their work load. In making the statistics, the project activity personnel are first classified as full-time personnel and part-time personnel and their work loads are then converted into full-time work load.

Full-time personnel: This refers to the number of personnel whose work load for the project activity (the ratio between accumulated working hours spent on the project activity and the total hours worked in the reference year) is 0.9 or above.

Part-time personnel: This refers to the number of personnel whose work load for the project actvity is from 0.1 to 0.9. Those whose work load for the project activity is less than 0.1 are not included.

Full-time equivalent: This refers to the total work load of full-time personnel and part-time personnel.

5. Technical contracts

Total volume of business can be defined as the actual volume of business contracts signed during the reference year.

Open Laboratories

1. Permanent staff

This refers to research, technical and managerial personnel who are invited or engaged by the directors of the open laboratories to serve for certain terms.

2. Guest researchers

This refers to scientists both inside and outside the institutes who conduct research activities at the open laboratories after their research applications have been approved. Guest researchers do not serve for fixed terms. They are on the staff of the open laboratories within the allowed period for pursuing their research subjects and enjoy the same treatment as the permanent staff does, but must leave the laboratories upon completion of their research.

3. Projects approved by the academic committees

This refers to research projects which are approved by the academic committees and funded by the open laboratory's research funds. Jointly conducted projects refer to those research projects which are approved by the academic committees and are jointly conducted by the permanent staff and guest researchers of the open laboratories.

六、企业开发经营活动

BUSINESS ACTIVITIES OF CAS ENTERPRISES

6.1 各类企业主要统计指标

Major Statistical Indices of Various Types of Enterprises

单位：万元（ten thousand yuan）

项目 Items	1992年	1993年	1994年	1995年	1996年
营业收入 Operating income	329 454.80	427 046.88	541 220.83	538 757.62	855 023.88
其中：产品收入 Of which：Product sales	124 992.50	173 125.79	357 213.18	280 984.74	421 859.73
商品收入 Commodity sales	127 606.10		157 427.47	219 251.47	392 292.14
其他收入 Other income			26 580.17	38 521.41	40 872.01
营业成本 Cost of sales		328 880.98	462 693.51	431 751.12	708 271.64
税费合计 Total tax	15 436.50	9 159.89	11 577.68	18 659.18	12 284.17
利润总额 Total profit	30 278.40	34 352.57	39 033.13	44 222.53	52 368.83
上缴院所利费 Profit turned over to CAS and institutes			7 972.68	12 456.67	12 179.46
总资产 Total assets		254 105.82	538 762.53	619 753.65	768 996.24
所有者权益 Total owners' equity		125 835.39	183 043.94	279 091.30	321 655.79
创汇额（万美元） Foreign exchange income (ten thousand US dollars)	11 945.50	2 316.67	17 520.07	4 947.79	19 591.36
R&D 投入 R&D investment	6 744.60		14 496.58	25 232.03	14 873.96
成果数（项） Achievements (item)			227	303	215

续表 6.1

项目 Items	1992 年	1993 年	1994 年	1995 年	1996 年
产品项目数（项） Number of products（item）	335		675	1 261	723
职工人数（人） Number of staff	23 211	18 294	21 534	21 668	20 380
其中：院属职工人数 Of which：CAS staff	10 714	7 224	9 748	10 195	8 626
统计企业数（个） Number of enterprises	395	327	509	589	443

注：1. 表中 1994 年以来的数据为表 6.3 中技术开发企业与服务企业的汇总数据（不包括进出口、非银行金融企业）。

Note：The financial indices of 1994 in this table are the sum of both technological development enterprises and service enterprises in table 6.3，excluding import and export and non-banking organaizations.

2. 1994 年的报表数据包含了香港联想按股份折合进来的数据。
The financial indices of 1994 include the amount converted from CAS shares in Legend Computer Group Corporation，Hong Kong.

3. 各项统计指标不包含我院在港、澳及境外设立的企业。
The statistical indices does not include enterprises set up by CAS in Hong Kong，Macao and overseas.

4. 1994 年以前的营业收入为含增值税的收入。
Operating income before 1994 refers to income with value added tax.

5. 1994 年以前的“营业收入”栏目的名称为“经营总额”，是指营业收入与营业外收支净额之和。
Operation income was called total turnover in the previous statistical yearbooks，which refers to the operating income plus the net income of non-operating income.

6. 1994 年以前的“税费合计”栏目的名称为“上缴税金”，是指向国家上缴的全部税金（包括利前税）。
Total tax was called tax paid in previous statistical yearbooks，which refers to the total tax paid to the State，including taxes paid before profit is counted.

6.2 各类企业主要统计指标（1996 年）

Major Statistical Indices of Various Types of Enterprises：1996

6.2.1 企业经营情况（1996 年）

Major Statistical Indices of S&T Companies：1996

单位：万元（ten thousand yuan）

项目 Items	技术开发企业 Technological development enterprises	服务企业 Service enterprises
营业收入 Operating income	829 226.95	25 796.93
其中：产品收入 Of which：Product sales	413 311.21	8 548.52
商品收入 Commodity sales	381 448.42	10 843.72
其他收入 Other income	34 467.32	6 404.69
营业成本 Cost of sales	689 238.70	19 032.94
税费合计 Total tax	11 352.96	931.21
利润总额 Total profit	50 978.94	1 389.89
总资产 Total assets	708 164.18	60 832.06
所有者权益 Total owners' equity	302 732.86	18 922.93
创汇额（万美元） Foreign exchange income (ten thousand US dollars)	19 540.03	51.33
R&D 投入 R&D investment	14 688.11	185.85
成果数 Achievements	202	13
产品项目数 Number of products	670	53
上交院所利费 Profit turned over to CAS and institutes	11 006.88	1 172.58
职工人数 Number of staff	16 860	3 520
其中：院属职工人数 Of which：CAS staff	7 450	1 176
统计企业数 Number of enterprises	314	129

6.2.2 进出口企业及非银行金融机构经营情况统计表
Major Statistical Indices of Import & Export Enterprises and Non-banking Financial Organizations

单位：万元（ten thousand yuan）

企业分类 Type of enterprises / 项目名称 Item	进出口企业 Import & export enterprises		非银行金融企业 Non-banking financial organizations
	东方科学仪器进出口集团公司 Oriental Scientific Instrument Import & Export Group Co.	中国新技术发展贸易有限公司 China New-tech Development and Trade Co.	中国科技国际信托投资公司 China S&T International Trust & Investment Co.
营业收入 Operating income	26 118.34	451.00	93 215.01
营业成本 Cost of sales	23 904.21	319.21	35 240.07
营业税金 Sales tax	116.84	13.71	2 693.06
投资收益 Investment income	652.09	4.08	1 031.27
营业外收支净额 Net income of nonoperation income	14.44	−0.11	−142.49
利润总额 Total profit	1809.42	−92.78	6 170.65
所得税 Income tax	470.14		560.12
净利润 Net profit	1 339.28	−92.78	5 610.53
资产总额 Total assets	38 559.87	3 297.28	881 844.83

续表 6.2.2

企业分类 Type of enterprises / 项目名称 Item	进出口企业 Import & export enterprises: 东方科学仪器进出口集团公司 Oriental Scientific Instrument Import & Export Group Co.	进出口企业 Import & export enterprises: 中国新技术发展贸易有限公司 China New-tech Development and Trade Co.	非银行金融企业 Non-banking financial organizations: 中国科技国际信托投资公司 China S&T International Trust & Investment Co.
所有者权益 Total owners' equity	10 740.50	358.77	64 142.64
进出口总额 Total export & import value	9 902.00	438.00	
其中：进口额 Of which: Import	6 300.00	362.00	
出口额 Export	3 602.00	76.00	

注：所得税是年初预缴、年末进行汇算清缴，若企业亏损，年初预缴数留待以后年度盈利时抵减。

Note: Income tax is prepaid at the begining of the year. If loss is incurred in an enterprise, the prepaid income tax will be deducted from the total amount of income tax to be paid in the following years when profit is made.

6.3 技术开发企业按职工总数分组（1996年）

Technological Development Enterprises, by Number of People: 1996

	合计 Total	1～10人	11～50人	51～100人	101～200人	201～300人	>300人
单位数 Number of enterprises	314	100	154	27	15	8	10
(%)	100	31.85	49.04	8.60	4.78	2.55	3.18
人数 Number of people	16860	389	4005	1848	2023	2087	6508
%	100	2.31	23.75	10.96	12.00	12.38	38.60

6.4 技术开发企业按营业收入分组（1996 年）

Technological Development Enterprises, by Operating Income: 1996

单位：万元（ten thousand yuan）

	合 计 Total	<10	10～<50	50～<100	100～<500	500～<1000	1000～<5000	5000～<10000	>10000
单位数 Number of enterprises	314	25	56	35	121	33	28	5	11
(%)	100	7.96	17.83	11.15	38.54	10.51	8.92	1.59	3.50
经营额 Turnover	829226.95	99.24	1496.99	2590.79	27012.03	22949.49	59873.87	31566.54	683638.00
(%)	100	0.01	0.18	0.31	3.26	2.77	7.22	3.81	82.44

6.5 技术开发企业按年创利润总额分组（1996 年）

Technological Development Enterprises, by Annual Profit: 1996

单位：万元（ten thousand yuan）

	合 计 Total	<0	0～<1	1～<5	5～<10	10～<50	50～<100	100～<500	500～<1000	>1000
单位数 Number of enterprises	314	89	45	48	19	52	18	28	6	9
(%)	100	28.34	14.33	15.29	6.05	16.56	5.73	8.92	1.91	2.87
利润总额 Total profit	50978.94	-10085.67	14.49	114.69	133.04	1258.22	1263.15	6378.59	3809.20	48093.23
(%)	100	-19.78	0.03	0.22	0.26	2.47	2.48	12.51	7.47	94.34

注：1. 表 6.4，6.5，6.6 不包括非银行金融机构中国科技国际信托投资公司、进出口公司东方科学仪器进出口集团公司、中国新技术发展贸易有限公司的数据。

Note: Data contained in Tables 6.4, 6.5 and 6.6 do not include data of the non-banking financial organizations such as the China S&T International Trust & Investment Co. as well as data of the import and export Co. such as Oriental Scientific Instrument Import & Export Group Co. and China New-tech Development and Trade Co.

2. 在表 6.4 中，将没填人数一栏的企业的人数划在 1—10 范围。

In Table 6.4, the number of people of the enterprises which do not provide data is assumed as less than 10.

6.6 营业收入超千万元的技术开发性企业（1996年）

Technological Development Enterprises with Operating Income Exceeding Ten Million Yuan：1996

单位：万元（ten thousand yuan）

序号 No.	企业名称 Name of enterprises	经营总额 Total turnover	序号 No.	企业名称 Name of enterprises	经营总额 Total turnover
1	联想集团公司 Legend Computer Group Co.	424710.11	13	中国科健股份有限公司 china Kejian Co.，Ltd.	6418.52
2	中国大恒公司 China Daheng Co.	63966.67	14	长春热缩材料股份有限公司 Changchun Heat-Shrinkable Materials Co.，Ltd.	6156.07
3	中国科学院成都地奥制药公司 Chengdu Di'ao Pharmaceutical Co.，CAS	45895.20	15	沈阳科金新材料开发总公司 Shenyang Kejin New Materials Development Co.	6116.43
4	北京希望电脑公司 Beijing Hope Computer Co.	32561.84	16	北京中科电气高技术公司 Beijing Zhongke Electric Co.	5492.69
5	北京科海高技术集团公司 Beijing Kehai High-Tech. Group Co.	26759.22	17	上海中科股份有限公司 Shanghai China Sciences Co.，Ltd.	4779.08
6	北京振中电子集团 Beijing Zhenzhong Eletronic Group	24705.23	18	上海原子核所日环仪器厂 Rihuan Instrument Factory, Shanghai Inst. of Nuclear Research	4344.63
7	北京三环新材料高技术公司 Beijing Sanhuan New Materials R&D Incorporation	15103.16	19	深圳安科高技术有限公司 Shenzhen Analogic Scientific Inc.	4307.81
8	深圳科技工业园总公司 Shenzhen Science and Industry Park Co.	13648.26	20	中科实业集团公司（本部） China Sciences Group Co.（Headquarter）	3945.64
9	上海尼赛拉传感器有限公司 Shanghai Nicera Sensor Co.，Ltd.	13496.64	21	上海太平洋蓝登光器件有限公司 Shanghai Pacific Rundum Optical Devices Co.，Ltd.	3719.34
10	上海新康电子有限公司 Shanghai Simconix Electronics	12308.21	22	上海嘉光-斯米克光学有限公司 Shanghai JiaGuang-Cimic Optics Co.，Ltd.	3058.06
11	北京中自技术公司 Beijing Automation Technology Co.	10483.46	23	大连经济技术开发区凯飞高技术发展中心 Dalian Kaifei High-Tech. Development Center	2947.66
12	北京科电高技术公司 Beijing Kedian High-Tech. Co.	7382.83	24	北京中生生物工程高技术公司 Beijing Zhongsheng Biotechnology Co.	2444.81

序号 No.	企业名称 Name of enterprises	经营总额 Total turnover	序号 No.	企业名称 Name of enterprises	经营总额 Total turnover
25	中国科大科技实业总公司 S&T Development Co. of USTC	2059.60	36	沈阳昌普科技发展有限公司 Shenyang Changpu Sci. & Dev. Co., Ltd.	1537.20
26	上海有机化学所开发公司 The Development Co., Shanghai Inst. of Organic Chemistry	1942.62	37	北京中科汇昌电子中心 Beijing Zhongke Huichang Electronic Center	1457.98
27	北京神威并行软件公司 Beijing Shenwei Parallel Software Company	1822.83	38	北京科化化学新技术公司 Beijing Kehua Chemical New Technology Co.	1430.96
28	上海西卡思新技术总公司 Shanghai Siccas High-Tech. Co.	1750.89	39	上海冶金所信茂新技术公司 Xinmao New Technology Co., Shanghai Inst. of Metallury	1324.55
29	北京中科大洋科技发展有限责任公司 Beijing Zhongke Dayang S&T Development Co., Ltd.	1711.79	40	西北植物研究所化工厂 The Chemical Plant of the Northwest Inst. of Botany	1233.19
30	中国科学院成都有机化学研究所实验厂 The Experimental Factory, Chengdu Inst. of Organic Chemistry	1677.91	41	深圳科健医电投资发展有限公司 Shenzhen Kejian Medical Electronics Equipment Investment Co., Ltd.	1097.21
31	北京双元电子工程公司 Beijing Shuangyuan Electronic Engineering Co.	1675.60	42	合肥科聚高技术有限责任公司 Hefei Keju High-Tech. Limited.	1073.08
32	福建晶体技术开发公司 Fujian Castech Crystals, Inc.	1672.14	43	北京市科联节能技术联合研究开发公司 Beijing Kelian United R&D Crop. for Energy Saving Technology	1048.34
33	广州晶体材料科技开发公司 Guangzhou Crystal Materials S&T Development Company	1654.59	44	北京大洋图像技术公司 Beijing Dayang Image Co.	1015.66
34	广州化学所化学灌浆总公司 Chemical Grouting Co., Guangzhou Inst. of Chemistry	1584·79			
35	长春光机所工厂 The Factory of Changchun Inst. of Optics and Fine Mechanics	1555.91			

6.7 利润总额超百万元的技术开发性企业（1996 年）

Technological Development Enterprises with Profit Exceeding One Million Yuan：1996

单位：万元（ten thousand yuan）

序号 No.	企业名称 Name of enterprises	利润总额 Total profit	序号 No.	企业名称 Name of enterprises	利润总额 Total profit
1	中国科学院成都地奥制药公司 Chengdu Di'ao Pharmaceutical Co.，CAS	18365.30	13	北京中生生物工程高技术公司 Beijing Zhongsheng Biotechnology Co.	569.18
2	联想集团公司 Legend Computer Group Co.	11675.67	14	上海中科股份有限公司 Shanghai China Sciences Co.，Ltd.	554.56
3	上海新康电子有限公司 Shanghai Simconix Electronics Co.，Ltd.	4718.08	15	中国科大科技实业总公司 S&T Development Co. of USTC	509.45
4	上海尼赛拉传感器有限公司 Shanghai Nicera Sensor Co. Ltd.	4299.99	16	大连经济技术开发区凯飞高技术发展中心 Dalian Kaifei High-Tech. Development Center	438.02
5	深圳科技工业园总公司（本部） Shenzhen Science and Industry Park Co.（Headquarter）	2083.13	17	北京希望电脑公司 Beijjing Hope Computer Co.	403.73
6	中国大恒公司 China Daheng Co.	2080.43	18	北京科海高技术集团公司 Beijing Kehian High-Tech. Group Co.	394.74
7	长春热缩材料股份有限公司 Changchun Heat-Shrinkable Materials Co.，Ltd.	1966.11	19	上海原子核所日环仪器一厂 Rihuan Instrument Factory，Shanghai Inst. of Nuclear Research	367.58
8	北京振中电子集团 Beijing Zhenzhong Electromic Group	1840.72	20	北京中柯化工冶金新技术开发公司 Beijing Zhongke New Technology Co. of Chemical Metallurgy	340.78
9	上海太平洋蓝登光器件有限公司 Shanghai Pacfic Rundum Optical Devices Co.，Ltd.	1063.80	21	沈阳昌普科技发展有限公司 Shengyang Changpu Sci. & Deve. Co.，Ltd.	337.69
10	北京三环新材料高技术公司 Beijing Sanhuan New Materials R&D Incorporation	888.65	22	上海嘉光-斯米克光学有限公司 Shanghai JiaGuang-Cimic Optics Co.，Ltd.	312.97
11	上海原子核所日环仪器厂 Rihuan Instrument Factory，Shanghai Inst. of Nuclear Research	712.54	23	北京科电高技术公司 Beijing Kedian High-Tech. Co.	305.88
12	沈阳科金新材料开发总公司 Shenyang Kejin New Materials Development Co.	574.82	24	广州晶体材料科技开发公司 Guangzhou Crystal Materials S&T Development Company	273.20
			25	苏州尼赛拉电子有限公司 Suzhou Nicera Electronics Co.，Ltd.	263.95

续表 6.7

序号 No.	企业名称 Name of enterprises	利润总额 Total profit	序号 No.	企业名称 Name of enterprises	利润总额 Total profit
26	上海衡通生物医学有限公司 Shanghai Hengtong Biomedical Co., Ltd.	253.36	37	合肥科大恒星计算机技术研究有限公司 Hefei Sun-USTC Computer Technology Co., Ltd.	125.85
27	上海激光电源设备厂 Shanghai Laser Power Source Equipment Factory	239.04	38	长春应用化学所科鹰防腐保温公司 Keying Heat Insulasion & Auti-corrosion Co. of Changchun Inst. of Applied Chemistry	110.62
28	北京中科电气高技术公司 Beijing Zhongke Electric Co.	214.75	39	北京中自技术公司 China Automation Technology Co.	110.40
29	北京科化化学新技术公司 Beijing Kehua Chemical New Technology Co	213.12	40	北京中科软信息系统有限公司 Sino Software Systems Co. Ltd.	108.95
30	北京中科力爆炸技术公司 Beijing ZHKL Explosion Technology Engineering Co.	202.50	41	福建晶体技术开发公司 Fujian Castech Crystals, Inc.	107.12
31	上海冶金所信茂新技术公司 Xinmao New Technology Co., Shanghai Inst. of Metallurgy	195.90	42	成都光电所光学元件厂 The Optical Component Factory, Chengdu Inst. of Optics & Electronics	106.39
32	北京中科大洋科技发展有限责任公司 Beijing Zhongke Dayang S&T Development Co., Ltd.	184.43	43	上海原子核所辐射技术中试基地 The Pilot Plant of Radio-technology of the Shanghai Inst. of Nuclear Research	102.11
33	上海普洛麦格生物产品有限公司 Shanghai Promega Biological Products Ltd.	176.81			
34	中国科学院成都有机化学研究所实验厂 The Experimental Factory, Chengdu Inst. of Organic Chemistry	172.17			
35	上海斯米克轻工机械有限公司 Shanghai Cimic Light Industry Co., Ltd.	160.27			
36	中国科大科波高技术公司 Kebo High-Tech Company of the USTC	156.26			

注：在表 6.7，6.8 中，东方科学仪器进出口集团公司、中国新技术发展贸易有限公司、中国科技国际信托投资公司不参加排序。

Note: In tables 6.7 and 6.8, four enterprises are not included. They are the Oriental Scientific Instrument Import & Export Goup Co., China New-tech. Development and Trade Co. and China S&T International Trust & Investment Co.

主要统计指标解释

1. 职工总数

职工总数包括固定合同制职工，聘用人员和临时工。

2. 院编制职工

院编制职工指正式属院事业编制和企业编制的人员。

3. 营业收入

营业收入是指企业在生产经营活动中，由于销售产品、商品、进行技术服务、提供劳务等取得的收入，不含增值税的数值。

4. 利润总额

利润总额包括营业利润、投资净收益及营业外收支净额，此为所得税前利润。营业利润是指营业收入扣减成本、各种费用、流转税及附加税费的数额。投资净收益是指投资收益扣除投资损失后的数额。营业外收支净额为营业外收入减去营业外支出后的数额。

5. 税费合计

税费合计包括增值税、营业税金及附加、所得税及其他税金的总和。

6. 所有者权益

所有者权益指企业资产总值扣除全部债务以后的余额，即净资产。

Explanatory Notes on Key Indicators

1. Total staff

This includes permanent and contract staff, invited/engaged staff and temporary staff.

2. Staff on the CAS payroll

This refers to staff both on the CAS institution payroll and enterprises pyroll.

3. Operating income

This refers to the income obtained by the enterprises in their production and business activities such as product sales, commodity sales, technical service and labor service. It excludes incremental tax.

4. Total profit

This refers to profit before income tax, including operating profit, net income from investment and non-operating profit. Operating profit refers to net income after deducting cost, various expenditures, indirect tax and surtax. Net income from investment refers to investment income after deducting investment losses, and non-operating profit refers to non-operating income after deducting non-operating expenses.

5. Total tax

This includes value added tax, business tax, surtax, income tax and other taxes.

6. Total owners' equity

This refers to the total value of the assets in an enterprise after deducting all debts, it is also called net assets.

七、科技论文、专利、获奖成果

S&T PAPERS, PATENTS AND AWARD-WINNING ACHIEVEMENTS

7.1 科技论文的发表及被引用情况
S&T Publications and Citations

年份 Year	被国际上收录 （篇） Catalogued by major international indexes (article)	在国际被引用 Citations		国内刊物发表 （篇） Pubications in domestic journals (article)
		篇 (article)	次 (time)	
1988	2212			5458
1989	1740			6099
1990	2097	1568		6430
1991	2304	1217	2440	6671
1992	2642	1943	3898	7170
1993	3539	2284	4393	6754
1994	4064	2318	4286	7038
1995	4614	2615	5033	7424

资料来源：中国科技信息研究所信息分析研究中心（表 7.1，7.2）。

Source：Center for Information Analysis，Institute of S&T Information of China (in table 7.1 and 7.2).

注：1. 1985～1989 年收录论文在 1990 年被引用；1988～1990 年收录论文在 1991 年被引用；1987～1991 年收录论文在 1992 年被引用；1987～1992 年收录论文在 1993 年被引用；1989～1993 年收录论文在 1994 年被引用；1990～1994 年收录论文在 1995 年被引用。

Note：Citation in 1990 of papers quoted in 1985—1989，citation in 1991 of papers quoted in 1988—1990，citation in 1992 of papers quoted in 1987—1991，citation in 1993 of papers quoted in 1987—1992，and citation in 1994 of papers quoted in 1989—1993，and citation in 1995 of papers quoted in 1990—1994.

2. 被国际收录的论文数据采集自美国的三种在国际上颇有影响的检索工具，即《科学引文索引》，《工程索引》和《科学技术会议索引》，国内论文数据直接取自选作统计源的国内科技期刊（1995 年为 1231 种）。
Data in "Papers catalogued by major international indexes" are from SCI，EI and ISTP and data in "Publications in domestic journals" are selected directly from domestic S&T journals (1231 journals in 1995) which are taken as the source.

7.2 科技论文的发表及被引用情况（1996 年）

S&T Publications and Citations：1996

	被国际上收录（篇）Catalogued by major international indexes (article)	在国际被引用 Citations		国内刊物发表（篇）Publications in domestic journals (article)
		篇 (article)	次 (time)	
总计 Total	**4614**	**2615**	**5033**	**7424**
一、按系统分 By sistem				
（一）科研机构 Research units	3259	2343	4520	6686
数学、物理 Mathematics & physics	1207	696	1427	1185
化学与化工 Chemistry & chemical engineering	908	925	1738	1417
地学 Earth sciences	132	73	132	1247
生物学 Biological sciencse	247	258	541	1618
技术科学 Technological sciences	764	391	682	1215
其他 Others	1			4
（二）支撑机构 Supporting organizations	506	254	448	702
教育培干 Education & cader training	473	219	355	671
图书、情报、出版 Library，information & publication	2			8
科学仪器研制 Scientific insturment development	31	35	93	23
基本建设 Capital construction				
（三）管理机构 Management organizations	4	10	45	7
中国科学院本部 CAS Head Office	2			2
地区管理部门 CAS Branches	2	10	45	5

	被国际上收录（篇）Catalogued by major international indexes (article)	在国际被引用 Citations		国内刊物发表（篇）Publications in domestic journals (article)
		篇 (article)	次 (time)	
（四）院直属企业 Enterprises directly affiliated to CAS	4			2
二、按单位分 By unit				
（一）事业单位 Institutions				
北京市 Beijing	1559	960	2010	2396
数学研究所 Inst. of Mathematics	28	15	19	22
应用数学研究所 Inst. of Applied Mathematics	15	5	7	55
系统科学研究所 Inst. of Systems Science	28	12	15	48
计算数学与科学工程计算所 Inst. of Computational Mathematics and Scientificl Engineering Computing	9	11	14	23
物理研究所 Inst. of Physics	342	278	715	125
声学研究所 Inst. of Acoustics	103	5	5	51
理论物理研究所 Inst. of Theoretical Physics	73	65	144	17
低温技术实验中心 Cryogenic Laboratory	22	3	5	12
高能物理研究所 Inst. of High Energy Physics	108	66	133	108
北京天文台 Beijing Astronomical Observatory	48	35	61	58
力学研究所 Inst. of Mechanics	105	24	37	85
化学研究所 Inst. of Chemistry	119	109	222	159
感光化学研究所 Inst. of Photographic Chemistry	61	45	66	93
生态环境研究中心 Research Center for Eco-Environmental Sciences	22	41	71	150

续表 7.2

	被国际上收录(篇) Catalogued by major international indexes (article)	在国际被引用 Citations		国内刊物发表(篇) Publications in domestic journals (article)
		篇 (article)	次 (time)	
化工冶金研究所 Inst. of Chemical Metallurgy	65	5	9	70
地理研究所 Inst. of Geography	8	4	6	83
遥感应用研究所 Inst. of Remote Sensing Application	7			15
地质研究所 Inst. of Geology	28	17	34	111
地球物理研究所 Inst. of Geophysics	4	6	13	47
古脊椎动物与古人类研究所 Inst. of Vertebrate Paleontology and Paleoanthropology	6	3	3	36
大气物理研究所 Inst. of Atmospheric Physics	16	7	10	86
自然资源综合考察委员会 Commission for Integrated Surveys of Natural Resources	1	1	1	49
植物研究所 Inst. of Botany	7	9	11	156
动物研究所 Inst. of Zoology	12	11	13	121
心理研究所 Inst. of Psychology	1			3
微生物研究所 Inst. of Microbiology	26	6	20	76
生物物理研究所 Inst. of Biophysics	48	60	139	102
遗传研究所 Inst. of Genetics	9	5	7	60
发育生物学研究所 Inst. of Developmental Biology				12
计算技术研究所 Inst. of Computing Technology	4	1	1	47

续表 7.2

	被国际上收录（篇）Catalogued by major international indexes (article)	在国际被引用 Citations		国内刊物发表（篇）Publications in domestic journals (article)
		篇 (article)	次 (time)	
软件研究所 Inst. of Software	1	2	2	23
计算机网络信息中心 Computer Network Information Center				1
半导体研究所 Inst. of Semiconductors	72	42	70	76
微电子中心 Microelectronics R&D Center				3
电子学研究所 Inst. of Electronics	11	2	5	29
自动化研究所 Inst. of Automation	34	1	3	26
电工研究所 Inst. of Electric Engineering	10	2	2	39
工程热物理研究所 Inst. of Engineering Thermophysics	8			32
空间科学与应用研究中心 Center for Space Science and Applied Research	21	9	17	32
遥感卫星地面站 Remote Sensing Satellite Ground Station				6
自然科学史研究所 Inst. of History of Natural Sciences	1			1
科技政策与管理科学研究所 Inst. of Science Policy and Management				3
中国科学技术大学研究生院 Graduate School of the University of Science and Technology of China	18	10	17	25
中国科学院文献情报中心 CAS Documentation and Information Center				6
北京科学仪器研制中心 Beijing R&D Center for Scientific Instruments	30	35	93	10
科学出版社 Science Press	2			

续表 7.2

	被国际上收录(篇) Catalogued by major international indexes (article)	在国际被引用 Citations		国内刊物发表(篇) Publications in domestic journals (article)
		篇 (article)	次 (time)	
中国科学院本部 CAS Head Office	2			2
中科实业集团公司 China Sciences Group Corporation	4			2
河北省 Hebei Province				16
石家庄农业现代化研究所 Shijiazhuang Inst. of Agricultural Modernization				16
山西省 Shanxi Province	29	7	9	97
山西煤炭化学研究所 Shanxi Inst. of Coal Chemistry	29	7	9	97
辽宁省 Liaoning Province	288	261	448	496
大连化学物理研究所 Dalian Inst. of Chemical Physics	59	84	142	174
沈阳应用生态研究所 Shenyang Inst. of Applied Ecology	12	13	37	70
沈阳计算技术研究所 Shenyang Inst. of Computing Technology				12
沈阳自动化研究所 Shenyang Inst. of Automation				21
金属研究所 Inst. of Metals Research	192	152	290	167
金属腐蚀与防护研究所 Inst. of Corrosion and Protection of Metals	25	12	16	52
吉林省 黑龙江省 Jilin and Heilongjiang provinces	255	237	418	504
长春物理研究所 Changchun Inst. of Physics	59	25	47	67
长春应用化学研究所 Changchun Inst. of Applied Chemistry	176	209	368	288

续表 7.2

	被国际上收录（篇）Catalogued by major international indexes (article)	在国际被引用 Citations		国内刊物发表（篇）Publications in domestic journals (article)
		篇 (article)	次 (time)	
长春地理研究所 Changchun Inst. of Geography				16
长春光学精密机械研究所 Changchun Inst. of Optics and Fine Mechanics	20	3	3	120
黑龙江农业现代化研究所 Heilongjiang Inst. of Agricultural Modernization				13
上海市 Shanghai	722	567	1133	966
上海原子核研究所 Shanghai Inst. of Nuclear Research	54	48	99	40
上海天文台 Shanghai Observatory	8	3	3	29
上海硅酸盐研究所 Shanghai Inst. of Ceramics	110	26	36	89
上海有机化学研究所 Shanghai Inst. of Organic Chemistry	116	233	509	47
上海植物生理研究所 Shanghai Inst. of Plant Physiology	7	10	14	88
上海昆虫研究所 Shanghai Inst. of Entomology				11
上海药物研究所 Shanghai Inst. of Materia Medica	41	42	97	57
上海生理研究所 Shanghai Inst. of Physiology	14	14	37	32
上海生物化学研究所 Shanghai Inst. of Biochemistry	22	23	41	115
上海细胞生物学研究所 Shanghai Inst. of Cell Biology	2			35
上海脑研究所 Shanghai Inst. of Brain Research	5	11	37	6
上海生物工程研究中心 Shanghai Bioengineering Research Center	1			18

续表 7.2

	被国际上收录(篇) Catalogued by major international indexes (article)	在国际被引用 Citations		国内刊物发表(篇) Publications in domestic journals (article)
		篇 (article)	次 (time)	
上海冶金研究所 Shanghai Inst. of Metallurgy	73	62	107	120
上海光学精密机械研究所 Shanghai Inst. of Optics and Fine Mechanics	209	67	104	216
上海技术物理研究所 Shanghai Inst. of Technical Physics	60	28	49	46
江苏省 Jiangsu Province	35	20	54	330
紫金山天文台 Purple Mountain Observatory	21	10	15	70
南京地理与湖泊研究所 Nanjing Inst. of Geography and Limnology	1	1	1	41
南京地质古生物研究所 Nanjing Inst. of Geology and Palaeontology	7	6	22	79
南京土壤研究所 Nanjing Inst. of Soil Science	6	3	16	110
南京天文仪器研制中心 Nanjing R&D Center for Astronomical Instruments				13
南京分院 Nanjing Branch				17
安徽省 Anhui Province	557	255	423	773
固体物理研究所 Inst. of Solid State Physics	51	28	42	23
等离子体物理研究所 Inst. of Plasma Physics	45	14	35	46
合肥智能机械研究所 Hefei Inst. of Intelligent Machines	1	1	1	6
安徽光学精密机械研究所 Anhui Inst. of Optics and Fine Mechanics	5	3	7	52
中国科学技术大学 University of Science and Technology of China	455	209	338	646

续表 7.2

	被国际上收录(篇) Catalogued by major international indexes (article)	在国际被引用 Citations		国内刊物发表(篇) Publications in domestic journals (article)
		篇 (article)	次 (time)	
福建省 Fujian Province	42	89	170	50
福建物质结构研究所 Fujian Inst. of Research on the Structure of Matter	42	89	170	50
山东省 Shandong Province	9	4	5	143
海洋研究所 Inst. of Oceanology	9	4	5	143
河南省 Henan Province	1			
新乡科学仪器研制中心 Xinxiang R&D Center for Scientific Instrument	1			
湖北省、湖南省 Hubei and Hunan provinces	58	42	58	268
武汉物理与数学研究所 Wuhan Inst. of Physics and Mathematics	42	29	44	83
武汉岩土力学研究所 Wuhan Inst. of Rock and Soil Mechanics	10			32
测量与地球物理研究所 Inst. of Geodesy and Geophysics	3	1	1	9
武汉植物研究所 Wuhan Inst. of Botany				31
水生生物研究所 Inst. of Hydrobiology	2	10	11	92
武汉病毒研究所 Wuhan Inst. of Virology	1			21
长沙大地构造研究所 Changsha Inst. of Geotectonics	2	2	2	23
长沙农业现代化研究所 Changsha Inst. of Agricultural Modernization	1			25
广东省 Guangdong Province	23	16	28	227

续表 7.2

	被国际上收录（篇）Catalogued by major international indexes (article)	在国际被引用 Citations		国内刊物发表（篇）Publications in domestic journals (article)
		篇 (article)	次 (time)	
广州化学研究所 Guangzhou Inst. of Chemistry	18	13	22	36
广州地球化学研究所 Guangzhou Inst. of Geochemistry	3	1	1	80
南海海洋研究所 South China Sea Inst. of Oceanology	1			60
华南植物研究所 South China Inst. of Botany	1	1	2	41
广州电子研究所 Guangzhou Inst. of Electronic Technology				1
广州能源研究所 Guangzhou Inst. of Energy Conversion		1	1	9
四川省 Sichuan Province	33	15	28	127
成都有机化学研究所 Chengdu Inst. of Organic Chemistry	20	11	23	28
成都山地灾害与环境研究所 Chengdu Inst. of Mountain Hazards and Environment				25
成都生物研究所 Chengdu Inst. of Biology	2	2	2	32
成都计算机应用研究所 Chengdu Inst. of Computer Application				8
光电技术研究所 Inst. of Optics and Electronics	11	2	3	34
贵州省 Guizhou Province	10	7	18	93
贵阳地球化学研究所 Guiyang Inst. of Geochemistry	10	7	18	93
云南省 Yunnan Province	35	52	72	153
云南天文台 Yunnan Observatory	10	14	15	45

续表 7.2

	被国际上收录（篇）Catalogued by major international indexes (article)	在国际被引用 Citations		国内刊物发表（篇）Publications in domestic journals (article)
		篇 (article)	次 (time)	
昆明植物研究所 Kunming Inst. of Botany	13	21	32	60
西双版纳热带植物园 Xishuang Banna Tropical Botanical Garden	1			14
昆明动物研究所 Kunming Inst. of Zoology	11	17	25	34
陕西省 Shaanxi Province	10	11	46	173
陕西天文台 Shaanxi Observatory	1			26
水土保持研究所 Inst. of Soil and Water Conservation				105
西安光学精密机械研究所 Xi'an Inst. of Optics and Fine Mechanics	7	1	1	37
西安分院 Xi'an Branch	2	10	45	5
甘肃省、青海省 Gansu and Qinghai provinces	108	72	113	480
近代物理研究所 Inst. of Modern Physics	23	6	7	95
兰州化学物理研究所 Lanzhou Inst. of Chemical Physics	59	45	77	102
兰州冰川冻土研究所 Lanzhou Inst. of Glaciology and Geocryology	20	6	6	68
兰州沙漠研究所 Lanzhou Inst. of Desert Research				69
兰州地质研究所 Lanzhou Inst. of Geology	5	4	5	55
兰州高原大气物理研究所 Lanzhou Inst. of Plateau Atmospheric Physics	1	3	4	39
兰州文献情报中心 Lanzhou Center for Documentation and Information				3

	被国际上收录(篇) Catalogued by major international indexes (article)	在国际被引用 Citations		国内刊物发表(篇) Publications in domestic journals (article)
		篇 (article)	次 (time)	
青海盐湖研究所 Qinghai Inst. of Saline Lakes	12	8	14	27
西北高原生物研究所 Northwest Inst. of Plateau Biology				21
新疆维吾尔自治区 Xinjiang Uygur Autonomous Region	11			93
新疆物理研究所 Xinjiang Inst. of Physics	8			23
乌鲁木齐天文工作站 Ürümqi Astronomic Working Station	1			2
新疆化学研究所 Xinjiang Inst. of Chemistry				7
新疆地理研究所 Xinjiang Inst. of Geography				20
新疆生物土壤沙漠研究所 Xinjiang Inst. of Biology, Pedology and Desert Research	2			41

注:《工程索引》1995 年收录我院论文 1411 篇,其中 599 篇归属各所,812 篇对作者单位只检索到"中国科学院",故此表各所未含该部分论文数。

Note: One thousand four hundred and eleven papers published by CAS were included in EI in 1995. Of which, 599 belongs to the institutes. The retrieval of the author's units of 812 papers is to CAS only, therefore, the number of papers of the institutes in this table does not include this part.

7.3 科技论文在国内重要期刊上发表及被引用情况

S&T Papers Published and Cited by Major Domestic Journals

年份 Year	国内期刊发表数（篇） Papers published in domestic journals (article)	其中：NSFC 基金论文数（篇） NSFC papers (article)	在国内被引用 Domestic citation	
			篇 (article)	次 (time)
1989	4500	824		
1990	4738	1215		
1991	4780	1342		
1992	5025	1570		
1993	4826	1611		
1994	4931	1783	2164	2968
1995	5092	1848	2309	3141

资料来源：中国科学引文数据库。

Source：Chinese Science Citation Database.

注：中国科学引文数据库的数据来源于国内较重要的 315 种中英文期刊。NSFC 基金论文数是指受国家自然科学基金资助的论文数。1994 年国内被引情况是指 1989～1993 年被收录的论文在 1994 年被引用的情况。1995 年国内被引情况是指 1990～1994 年被收录的论文在 1995 年被引用的情况。

Note：Data in Chinese Science Citation Database are from 315 major domestic S&T journals in Chinese and English. Data of NSFC papers refer to the number of papers which are published on the basis of research projects supported by the National Natural Science Foundation of China. Domestic citation refers to the citation in 1995 of papers quoted by Chinese Science Citation Database in 1990—1994，citation in 1994 of papers quoted in 1989—1993.

7.4 科技论文在国内重要期刊上被引次数最多的前30名机构

Top 30 Institutions in Citation of S&T Papers by Major Domestic Journals

机构名称 Institution	在国内被引用 Domestic citation	
	篇 article	次 time
中国科学技术大学 University of Science and Technology of China	212	265
长春应用化学研究所 Changchun Inst. of Applied Chemistry	129	181
大气物理研究所 Inst. of Atmospheric Physics	66	126
感光化学研究所 Inst. of Photographic Chemistry	41	109
大连化学物理研究所 Dalian Inst. of Chemical Physics	68	97
植物研究所 Inst. of Botany	65	91
上海光学精密机械研究所 Shanghai Inst. of Optics and Fine Mechanics	66	88
地质研究所 Inst. of Geology	60	83
生物物理研究所 Inst. of Biophysics	58	78
化学研究所 Inst. of Chemistry	56	70
兰州冰川冻土研究所 Lanzhou Inst. of Glaciology and Geocryology	37	65
上海生物化学研究所 Shanghai Inst. of Biochemistry	41	61
生态环境研究中心 Research Center for Eco-Environmental Sciences	47	57

续表 7.4

机构名称 Institution	在国内被引用 Domestic citation	
	篇 article	次 time
微生物研究所 Inst. of Microbiology	38	53
动物研究所 Inst. of Zoology	32	52
南京地质古生物研究所 Nanjing Inst. of Geology and Palaeontology	36	51
上海植物生理研究所 Shanghai Inst. of Plant Physiology	35	51
上海硅酸盐研究所 Shanghai Inst. of Ceramics	34	51
海洋研究所 Inst. of Oceanology	40	50
水生生物研究所 Inst. of Hydrobiology	37	50
兰州化学物理研究所 Lanzhou Inst. of Chemical Physics	34	50
昆明植物研究所 Kunming Inst. of Botany	31	49
兰州高原大气物理研究所 Lanzhou Inst. of Plateau Atmospheric Physics	27	48
地理研究所 Inst. of Geography	39	45
上海冶金研究所 Shanghai Inst. of Metallurgy	39	44
沈阳应用生态研究所 Shenyang Inst. of Applied Ecology	33	44

机构名称 Institution	在国内被引用 Domestic citation	
	篇 article	次 time
古脊椎动物与古人类研究所 Inst. of Vertebrate Paleontology and Paleoanthropology	26	44
近代物理研究所 Inst. of Modern Physics	27	43
武汉物理研究所 Wuhan Inst. of Physics	26	37
金属研究所 Inst. of Metals Research	29	35

资料来源：中国科学引文数据库。

Source：Chinese Science Citation Database.

注：国内被引情况是指 1990～1994 年被中国科学引文数据库收录的论文在 1995 年被引用的情况。

Note：Domestic citation refers to citation in 1995 of papers quoted by Chinese Science Citation Database in 1990—1994.

7.5 专利申请受理量及授权量

Number of Patents Applied and Granted

单位：件（item）

年份 year	申请量 Applied				授权量 Granted			
	合计 Total	发明 Invention	实用新型 Utility model	外观设计 Design	合计 Total	发明 Invention	实用新型 Utility model	外观设计 Design
1985～1990	1607	988	619		790	371	419	
1991	298	190	107	1	168	89	79	
1992	367	228	139		212	105	107	
1993	414	262	150	2	255	104	150	1
1994	453	269	182	2	197	81	112	4
1995	499	301	195	3	224	86	137	1
1996	791	467	318	6	192	86	105	1

7.6 专利申请受理量及授权量（1996 年）

Number of Patents Applied and Granted：1996

单位：件（item）

	申请量 Applied				授权量 Granted			
	合计 Total	发明 Invention	实用新型 Utility model	外观设计 Design	合计 Total	发明 Invention	实用新型 Utility model	外观设计 Design
总计 Total	**791**	**467**	**318**	**6**	**192**	**86**	**105**	**1**
一、按系统分 By sistem								
（一）科研机构 Research units	755	448	302	5	188	86	101	1
数学、物理 Mathematics & physics	119	61	55	3	36	11	25	
化学与化工 Chemistry & chemical engineering	282	218	64		62	42	20	
地学 Earth sciences	20	11	9		3		3	
生物学 Biological sciences	83	69	14		5	3	2	
技术科学 Technological sciences	251	89	160	2	82	30	51	1
其他 Others								
（二）支撑机构 Supporting organizations	32	18	14		4		4	
教育培干 Education & cader training	25	17	8		4		4	
科学仪器研制 Scientific insturment development	7	1	6					
（三）管理机构 Management organizations	3	1	2					
地区管理部门 CAS branches	3	1	2					
（四）院直属企业集团 Group corporations directly affiliated to CAS	1			1				
二、按单位分 By unit								
（一）事业单位 Institutions								

	申请量 Applied				授权量 Granted			
	合计 Total	发明 Invention	实用新型 Utility model	外观设计 Design	合计 Total	发明 Invention	实用新型 Utility model	外观设计 Design
北京市 Beijing	192	107	81	4	41	18	23	
物理研究所 Inst. of Physics	22	12	10		11	5	6	
声学研究所 Inst. of Acoustics	12	4	6	2	6		6	
低温技术实验中心 Cryogenic Laboratory	5	1	4		1		1	
高能物理研究所 Inst. of High Energy Physics	1		1					
北京天文台 Beijing Astronomical Observatory								
力学研究所 Inst. of Mechanics	5	2	2	1	1		1	
化学研究所 Inst. of Chemistry	33	32	1		8	5	3	
感光化学研究所 Inst. of Photographic Chemistry	10	7	3		1	1		
生态环境研究中心 Research Center for Eco-Environmental Sciences	9	4	5		1	1		
化工冶金研究所 Inst. of Chemical Metallurgy	21	8	13		3	3		
地理研究所 Inst. of Geography								
遥感应用研究所 Inst. of Remote Sensing Application	1	1						
地质研究所 Inst. of Geology								
地球物理研究所 Inst. of Geophysics								

续表 7.6

	申请量 Applied				授权量 Granted			
	合计 Total	发明 Invention	实用新型 Utility model	外观设计 Design	合计 Total	发明 Invention	实用新型 Utility model	外观设计 Design
大气物理研究所 Inst. of Atmospheric Physics	1		1					
植物研究所 Inst. of Botany	1	1						
动物研究所 Inst. of Zoology	6	4	2					
微生物研究所 Inst. of Microbiology	5	5						
生物物理研究所 Inst. of Biophysics	8	4	4					
遗传研究所 Inst. of Genetics	1	1						
发育生物学研究所 Inst. of Developmental Biology								
计算技术研究所 Inst. of Computing Technology	1		1					
软件研究所 Inst. of Software					1	1		
半导体研究所 Inst. of Semiconductors	4	2	2		1		1	
微电子中心 Microelectronics R&D Center	2	1	1		2		2	
电子学研究所 Inst. of Electronics	11	4	6	1				
自动化研究所 Inst. of Automation	4	2	2		2	1	1	
电工研究所 Inst. of Electric Engineering	8	2	6		2	1	1	
工程热物理研究所 Inst. of Engineering Thermophysics	5		5					

	申请量 Applied				授权量 Granted			
	合计 Total	发明 Invention	实用新型 Utility model	外观设计 Design	合计 Total	发明 Invention	实用新型 Utility model	外观设计 Design
空间科学与应用研究中心 Center for Space Science and Applied Research	9	3	6		1		1	
遥感卫星地面站 Remote Sensing Satellite Ground Station								
北京科学仪器研制中心 Beijing R&D Center for Scientific Instruments								
中国科学技术大学研究生院 Graduate School of the University of Science and Technology of China	7	7						
河北省 Hebei Province								
石家庄农业现代化研究所 Shijiazhuang Inst. of Agricultural Modernization								
河南省 Henan Province								
山西省 Shanxi Province	21	18	3		3	1	2	
山西煤炭化学研究所 Shanxi Inst. of Coal Chemistry	21	18	3		3	1	2	
辽宁省 Liaoning Province	157	98	59		38	21	17	
沈阳分院 Shenyang Branch								
大连化学物理研究所 Dalian Inst. of Chemical Physics	64	53	11		7	3	4	
沈阳应用生态研究所 Shenyang Inst. of Applied Ecology	12	11	1		2	2		

	申请量 Applied				授权量 Granted			
	合计 Total	发明 Invention	实用新型 Utility model	外观设计 Design	合计 Total	发明 Invention	实用新型 Utility model	外观设计 Design
沈阳计算技术研究所 Shenyang Inst. of Computing Technology	5		5					
沈阳自动化研究所 Shenyang Inst. of Automation	11	4	7		8		8	
金属研究所 Inst. of Metals Research	44	23	21		17	13	4	
金属腐蚀与防护研究所 Inst. of Corrosion and Protection of Metals	16	6	10		4	3	1	
沈阳科学仪器研制中心 Shenyang R&D Center for Scientific Instruments	5	1	4					
吉林省 Jilin Province	101	56	45		31	13	18	
长春分院 Changchun Branch								
长春物理研究所 Changchun Inst. of Physics	23	16	7		7	2	5	
长春人造卫星观测站 Changchun Satellite Observation Station								
长春应用化学研究所 Changchun Inst. of Applied Chemistry	43	25	18		16	9	7	
长春地理研究所 Changchun Inst. of Geography	5	2	3		1		1	
长春光学精密机械研究所 Changchun Inst. of Optics and Fine Mechanics	30	13	17		7	2	5	
黑龙江省 Heilongjiang Province								

	申请量 Applied				授权量 Granted			
	合计 Total	发明 Invention	实用新型 Utility model	外观设计 Design	合计 Total	发明 Invention	实用新型 Utility model	外观设计 Design
黑龙江农业现代化研究所 Heilongjiang Inst. of Agricultural Modernization								
上海市 Shanghai	76	45	31		27	12	15	
上海分院 Shanghai Branch								
上海原子核研究所 Shanghai Inst. of Nuclear Research	5	2	3		1		1	
上海天文台 Shanghai Observatory	2		2					
上海硅酸盐研究所 Shanghai Inst. of Ceramics	4	4						
上海有机化学研究所 Shanghai Inst. of Organic Chemistry	7	7			4	4		
上海植物生理研究所 Shanghai Inst. of Plant Physiology	1		1		1	1		
上海昆虫研究所 Shanghai Inst. of Entomology	3	3						
上海药物研究所 Shanghai Inst. of Materia Medica	4	4						
上海生理研究所 Shanghai Inst. of Physiology	3	1	2					
上海生物化学研究所 Shanghai Inst. of Biochemistry	2	2			1	1		
上海细胞生物学研究所 Shanghai Inst. of Cell Biology	1	1						
上海生物工程研究中心 Shanghai Bioengineering Research Center	3	3						

续表 7.6

	申请量 Applied				授权量 Granted			
	合计 Total	发明 Invention	实用新型 Utility model	外观设计 Design	合计 Total	发明 Invention	实用新型 Utility model	外观设计 Design
上海冶金研究所 Shanghai Inst. of Metallurgy	2	1	1		3	1	2	
上海光学精密机械研究所 Shanghai Inst. of Optics and Fine Mechanics	27	12	15		11	5	6	
上海技术物理研究所 Shanghai Inst. of Technical Physics	12	5	7		6		6	
江苏省 Jiangsu Province	10	4	6		2		2	
南京分院 Nanjing Branch								
紫金山天文台 Purple Mountain Observatory	1		1					
南京地理与湖泊研究所 Nanjing Inst. of Geography and Limnology	4	2	2					
南京土壤研究所 Nanjing Inst. of Soil Science	3	2	1		2		2	
南京天文仪器研制中心 Nanjing R&D Center Astronomical Instrments	2		2					
安徽省 Anhui Province	61	30	31		16	3	13	
合肥分院 Hefei Branch	3	1	2					
固体物理研究所 Inst. of Solid State Physics	11	9	2		3	1	2	
等离子体物理研究所 Inst. of Plasma Physics	6	3	3		3	1	2	
合肥智能机械研究所 Hefei Inst. of Intelligent Machines	9	2	7		2	1	1	
安徽光学精密机械研究所 Anhui Inst. of Optics and Fine Mechanics	14	5	9		4		4	

	申请量 Applied				授权量 Granted			
	合计 Total	发明 Invention	实用新型 Utility model	外观设计 Design	合计 Total	发明 Invention	实用新型 Utility model	外观设计 Design
中国科学技术大学 University of Science and Technology of China	18	10	8		4		4	
福建省 Fujian Province	7	6	1		1	1		
福建物质结构研究所 Fujian Inst. of Research on the Structure of Matter	7	6	1		2	2		
山东省 Shandong Province	5	3	2		1		1	
海洋研究所 Inst. of Oceanology	5	3	2		1		1	
湖北省、湖南省 Hubei and Hunan provinces	17	8	9					
武汉分院 Wuhan Branch								
武汉物理与数学研究所 Wuhan Inst. of Physics and Mathematics	3		3					
武汉岩土力学研究所 Wuhan Inst. of Rock and Soil Mechanics	6	2	4					
测量与地球物理研究所 Inst. of Geodesy and Geophysics								
武汉植物研究所 Wuhan Inst. of Botany								
水生生物研究所 Inst. of Hydrobiology	4	4						
武汉病毒研究所 Wuhan Inst. of Virology	4	2	2					
长沙大地构造研究所 Changsha Inst. of Geotectonics								
长沙农业现代化研究所 Changsha Inst. of Agricultural Modernization								

续表 7.6

	申请量 Applied				授权量 Granted			
	合计 Total	发明 Invention	实用新型 Utility model	外观设计 Design	合计 Total	发明 Invention	实用新型 Utility model	外观设计 Design
广东省 Guangdong Province	20	13	7		7	6		1
广州分院 Guangzhou Branch								
广州人造卫星观测站 Guangzhou Satellite Observation Station								
广州化学研究所 Guangzhou Inst. of Chemistry	10	10			5	5		
广州地球化学研究所 Guangzhou Inst. of Geochemistry	1	1						
南海海洋研究所 South China Sea Inst. of Oceanology								
华南植物研究所 South China Inst. of Botany								
广州电子研究所 Guangzhou Inst. of Electronic Technology	1		1		1	1		
广州能源研究所 Guangzhou Inst. of Energy Conversion	8	2	6		1			1
四川省 Sichuan Province	32	19	13		4		4	
成都分院 Chengdu Branch								
成都有机化学研究所 Chengdu Inst. of Organic Chemistry	15	12	3		1		1	
成都山地灾害与环境研究所 Chengdu Inst. of Mountain Hazards and Environment								
成都生物研究所 Chengdu Inst. of Biology	8	7	1					

续表 7.6

	申请量 Applied				授权量 Granted			
	合计 Total	发明 Invention	实用新型 Utility model	外观设计 Design	合计 Total	发明 Invention	实用新型 Utility model	外观设计 Design
成都计算机应用研究所 Chengdu Inst. of Computer Application	1		1					
光电技术研究所 Inst. of Optics and Electronics	8		8		3		3	
成都科学仪器研制中心 Chengdu R&D Center for Scientific Instruments								
贵州省 Guizhou Province								
贵阳地球化学研究所 Guiyang Inst. of Geochemistry								
云南省 Yunnan Province	12	12						
昆明分院 Kunming Branch								
云南天文台 Yunnan Observatory								
昆明植物研究所 Kunming Inst. of Botany	12	12						
西双版纳热带植物园 Xishuang Banna Tropical Botanical Garden								
昆明动物研究所 Kunming Inst. of Zoology								
陕西省 Shaanxi Province	20	2	17	1	6	1	5	
西安分院 Xi'an Branch								
陕西天文台 Shaanxi Observatory	1		1					
水土保持研究所 Inst. of Soil and Water Conservation								

	申请量 Applied				授权量 Granted			
	合计 Total	发明 Invention	实用新型 Utility model	外观设计 Design	合计 Total	发明 Invention	实用新型 Utility model	外观设计 Design
西安光学精密机械研究所 Xi'an Inst. of Optics and Fine Mechanics	19	2	16	1	6	1	5	
甘肃省、青海省 Gansu and Qinghai provinces	36	26	10		11	6	5	
兰州分院 Lanzhou Branch								
近代物理研究所 Inst. of Modern Physics	10	5	5		2	2		
兰州化学物理研究所 Lanzhou Inst. of Chemical Physics	23	19	4		8	4	4	
兰州冰川冻土研究所 Lanzhou Inst. of Glaciology and Geocryology	1	1			1		1	
兰州沙漠研究所 Lanzhou Inst. of Desert Research	1	1						
兰州地质研究所 Lanzhou Inst. of Geology								
兰州高原大气物理研究所 Lanzhou Inst. of Plateau Atmospheric Physics	1		1					
青海盐湖研究所 Qinghai Inst. of Saline lakes					1	1		
西北高原生物研究所 Northwest Inst. of Plateau Biology								
新疆维吾尔自治区 Xinjiang Uygur Autonomous Region	23	20	3		1		1	
新疆分院 Xinjiang Branch								
新疆物理研究所 Xinjiang Inst. of Physics	6	5	1		1		1	

	申请量 Applied				授权量 Granted			
	合计 Total	发明 Invention	实用新型 Utility model	外观设计 Design	合计 Total	发明 Invention	实用新型 Utility model	外观设计 Design
乌鲁木齐天文工作站 Ürümqi Astronomic Working Station								
新疆化学研究所 Xinjiang Inst. of Chemistry	15	13	2					
新疆地理研究所 Xinjiang Inst. of Geography								
新疆生物土壤沙漠研究所 Xinjiang Inst. of Biology, Pedology and Desert Research	2	2						
(二) 企业单位 Enterprises	1			1				
中科实业集团公司 China Sciences Group Co.								
联想集团公司 Legend Computer Group Co.								
东方科学仪器进出口集团公司 Oriental Scientific Instrument Import & Export Group Co.								
中国科技国际信托投资公司 China S&T International Trust & Investment Co.								
深圳科健集团有限公司 Shenzhen Kejian Group Co. Ltd.	1			1				
北京科海高技术集团公司 Beijing Kehai High Technology. Group Co.								

7.7 历年获国家级三大奖科技成果（截至 1996 年）

S&T Achievements Granted with Three National Awards: up to 1996

单位：项（item）

	合计 Total	数学、物理 Mathematics & physics	化学与化工 Chemistry & chemical engineering	地学 Earth sciences	生物学 Biological sciences	技术科学 Technological sciences	其他 Others	高等学校 University
国家自然科学奖 National Natural Science Awards	235	50	45	39	53	40	8	7
一等奖 1st class	15	5		3	5	2		
二等奖 2nd class	79	18	18	9	25	8	1	1
三等奖 3rd class	110	21	25	22	16	21	5	5
四等奖 4th class	31	6	2	5	7	9	2	1
国家发明奖 National Invention Awards	144	12	82	4	17	24	5	4
一等奖 1st class	4		3			1		
二等奖 2nd class	21	2	11		3	4	1	1
三等奖 3rd class	90	8	51	3	12	12	4	3
四等奖 4th class	29	2	17	1	2	7		
国家科技进步奖 National S&T Progress Awards	346	56	46	51	45	132	16	5
特等奖 Special class	3	1	1			1		
一等奖 1st class	27	9	2	4	1	10	1	1
二等奖 2nd class	122	19	16	15	13	53	6	3
三等奖 3rd class	194	27	27	32	31	68	9	1

注：1. 国家自然科学奖 1956～1995 年；国家发明奖 1979～1996 年；国家科技进步奖 1985～1996 年。

Note: The National Natural Science Awards was first granted in 1956; National Invention Awards in 1979 and National S&T Progress Awards in 1985.

2. 获奖项数只统计中国科学院为第一完成单位的获奖项目。

The figures here only refer to those awards whose major inventor is CAS.

7.8 历年获国家级三

Research Projects Granted

单位 Unit	国家自然科学奖 National Natural Science Awards				
	合计 Total	一等奖 1st class	二等奖 2nd class	三等奖 3rd class	四等奖 4th class
总计 Total	**235**	**15**	**79**	**110**	**31**
北京市 Beijing	110	11	41	48	11
数学研究所 Inst. of Mathematics	7	3	3	1	
应用数学研究所 Inst. of Applied Mathematics	3		2	1	
系统科学研究所 Inst. of Systems Science	2			2	
计算数学与科学工程计算研究所 Inst. of Computational Mathematics and Scientific/Engineering Commputing					
物理研究所 Inst. of Physics	9	1	2	5	1
声学研究所 Inst. of Acoustics	7		2	3	2
理论物理研究所 Inst. of Theoretical Physics	2		2		
低温技术实验中心 Cryogenic Laboratory					
高能物理研究所 Inst. of High Energy Physics	3		1	2	
北京天文台 Beijing Astronomical Observatory					
力学研究所 Inst. of Mechanics	8	1	2	3	2
化学研究所 Inst. of Chemistry	5		3	2	

大奖项目按单位分
with Three National Major Awards

单位：项（items）

国家发明奖 National Invention Awards					国家科技进步奖 National S&T Progress Awards				
合计 Total	一等奖 1st class	二等奖 2nd class	三等奖 3rd class	四等奖 4th class	合计 Total	特等奖 Special class	一等奖 1st class	二等奖 2nd class	三等奖 3rd class
144	**4**	**21**	**90**	**29**	**346**	**3**	**27**	**122**	**194**
34		5	22	7	139	1	12	52	74
					2			2	
					1				1
					2				2
2		1	1		9		1	6	2
6		1	5		8			1	7
					5	1	1	1	2
					4		1	2	1
1				1	7			3	4
10			9	1	3		1		2

单位 Unit	国家自然科学奖 National Natural Science Awards				
	合计 Total	一等奖 1st class	二等奖 2nd class	三等奖 3rd class	四等奖 4th class
感光化学研究所 Inst. of Photographic Chemistry					
生态环境研究中心 Research Center for Eco-Environmental Sciences	2			2	
化工冶金研究所 Inst. of Chemical Metallurgy	6		3	3	
地理研究所 Inst. of Geography	1		1		
遥感应用研究所 Inst. of Remote Sensing Application					
地质研究所 Inst. of Geology	9		4	5	
地球物理研究所 Inst. of Geophysics	1			1	
古脊椎动物与古人类研究所 Inst. of Vertebrate Paleontology and Paleoanthropology	2		1	1	
大气物理研究所 Inst. of Atmospheric Physics	7	1	1	4	1
自然资源综合考察委员会 Commission for Integrated Surveys of Natural Resources	1	1			
植物研究所 Inst. of Botany	9	2	4	2	1
动物研究所 Inst. of Zoology	4		3		1
心理研究所 Inst. of Psychology					
微生物研究所 Inst. of Microbiology					

续表 7.8

国家发明奖 National Invention Awards					国家科技进步奖 National S&T Progress Awards				
合计 Total	一等奖 1st class	二等奖 2nd class	三等奖 3rd class	四等奖 4th class	合计 Total	特等奖 Special class	一等奖 1st class	二等奖 2nd class	三等奖 3rd class
					1				1
					1				1
3		1	2		2			1	1
1				1	11			4	7
					3			2	1
					4				4
					1			1	
					3			2	1
					5			2	3
2		1	1		1				1
1				1	3				3
2		1	1		3		1		2

单位 Unit	国家自然科学奖 National Natural Science Awards				
	合计 Total	一等奖 1st class	二等奖 2nd class	三等奖 3rd class	四等奖 4th class
生物物理研究所 Inst. of Biophysics	7	1	3	2	1
遗传研究所 Inst. of Genetics	1			1	
发育生物学研究所 Inst. of Developmental Biology					
计算技术研究所 Inst. of Computing Technology	1				1
软件研究所 Inst. of Software	3	1	1	1	
北京软件工程研制中心 Beijing Software Engineering Center					
计算机网络信息中心 Computer Network Information Center					
半导体研究所 Inst. of Semiconductors	1		1		
微电子中心 Microelectronics R&D Center					
电子学研究所 Inst. of Electronics					
自动化研究所 Inst. of Automation					
电工研究所 Inst. of Electric Engineering					
工程热物理研究所 Inst. of Engineering Thermophysics	2		1		1
空间科学与应用研究中心 Center for Space Science and Applied Research	4			4	

国家发明奖 National Invention Awards					国家科技进步奖 National S&T Progress Awards				
合计 Total	一等奖 1st class	二等奖 2nd class	三等奖 3rd class	四等奖 4th class	合计 Total	特等奖 Special class	一等奖 1st class	二等奖 2nd class	三等奖 3rd class
1				1	1			1	
1			1		1			1	
					9		4	3	2
					2			1	1
1			1		10			4	6
					7		1	4	2
1				1	2			1	1
1			1		4			2	2
1				1	3			2	1
					3				3

单位 Unit	国家自然科学奖 National Natural Science Awards				
	合计 Total	一等奖 1st class	二等奖 2nd class	三等奖 3rd class	四等奖 4th class
遥感卫星地面站 Remote Sensing Satellite Ground Station					
自然科学史研究所 Inst. of History of Natural Sciences					
科技政策与管理科学研究所 Inst. of Science Policy and Management					
中国科学技术大学研究生院 Graduate School of the University of Science and Technology of china	2			2	
中国科学院文献情报中心 CAS Documentation and Information Center					
北京科学仪器研制中心 Beijing R&D Center for Scientific Instruments					
北京建筑设计研究院 Beijing Inst. of Architectural Designing					
中国大恒公司 China Daheng Co.					
联想集团公司 Legend Group Co.					
河北省 Hebei Province					
石家庄农业现代化研究所 Shijiazhuang Inst. of Agricultural Modernization					
山西省 Shanxi Province					
山西煤炭化学研究所 Shanxi Inst. of Coal Chemistry					

国家发明奖 National Invention Awards					国家科技进步奖 National S&T Progress Awards				
合计 Total	一等奖 1st class	二等奖 2nd class	三等奖 3rd class	四等奖 4th class	合计 Total	特等奖 Special class	一等奖 1st class	二等奖 2nd class	三等奖 3rd class
					1				1
					1				1
					3			1	2
					3		1	1	1
					1				1
					2			2	
					1				1
					1		1		
					2				2
					2				2
8		2	4	2	1				1
8		2	4	2	1				1

单位 Unit	国家自然科学奖 National Natural Science Awards				
	合计 Total	一等奖 1st class	二等奖 2nd class	三等奖 3rd class	四等奖 4th class
辽宁省 Liaoning Province	18	1	2	12	3
沈阳应用生态研究所 Shenyang Inst. of Applied Ecology	1			1	
沈阳计算技术研究所 Shenyang Inst. of Computing Technology					
沈阳自动化研究所 Shenyang Inst. of Automation					
金属研究所 Inst. of Metals Research	10	1	1	6	2
金属腐蚀与防护研究所 Inst. of Corrosion and Protection of Metals	1				1
沈阳科学仪器研制中心 Shenyang R&D Center for Scientific Instruments					
大连化学物理研究所 Dalian Inst. of Chemical Physics	6		1	5	
吉林省、黑龙江省 Jilin and Heilongjiang provinces	5		1	3	1
长春物理研究所 Changchun Inst. of Physics					
长春人造卫星观测站 Changchun Satellite Observation Station					
长春应用化学研究所 Changchun Inst. of Applied Chemistry	5		1	3	1
长春地理研究所 Changchun Inst. of Geography					
长春光学精密机械研究所 Changchun Inst. of Optics and Fine Mechanics					

国家发明奖 National Invention Awards					国家科技进步奖 National S&T Progress Awards				
合计 Total	一等奖 1st class	二等奖 2nd class	三等奖 3rd class	四等奖 4th class	合计 Total	特等奖 Special class	一等奖 1st class	二等奖 2nd class	三等奖 3rd class
12		2	8	2	31		2	11	18
					5				5
					1				1
					5			2	3
5			3	2	16		2	7	7
					1				1
					1			1	
7		2	5		2			1	1
14		3	7	4	20	1	2	7	10
1			1		1				1
11		2	6	3	5		1	1	3
					4		1		3
2		1		1	10	1		6	3

单位 Unit	国家自然科学奖 National Natural Science Awards				
	合计 Total	一等奖 1st class	二等奖 2nd class	三等奖 3rd class	四等奖 4th class
黑龙江农业现代化研究所 Heilongjiang Inst. of Agricultural Modernization					
上海市 Shanghai	50	2	19	23	6
上海原子核研究所 Shanghai Inst. of Nuclear Research					
上海天文台 Shanghai Observatory	2		1	1	
上海硅酸盐研究所 Shanghai Inst. of Ceramics	5			4	1
上海有机化学研究所 Shanghai Inst. of Organic Chemistry	11		7	4	
上海植物生理研究所 Shanghai Inst. of Plant Physiology	4		3		1
上海昆虫研究所 Shanghai Inst. of Entomology	1		1		
上海药物研究所 Shanghai Inst. of Materia Medica	5		3	2	
上海生理研究所 Shanghai Inst. of Physiology	1			1	
上海生物化学研究所 Shanghai Inst. of Biochemistry	4	2	1	1	
上海细胞生物学研究所 Shanghai Inst. of Cell Biology	1			1	
上海脑研究所 Shanghai Inst. of Brain Research	1		1		
上海生物工程研究中心 Shanghai Bioengineering Research Center					

续表 7.8

国家发明奖 National Invention Awards					国家科技进步奖 National S&T Progress Awards				
合计 Total	一等奖 1st class	二等奖 2nd class	三等奖 3rd class	四等奖 4th class	合计 Total	特等奖 Special class	一等奖 1st class	二等奖 2nd class	三等奖 3rd class
50	3	6	30	11	64		3	28	33
					5			3	2
					2		1	1	
19	2	2	9	6	7			3	4
15		2	11	2	14			6	8
1			1						
2			2		1			1	
					1				1
3		1	2		3			3	
					1				1

单位 Unit	国家自然科学奖 National Natural Science Awards				
	合计 Total	一等奖 1st class	二等奖 2nd class	三等奖 3rd class	四等奖 4th class
上海冶金研究所 Shanghai Inst. of Metallurgy	8		1	4	3
上海光学精密机械研究所 Shanghai Inst. of Optics and Fine Mechanics	4		1	3	
上海技术物理研究所 Shanghai Inst. of Technical Physics	3			2	1
上海文献情报中心 Shanghai Center for Documentation and Information					
江苏省 Jiangsu Province	16		6	8	2
紫金山天文台 Purple Mountain Observatory	4		2	1	1
南京地理与湖泊研究所 Nanjing Inst. of Geography and Limnology					
南京地质古生物研究所 Nanjing Inst. of Geology and Palaeontology	7		1	5	1
南京土壤研究所 Nanjing Inst. of Soil Science	4		2	2	
南京天文仪器研制中心 Nanjing R&D center for Astronomical Instruments	1		1		
安徽省 Anhui Province	5		1	3	1
固体物理研究所 Inst. of Solid State Physics					
等离子体物理研究所 Inst. of Plasma Physics					
合肥智能机械研究所 Hefei Inst. of Intelligent Machines					

续表 7.8

国家发明奖 National Invention Awards					国家科技进步奖 National S&T Progress Awards				
合计 Total	一等奖 1st class	二等奖 2nd class	三等奖 3rd class	四等奖 4th class	合计 Total	特等奖 Special class	一等奖 1st class	二等奖 2nd class	三等奖 3rd class
6	1		2	3	6			1	5
3		1	2		11		1	5	5
1			1		13		1	5	7
					14		2	6	6
					1		1		
					5		1	1	3
					6			3	3
					2			2	
					5		1	1	3
					1				1
					2			1	1

单位 Unit	国家自然科学奖 National Natural Science Awards				
	合计 Total	一等奖 1st class	二等奖 2nd class	三等奖 3rd class	四等奖 4th class
安徽光学精密机械研究所 Anhui Inst. of Optics and Fine Mechanics					
中国科学技术大学 University of Science and Technology of China	5		1	3	1
福建省 Fujian Province	1		1		
福建物质结构研究所 Fujian Inst. of Research on the Structure of Matter	1		1		
山东省 Shandong Province	4			2	2
海洋研究所 Inst. of Oceanology	4			2	2
河南省 Henan Province					
新乡科学仪器研制中心 Xinxiang R&D Center for Scientific Instruments					
湖北省、湖南省 Hubei and Hunan provinces	7		4	3	
武汉物理与数学研究所 Wuhan Inst. of physics and Mathematics	1		1		
武汉岩土力学研究所 Wuhan Inst. of Rock and Soil Mechanics					
测量与地球物理研究所 Inst. of Geodesy and Geophysics	1			1	
武汉植物研究所 Wuhan Inst. of Botany					
水生生物研究所 Inst. of Hydrobiology	5		3	2	

续表 7.8

国家发明奖 National Invention Awards					国家科技进步奖 National S&T Progress Awards				
合计 Total	一等奖 1st class	二等奖 2nd class	三等奖 3rd class	四等奖 4th class	合计 Total	特等奖 Special class	一等奖 1st class	二等奖 2nd class	三等奖 3rd class
					1				1
					1		1		
1	1				3			2	1
1	1				3			2	1
					3		1		2
					3		1		2
3			2	1	9		1	2	6
1				1	2		1	1	
1			1		1				1
					1				1
					5			1	4

单位 Unit	国家自然科学奖 National Natural Science Awards				
	合计 Total	一等奖 1st class	二等奖 2nd class	三等奖 3rd class	四等奖 4th class
武汉病毒研究所 Wuhan Inst. of Virology					
武汉文献情报中心 Wuhan Center for Documentation and Information					
长沙大地构造研究所 Changsha Inst. of Geotectonics					
长沙农业现代化研究所 Changsha Inst. of Agricultural Modernization					
广东省 Guangdong Province	2			2	
广州人造卫星观测站 Guangzhou Satellite Observation Station					
广州化学研究所 Guangzhou Inst. of Chemistry					
广州地球化学研究所 Guangzhou Iust. of Geochemistry					
南海海洋研究所 South China Sea Inst. of Oceanology					
华南植物研究所 South China Inst. of Botany	2			2	
广州电子研究所 Guangzhou Inst. of Electronic Technology					
广州能源研究所 Guangzhou Inst. of Energy Conversion					
深圳科健集团有限公司 Shenzhen Kejian Group Co. Ltd.					
四川省 Sichuan Province					

续表 7.8

国家发明奖 National Invention Awards					国家科技进步奖 National S&T Progress Awards				
合计 Total	一等奖 1st class	二等奖 2nd class	三等奖 3rd class	四等奖 4th class	合计 Total	特等奖 Special class	一等奖 1st class	二等奖 2nd class	三等奖 3rd class
1			1						
					1				1
5			3	2	9			3	6
5			3	2	1				1
					1			1	
					3				3
					4			2	2
1			1		12			1	11

单位 Unit	国家自然科学奖 National Natural Science Awards				
	合计 Total	一等奖 1st class	二等奖 2nd class	三等奖 3rd class	四等奖 4th class
成都有机化学研究所 Chengdu Inst. of Organic Chemistry					
成都山地灾害与环境研究所 Chengdu Inst. of Mountain Hazards and Environment					
成都生物研究所 Chengdu Inst. of Biology					
成都计算机应用研究所 Chengdu Inst. of Computer Application					
光电技术研究所 Inst. of Optics and Electronics					
成都文献情报中心 Chengdu Documentation and Information Center					
成都科学仪器研制中心 Chengdu R&D Center for Scientific Instruments					
中国科学院成都分院 CAS Chengdu Branch					
贵州省 Guizhou Province	3	1	1	1	
贵阳地球化学研究所 Guiyang Inst. of Geochemistry	3	1	1	1	
云南省 Yunnan Province	2		1		1
云南天文台 Yunnan Observatory					
昆明植物研究所 Kunming Inst. of Botany	2		1		1
西双版纳热带植物园 Xishuangbanna Tropical Botanical Garden					

续表 7.8

国家发明奖 National Invention Awards					国家科技进步奖 National S&T Progress Awards				
合计 Total	一等奖 1st class	二等奖 2nd class	三等奖 3rd class	四等奖 4th class	合计 Total	特等奖 Special class	一等奖 1st class	二等奖 2nd class	三等奖 3rd class
					4				4
					2				2
					1				1
					4			1	3
					1				1
1			1						
3			3		2			1	1
3			3		2			1	1
3			3						
1			1						

单位 Unit	国家自然科学奖 National Natural Science Awards				
	合计 Total	一等奖 1st class	二等奖 2nd class	三等奖 3rd class	四等奖 4th class
昆明动物研究所 Kunming Inst. of Zoology					
陕西省 Shaanxi Province					
陕西天文台 Shaanxi Observatory					
水土保持研究所 Inst. of Soil and Water Conservation					
西安光学精密机械研究所 Xi'an Inst. of Optics and Fine Mechanics					
甘肃省、青海省 Gansu and Qinghai provinces	7		1	5	1
近代物理研究所 Inst. of Modern Physics	2			2	
兰州化学物理研究所 Lanzhou Inst. of Chemical Physics	2		1	1	
兰州冰川冻土研究所 Lanzhou Inst. of Glaciology and Geocryology	1			1	
兰州沙漠研究所 Lanzhou Inst. of Desert Research					
兰州地质研究所 Lanzhou Inst. of Geology	1				1
兰州高原大气物理研究所 Lanzhou Inst. of Plateau Atmospheric Physics	1			1	
兰州文献情报中心 Lanzhou Center for Documentation and Information					
青海盐湖研究所 Qinghai Inst. of Saline Lakes	1		1		

续表 7.8

国家发明奖 National Invention Awards					国家科技进步奖 National S&T Progress Awards				
合计 Total	一等奖 1st class	二等奖 2nd class	三等奖 3rd class	四等奖 4th class	合计 Total	特等奖 Special class	一等奖 1st class	二等奖 2nd class	三等奖 3rd class
2			2						
4		2	2		12		2	6	4
					1		1		
					3		1	2	
4		2	2		8			4	4
2			2		8	1	1	2	4
					1		1		
2			2		3	1			2
					1				1
					1			1	
					2			1	1
					1				1

单位 Unit	国家自然科学奖 National Natural Science Awards				
	合计 Total	一等奖 1st class	二等奖 2nd class	三等奖 3rd class	四等奖 4th class
西北高原生物研究所 Northwest Inst. of Plateau Biology	2				2
新疆维吾尔自治区 Xinjiang Uygur Autonomous Region	1				1
新疆物理研究所 Xinjiang Inst. of Physics					
乌鲁木齐天文工作站 Ürümqi Astronomic Working Station					
新疆化学研究所 Xinjiang Inst. of Chemistry					
新疆地理研究所 Xinjiang Inst. of Geography					
新疆生物土壤沙漠研究所 Xinjiang Inst. of Biology, Pedology and Desert Research					
中国科学院新疆分院 CAS Xinjiang Branch	1				1

注：此表获奖总数中含已撤消单位（计算中心、环委会）及已划归教委（浙江大学）获奖数。

Note: The total number of award-winning projects in this table includes those conducted by the Computing Center and the tion Commission.

续表 7.8

国家发明奖 National Invention Awards					国家科技进步奖 National S&T Progress Awards				
合计 Total	一等奖 1st class	二等奖 2nd class	三等奖 3rd class	四等奖 4th class	合计 Total	特等奖 Special class	一等奖 1st class	二等奖 2nd class	三等奖 3rd class
					4				4
					6				6
					2				2
					1				1
					3				3

Commission of Environmental Protection which are not existing now and Zhejiang University which is now under the State Educa-

7.9 获国家自然科学奖科技成果

S&T Achievements Granted with National Natural Science Awards

年份 Year	项目 Item	获奖总项数 Total	一等奖 1st class	二等奖 2nd class	三等奖 3rd class	四等奖 4th class
1956	全国授奖项数 National total	34	3	5	26	
（第一届）	中国科学院获奖数 Awards won by CAS	23	3	2	18	
1982	全国授奖项数 National total	125	9	40	49	27
（第二届）	中国科学院获奖数 Awards won by CAS	47	2	23	17	5
1987	全国授奖项数 National total	178	11	39	87	41
（第三届）	中国科学院获奖数 Awards won by CAS	72	7	17	33	15
1989	全国授奖项数 National total	59	2	19	23	15
（第四届）	中国科学院获奖数 Awards won by CAS	32	2	11	14	5
1991	全国授奖项数 National total	53		10	31	12
（第五届）	中国科学院获奖数 Awards won by CAS	16		5	11	
1993	全国授奖项数 National total	52	1	18	21	12
（第六届）	中国科学院获奖数 Awards won by CAS	20	1	11	6	2
1995	全国授奖项数 National total	57		15	27	15
（第七届）	中国科学院获奖数 Awards won by CAS	25		10	11	4

7.10 获国家发明奖科技成果

S&T Achievements Granted with National Invention Awards

年份 Year	项目 Item	获奖总项数 Total	一等奖 1st class	二等奖 2nd class	三等奖 3rd class	四等奖 4th class
1979	全国授奖项数 National total	43	1	12	24	6
	中国科学院获奖数 Awards won by CAS	12	1	3	7	1
1980	全国授奖项数 National total	109		13	75	21
	中国科学院获奖数 Awards won by CAS	22		4	17	1
1981	全国授奖项数 National total	123	3	10	56	54
	中国科学院获奖数 Awards won by CAS	6			3	3
1982	全国授奖项数 National total	153	4	17	68	64
	中国科学院获奖数 Awards won by CAS	9			4	5
1983	全国授奖项数 National total	212	5	18	108	81
	中国科学院获奖数 Awards won by CAS	11		2	8	1
1984	全国授奖项数 National total	264	7	25	125	107
	中国科学院获奖数 Awards won by CAS	15	1	3	8	3
1985	全国授奖项数 National total	185	6	18	92	69
	中国科学院获奖数 Awards won by CAS	6			4	2

续表 7.10

年份 Year	项　目 Item	获奖总项数 Total	一等奖 1st class	二等奖 2nd class	三等奖 3rd class	四等奖 4th class
1986	全国授奖项数 National total	30		3	12	15
	中国科学院获奖数 Awards won by CAS					
1987	全国授奖项数 National total	225	1	24	96	104
	中国科学院获奖数 Awards won by CAS	12		1	9	2
1988	全国授奖项数 National total	217	4	20	97	96
	中国科学院获奖数 Awards won by CAS	12	1	2	6	3
1989	全国授奖项数 National total	150		14	67	69
	中国科学院获奖数 Awards won by CAS	4			3	1
1990	全国授奖项数 National total	224	3	15	113	93
	中国科学院获奖数 Awards won by CAS	5			4	1
1991	全国授奖项数 National total	209	1	12	92	104
	中国科学院获奖数 Awards won by CAS	7	1	1	4	1
1992	全国授奖项数 National total	170		10	68	92
	中国科学院获奖数 Awards won by CAS	5		1	1	3
1993	全国授奖项数 National total	175		16	74	85
	中国科学院获奖数 Awards won by CAS	5		2	3	

续表 7.10

年份 Year	项 目 Item	获奖总项数 Total	一等奖 1st class	二等奖 2nd class	三等奖 3rd class	四等奖 4th class
1995	全国授奖项数 National total	131	1	12	59	59
	中国科学院获奖数 Awards won by CAS	4		1	3	
1996	全国授奖项数 National total	111	1	8	56	46
	中国科学院获奖数 Awards won by CAS	9		1	6	2

注：1994 年国家发明奖停评一年。

Note：The appraisal of achievements for national invention awards was suspended in 1994 for a year.

7.11 获国家科技进步奖科技成果

S&T Achievements Granted with National S&T Progress Awards

年份 Year	项目 Item	获奖总项数 Total	特等奖 Special class	一等奖 1st class	二等奖 2nd class	三等奖 3rd class
1985	全国授奖项数 National total	1761	23	135	535	1068
	中国科学院获奖数 Awards won by CAS	73	2	8	28	35
1987	全国授奖项数 National total	807	4	50	237	516
	中国科学院获奖数 Awards won by CAS	36		1	13	22
1988	全国授奖项数 National total	515	3	34	151	327
	中国科学院获奖数 Awards won by CAS	29		4	11	14
1989	全国授奖项数 National total	504	3	36	152	313
	中国科学院获奖数 Awards won by CAS	26		1	9	16
1990	全国授奖项数 National total	505	3	32	142	328
	中国科学院获奖数 Awards won by CAS	17	1	3	5	8
1991	全国授奖项数 National total	502	1	32	140	329
	中国科学院获奖数 Awards won by CAS	28		1	11	16
1992	全国授奖项数 National total	649	3	38	195	413
	中国科学院获奖数 Awards won by CAS	40		4	14	22

年份 Year	项目 Item	获奖总项数 Total	特等奖 Special class	一等奖 1st class	二等奖 2nd class	三等奖 3rd class
1993	全国授奖项数 National total	441	2	27	122	290
	中国科学院获奖数 Awards won by CAS	22		3	10	9
1995	全国授奖项数 National total	607	2	25	182	398
	中国科学院获奖数 Awards won by CAS	44		2	13	29
1996	全国授奖项数 National total	536	4	20	169	343
	中国科学院获奖数 Awards won by CAS	31			8	23

注：国家科技进步奖 1986 年、1994 年停评。

Note：The appraisal of achievements for national S&T progress awards was suspended in 1986，in 1994.

7.12 获中国科学院自然科学奖情况

S&T Achievements Granted with CAS Natural Science Awards

单位：项（item）

年 份 Year	合计 Total	一等奖 1st class	二等奖 2nd class	三等奖 3rd class
1989	127	20	51	56
1990	125	12	47	66
1991	111	11	50	50
1992	116	17	43	56
1993	107	17	45	45
1994	98	18	37	43
1995	95	16	36	43
1996	86	12	35	39

7.13 获中国科学院科技进步奖情况

S&T Achievements Granted with CAS S&T Progress Awards

单位：项（item）

年 份 Year	合计 Total	特等奖 Special class	一等奖 1st class	二等奖 2nd class	三等奖 3rd class
1980	232		56	176	
1981	131		33	98	
1982	239		32	207	
1983	294		53	241	
1986	687	3	63	206	415
1987	400	2	62	134	202
1988	361	1	41	134	185
1989	238	2	21	85	130
1990	234	1	29	93	111
1991	251	1	30	87	133
1992	259	2	37	92	128
1993	196	1	28	67	100
1994	151	2	13	60	76
1995	138	1	21	47	69
1996	131	4	15	43	69

注：1980～1983 年为重大科技成果奖，1984、1985 年停评，1986～1988 年统称为中国科学院科技进步奖，1989 年以后自然科学奖与科技进步奖分开评审。

Note：The awards were called Major S&T Progress Awards from 1980 to 1983. The award evaluation was suspended in 1984 and 1985. From 1986 to 1988，the awards were renamed CAS S&T Progress Awards and separate evaluations of CAS Natural Science Awards and CAS S&T Progress Awards started in 1989.

八、国际交流

INTERNATIONAL COOPERATION

8.1 国际合作与交流情况

Statistics of International Cooperation and Exchange

单位：人次（person・times）

年份 Year	派出 CAS staff sent abroad	邀请 Foreign visitors hosted by CAS	年份 Year	派出 CAS staff sent abroad	邀请 Foreign visitors hosted by CAS
1950	16		1981	1119	1211
1951	11		1982	1322	992
1952	5		1983	1222	1798
1953	53		1984	1827	1845
1954	45	3	1985	1713	3197
1955	84	84	1986	1310	3770
1956	226	204	1987	2216	2558
1957	133	248	1988	3344	3518
1958	159	345	1989	4077	2097
1959	103	302	1990	4456	2184
1960	119	192	1991	4459	2544
1961 | 1976	75 147	27 200	1992	4164	2425
			1993	4378	2719
1977	217	322	1994	4319	1835
1978	587	571	1995	4484	2554
1979	784	1074	1996	5432	2018
1980	950	1760			

8.2 国际合作与交流情况（1996 年）

Statistics of International Cooperation and Exchange：1996

单位：人次（person · times）

国家与地区 Country and region	派出 CAS staff sent abroad			邀请 Foreign visitors hosted by CAS		
	合计 Total	院级 At academy level	所级 At institute level	合计 Total	院级 At academy level	所级 At institute level
总计 Total	**5432**	**1305**	**4127**	**2018**	**769**	**1249**
美洲与大洋洲 America & Oceania	1301	247	1054	443	110	333
美国 USA	1016	137	879	375	87	288
加拿大 Canada	90	19	71	30	2	28
澳大利亚 Australia	153	65	88	34	19	15
新西兰 New Zealand	23	19	4			
巴西 Brazil	9	3	6	2		2
墨西哥 Mexico	7	3	4			
阿根廷 Argentina	3	1	2	2	2	
智利 Chile						
欧　洲 Europe	1492	642	850	559	237	322
德国 Germany	413	183	230	118	59	59
英国 UK	156	67	89	116	17	99
意大利 Italy	167	48	119	31	16	15

续表 8.2

国家与地区 Country and region	派出 CAS staff sent abroad			邀请 Foreign visitors hosted by CAS		
	合计 Total	院级 At academy level	所级 At institute level	合计 Total	院级 At academy level	所级 At institute level
法国 France	189	72	117	64	40	24
荷兰 Holland	75	33	42	10	4	6
瑞典 Sweden	51	16	35	11	5	6
瑞士 Switzerland	61	19	42	5		5
芬兰 Finland	14	8	6	2	2	
挪威 Norway	26	8	18	6	6	
丹麦 Denmark	12	5	7	3	1	2
奥地利 Austria	28	15	13	7	3	4
比利时 Belgium	20	5	15	12	3	9
西班牙 Spain	18	9	9			
葡萄牙 Portugal	4		4			
土耳其 Turkey	5		5			
俄罗斯 Russia	140	93	47	110	44	66
白俄罗斯 Belorus	4	4		2		2
乌克兰 Ukraine	37	13	24	19	5	14
捷克 Czech	11	3	8	3	2	1

国家与地区 Country and region	派出 CAS staff sent abroad			邀请 Foreign visitors hosted by CAS		
	合计 Total	院级 At academy level	所级 At institute level	合计 Total	院级 At academy level	所级 At institute level
匈牙利 Hungary	13	8	5	4	4	
波兰 Poland	31	20	11	20	15	5
斯洛伐克 Slovaki	2	1	1			
保加利亚 Bugaria	1		1	1	1	
罗马尼亚 Romania	5	4	1	11	6	5
斯洛文尼亚 Slovenia	9	8	1	4	4	
亚　洲 Asia	2519	382	2137	982	409	573
日本 Japan	817	223	594	720	347	373
香港 Hong Kong	972	60	912	58		58
朝鲜民主主义人民共和国 DPRK	34	2	32	14	4	10
韩国 Republic of Korea	334	60	274	47	13	34
新加坡 Singapore	100		100	11	4	7
泰国 Thailand	83	4	79	17		17
以色列 Israel	17		17	10	7	3
印度 India	27	4	23	13	6	7
蒙古国 Mongolia	15	5	10	2	2	

国家与地区 Country and region	派出 CAS staff sent abroad			邀请 Foreign visitors hosted by CAS		
	合计 Total	院级 At academy level	所级 At institute level	合计 Total	院级 At academy level	所级 At institute level
巴基斯坦 Pakistan	18	5	13	8	7	1
塔吉克斯坦 Tadzikistan				2		2
哈萨克斯坦 Kazakhstan	3		3			
印度尼西亚 Indonesia	15	1	14	6		6
越南 Vietnam	18	5	13	35	5	30
马来西亚 Malaysia	19	2	17	15		15
菲律宾 Philippines	16		16	7	4	3
伊朗 Iran	1		1	5		5
澳门 Macao	18		18			
尼泊尔 Nepal	12	11	1	12	10	2
孟加拉 Bangladesh						
其他 Others	120	34	86	34	13	21

8.3 国际合作与交流邀请项目按类型分类（1996年）

Statistics of Foreign Visitors Hosted by CAS, by Type of Exchange: 1996

单位：人次（person·times）

国家与地区 Country and region	按交流形式分类统计（人次） By type of exchange (person·times)				
	考察访问 Investigation and visit	合作研究 Joint research	国际会议 International conference	培训 Training	其他 Others
总计 Total	**903**	**524**	**431**	**21**	**139**
美洲与大洋洲 America & Oceania	239	118	56	5	25
美国 USA	214	102	32	5	22
加拿大 Canada	7		20		3
澳大利亚 Australia	16	15	3		
新西兰 New Zealand					
巴西 Brazil		1	1		
墨西哥 Mexico					
阿根廷 Argentina	2				
智利 Chile					
欧　洲 Europe	236	171	96	5	51
德国 Germany	32	55	11		20
英国 UK	66	33	14		3
意大利 Italy	3	20	4	3	1
法国 France	44	5	2		13
荷兰 Holland	1	6	3		

续表 8.3

国家与地区 Country and region	按交流形式分类统计（人次） By type of exchange (person · times)				
	考察访问 Investigation and visit	合作研究 Joint research	国际会议 International conference	培训 Training	其他 Others
瑞典 Sweden	4	6			1
瑞士 Switzerland	2		1	2	
芬兰 Finland		2			
挪威 Norway		6			
丹麦 Denmark	1	2			
奥地利 Austria	2	5			
比利时 Belgium	4	6	1		1
西班牙 Spain					
葡萄牙 Portugal					
土耳其 Turkey					
俄罗斯 Russia	21	19	60		10
白俄罗斯 Belorus		1			1
乌克兰 Ukraine	18				1
捷克 Czech	3				
匈牙利 Hungary	4				
波兰 Poland	15	5			

国家与地区 Country and region	按交流形式分类统计（人次） By type of exchange (person • times) 考察访问 Investigation and visit	合作研究 Joint research	国际会议 International conference	培训 Training	其他 Others
斯洛伐克 Slovaki					
保加利亚 Bugaria	1				
罗马尼亚 Romania	11				
斯洛文尼亚 Slovenia	4				
亚　洲 Asia	411	234	269	10	58
日本 Japan	269	178	228	1	44
香港 Hong Kong	18	22	10	4	4
朝鲜民主主义人民共和国 DPRK	9				5
韩国 Republic of Korea	28	13	5		1
新加坡 Singapore	4	5	2		
泰国 Thailand	17				
以色列 Israel	9		1		
印度 India	4	2	6	1	
蒙古国 Mongolia	2				
巴基斯坦 Pakistan	3	1		4	
塔吉克斯坦 Tadzikistan	2				

国家与地区 Country and region	按交流形式分类统计（人次） By type of exchange (person · times)				
	考察访问 Investigation and visit	合作研究 Joint research	国际会议 International conference	培训 Training	其他 Others
哈萨克斯坦 Kazakhstan					
印度尼西亚 Indonesia	2	1	1		2
越南 Vietnam	32		3		
马来西亚 Malaysia			13		2
菲律宾 Philippines	7				
伊朗 Iran	3	2			
澳门 Macao					
尼泊尔 Nepal	2	10			
孟加拉 Bangladesh					
其他 Others	17	1	10	1	5

8.4 国际合作与交流派出项目按类型分类（1996年）
Statistics of CAS Staff Sent Abroad, by Type of Exchange: 1996

单位：人次（person · times）

国家与地区 Country and region	按交流形式分类统计（人次） By type of exchange (person · times)				
	考察访问 Investigation and visit	合作研究 Joint research	国际会议 International conference	培训 Training	其他 Others
总　计 Total	**1546**	**1466**	**1934**	**39**	**447**
美洲与大洋洲 America & Oceania	405	289	505	7	95
美国 USA	305	227	402	5	77
加拿大 Canada	38	12	36		4
澳大利亚 Australia	40	44	54	2	13
新西兰 New Zealand	19	2	2		
巴西 Brazil	2	2	5		
墨西哥 Mexico	1	2	4		
阿根廷 Argentina			2		1
智利 Chile					
欧　洲 Europe	583	423	366	11	109
德国 Germany	150	142	72	1	48
英国 UK	52	50	34	3	17
意大利 Italy	30	63	65	2	7
法国 France	83	56	40		10
荷兰 Holland	14	22	30	1	8

国家与地区 Country and region	按交流形式分类统计（人次） By type of exchange (person·times)				
	考察访问 Investigation and visit	合作研究 Joint research	国际会议 International conference	培训 Training	其他 Others
瑞典 Sweden	24	13	12	1	1
瑞士 Switzerland	23	19	15		4
芬兰 Finland	4	5	5		
挪威 Norway	7	8	5		6
丹麦 Denmark	6	3	3		
奥地利 Austria	5	7	16		
比利时 Belgium	4	10	4	1	1
西班牙 Spain	1	6	9		2
葡萄牙 Portugal	2		2		
土耳其 Turkey			5		
俄罗斯 Russia	103	14	20	2	1
白俄罗斯 Belorus	4				
乌克兰 Ukraine	31		5		1
捷克 Czech	4	2	5		
匈牙利 Hungary	7		6		
波兰 Poland	18	3	8		2

国家与地区 Country and region	按交流形式分类统计（人次） By type of exchange (person · times)				
	考察访问 Investigation and visit	合作研究 Joint research	国际会议 International conference	培训 Training	其他 Others
斯洛伐克 Slovaki			2		
保加利亚 Bugaria			1		
罗马尼亚 Romania	4				1
斯洛文尼亚 Slovenia	7		2		
亚　洲 Asia	530	736	1023	21	209
日本 Japan	202	239	299	5	72
香港 Hong Kong	139	391	367	8	67
朝鲜民主主义人民共和国 DPRK	12	8		4	10
韩国 Republic of Korea	66	58	191		19
新加坡 Singapore	27	17	36		20
泰国 Thailand	23	4	44	1	11
以色列 Israel	4	6	7		
印度 India	2	1	20		4
蒙古国 Mongolia	11		3		1
巴基斯坦 Pakistan	11	1	5		1
塔吉克斯坦 Tadzikistan					

续表 8.4

国家与地区 Country and region	按交流形式分类统计（人次） By type of exchange (person · times)				
	考察访问 Investigation and visit	合作研究 Joint research	国际会议 International conference	培训 Training	其他 Others
哈萨克斯坦 Kazakhstan	2	1			
印度尼西亚 Indonesia	1		12		2
越南 Vietnam	12		3	2	1
马来西亚 Malaysia	5	4	10		
菲律宾 Philippines		4	11	1	
伊朗 Iran	1				
澳门 Macao	11	2	4		1
尼泊尔 Nepal	1		11		
孟加拉 Bangladesh					
其他 Others	28	18	40		34

注：表 8.3 和表 8.4 中按交流形式分类由 1996 年的考察和访问两栏合并为考察访问一栏，合作栏改为合作研究栏，会议栏改为国际会议栏，讲学栏合并到合作研究栏。

Note: Some changes have been made in tables 8.3 and 8.4 compared with that in 1996. For example, "Investigation" and "Visit" are put together, "Conference" becomes "International conference", and "Lecture" is included in "Joint research".

8.5 中国科学院与国外科研机构主要合作协议（1996 年）

Main Agreements Between the CAS and Its Foreign Counterparts：1996

亚非地区

1. 中国科学院和日本学术振兴会学术交流备忘录
   Memorandum of Understanding Between the Japan Society for the Promotion of Science and the Chinese Academy of Sciences on Academic Exchange
2. 中国科学院和日本学术振兴会关于开展重点大学间学术交流的备忘录
   Memorandum of Understanding Between the Japan Society for the Promotion of Science and the Chinese Academy of Sciences on Academic Exchange Among Key Universities
3. 中国科学院和日本理化学研究所交流备忘录
   Memorandum of Understanding Between the Japan Institute of Physical and Chemical Research and the Chinese Academy of Sciences on Scientific Exchange
4. 中国科学院和朝鲜民主主义人民共和国科学院科学合作协定
   Agreement on Scientific Cooperation Between the Academy of Sciences of the Democratic People's Republic of Korea and the Chinese Academy of Sciences
5. 中国科学院和韩国科学财团关于科技合作谅解的备忘录
   Memorandum of Understanding for Scientific and Technological Cooperation Between the Korea Science and Engineering Foundation and the Chinese Academy of Sciences
6. 中国科学院和韩国学术院关于科学合作的议定书
   Protocol for Scientific Cooperation Between the National Academy of Sciences, Republic of Korea and the Chinese Academy of Sciences
7. 中国科学院与印度全国科学院关于科学技术合作的协定
   Cooperative Agreement on Scientific and Technological Cooperation Between the Indian National Science Academy and the Chinese Academy of Sciences
8. 中国科学院和蒙古国科学院科学合作协议
   Agreement on Scientific Cooperation Between the Mongolian Academy of Sciences and the Chinese Academy of Sciences
9. 中国科学院和越南国家科学技术中心科学技术合作协议
   Agreement on Scientific and Technological Cooperation Between the Chinese Academy of Sciences and the National Center for Science and Technology of Vietnam
10. 中国科学院和以色列科学与人文科学院科学合作谅解备忘录
    Memorandum of Understanding for Scientific Cooperation Between the Israel Academy of Sciences and Humanities and the Chinese Academy of Sciences

中亚东欧地区

11. 中国科学院和俄罗斯科学院科学合作协议
    Agreement on Scientific Cooperation Between the Russian Academy of Sciences and the Chinese Academy of Sciences
12. 中国科学院和白俄罗斯科学院科学合作协议
    Agreement on Scientific Cooperation Between the Belorussian Academy of Sciences and the Chinese Academy of Sciences

中亚东欧地区

13. 中国科学院和乌克兰科学院科学合作协议
Agreement on Scientific Cooperation Between the Ukraine Academy of Sciences and the Chinese Academy of Sciences
14. 中国科学院和哈萨克斯坦科学院科学合作协议
Agreement on Scientific Cooperation Between the Kazakhstan Academy of Sciences and the Chinese Academy of Sciences
15. 中国科学院和罗马尼亚科学院科学合作协议
Agreement on Scientific Cooperation Between the Romanian Academy of Sciences and the Chinese Academy of Sciences
16. 中国科学院和匈牙利科学院科学合作协议
Agreement on Scientific Cooperation Between the Hungarian Academy of Sciences and the Chinese Academy of Sciences
17. 中国科学院和波兰科学院科学合作协议
Agreement on Scientific Cooperation Between the Poland Academy of Sciences and the Chinese Academy of Sciences
18. 中国科学院和保加利亚科学院科学合作协议
Agreement on Scientific Cooperation Between the Bulgarian Academy of Sciences and the Chinese Academy of Sciences
19. 中国科学院和捷克共和国科学院科学合作协议
Agreement on Scientific Cooperation Between the Academy of Sciences of the Czech Republic and the Chinese Academy of Sciences
20. 中国科学院和斯洛伐克科学院科学合作协议
Agreement on Scientific Cooperation Between the Slovak Academy of Sciences and the Chinese Academy of Sciences
21. 中国科学院和乌兹别克斯坦科学院科学合作协定
Agreement on Scientific Cooperation Between CAS and Uzbekistan Academy of Sciences

西欧地区

22. 中国科学院和德国马克斯·普朗克科学促进学会合作协议
Cooperative Agreement Between the Max-Planck Society of Germany and the Chinese Academy of Sciences
23. 中国科学院和德国夫朗和费应用研究促进学会科学技术合作协议
Cooperative Agreement Between the Fraunhofer Society of Germany and the Chinese Academy of Sciences
24. 中国科学院和法兰西学院科学院科学合作协议
Agreement on Scientific Cooperation Between the Chinese Academy of Sciences and the Academic des Sciences de e'Institut de France
25. 中国科学院和法国国家科研中心科学技术合作协议
Agreement on Scientific and Technological Cooperation Between the French National Center for Scientific Research and the Chinese Academy of Sciences
26. 中国科学院和法国原子能总署科学合作协议
Agreement on Scientific Cooperation Between the French Commission of Atomic Energy and the Chinese Academy of Sciences

西欧地区

27. 中国科学院生物学部和法国国家健康与医学研究院关于在生命科学领域的合作协议
Cooperative Agreement Between the French National Institute of Health and Medical Research and the Chinese Academy of Sciences in the Field of Life Science
28. 中国科学院与英国伦敦皇家学会科学合作协议
Agreement on Scientific Cooperation Between the Royal Society of London and the Chinese Academy of Sciences
29. 中国科学院和瑞士科学院、瑞士工程科学院科学合作协议
Agreement on Scientific Cooperation Between the Chinese Academy of Sciences and the Swiss Academy of Sciences and Swiss Academy of Engineering Sciences
30. 中国科学院和意大利国家研究委员会科学合作协议
Agreement on Scientific Cooperation Between the Italian National Research Council and the Chinese Academy of Sciences
31. 中国科学院和意大利国家原子核物理研究院科学合作会谈纪要
Agreement on Scientific Cooperation Between the Italian National Institute of Nuclear Physics and the Chinese Academy of Sciences
32. 中国科学院和瑞典皇家科学院科学合作协议
Agreement on Scientific Cooperation Between the Royal Swedish Academy of Sciences and the Chinese Academy of Sciences
33. 中国科学院和荷兰教育部科学合作备忘录
Memorandum of Understanding on Scientific Cooperation and Exchange Between the Netherlands Ministry of Education and Science and the Chinese Academy of Sciences
34. 中国科学院和比利时国家科学研究基金会合作协议
Agreement on Scientific Cooperation Between the Belgian National Foundation for Scientific Research and the Chinese Academy of Sciences
35. 中国科学院和芬兰科学院科学合作协议
Agreement on Scientific Cooperation Between the Academy of Finland and the Chinese Academy of Sciences
36. 中国科学院和丹麦研究院关于交换科学家的谅解备忘录
Letter of Understanding on the Exchanges of Scientists Between the Danish Research Academy and the Chinese Academy of Sciences
37. 中国科学院和奥地利科学院科学合作协议
Agreement on Scientific Cooperation Between the Austrian Academy of Sciences and the Chinese Academy of Sciences
38. 中国科学院和西班牙王国高等科学研究理事会科学合作协议
Agreement on Scientific Cooperation Between the Spanish Research Council for Advanced Sciences and the Chinese Academy of Sciences
39. 中国科学院和欧洲核子中心科学技术合作协议
Agreement on Scientific and Technological Cooperation Between the European Organization for Nuclear Research and the Chinese Academy of Sciences

美洲地区

40. 中国科学院和美国全国科学院谅解备忘录
Memorandum of Understanding Between the US National Academy of Sciences and the Chinese Academy of Sciences

美洲地区

41. 中华人民共和国中国科学院、中国社会科学院、国家自然科学基金委员会、国家教委和美利坚合众国国家科学基金会基础科学合作议定书
Protocol Between the National Science Foundation of the United States of America and the Chinese Academy of Sciences, Chinese Academy of Social Sciences ,National Natural Science Foundation of China and State Education Commission of the People's Republic of China on Cooperation in the Basic Sciences
42. 中华人民共和国中国科学院和美利坚合众国华盛顿特区史密森博物研究院科学合作协议
Agreement on Scientific Cooperation Between the Smithsonian Institution, Washington, D. C. , USA and the Chinese Academy of Sciences, People's Republic of China
43. 中华人民共和国中国科学院和美利坚合众国国立卫生研究院基础生物医学科学合作谅解备忘录
Memorandum of Understanding Between the National Institute of Health of the United States of America and the Chinese Academy of Sciences of the People's Republic of China on Cooperation in the Basic Biomedical Sciences
44. 中华人民共和国中国科学院和美利坚合众国能源部在高能物理领域进行合作的执行协议
The Implementing Accord Between the Department of Energy of the United States of America and the Chinese Academy of Sciences of the People's Republic of China on Cooperation in the Field of High Energy Physics
45. 中国科学院和加拿大国家研究理事会科学合作谅解备忘录
Memorandum of Understanding Between the National Research Council, Canada and the Chinese Academy of Sciences on Scientific Cooperation
46. 中国科学院与加拿大皇家学会关于自然科学与技术交流与合作协议
Agreement on Exchange and Cooperation in Natural Science and Technology between the CAS and the Royal Society of Canada
47 中国科学院和古巴科学院科学合作协定
Agreement on Scientific Cooperation Between the Cuban Academy of Sciences and the Chinese Academy of Sciences
48. 中国科学院与巴西国家科学和技术发展委员会在纯粹科学和应用科学方面的合作协议
Agreement on Cooperation in the Field of Pure and Applied Sciences Between the Brazil National Committee on Scientific and Technological Development and the Chinese Academy of Sciences
49. 中国科学院与阿根廷共和国国家科学和技术研究委员会科学技术合作协议
Agreement on Scientific and Technological Cooperation Between the National Commission of Science and Technology of the Argentina Republic and the Chinese Academy of Sciences

大洋洲地区

50. 中国科学院和澳大利亚科学院合作协议
Agreement on Scientific Cooperation Between the Australian Academy of Science and the Chinese Academy of Sciences
51. 中华人民共和国中国科学院和澳大利亚联邦科学与工业组织科学合作协议
Agreement on Scientific Cooperation Between the Commonwealth Scientific and Industrial Research Organization, Australia and the Chinese Academy of Sciences of the People's Republic of China

九、人才培养

TALENT TRAINING

9.1 院属高等院校录取和毕业大学生情况
Enrollment and Graduation of Undergraduate Students in CAS University and Colleges

单位：人

年份 Year	录取大学生 Total enrollment			毕业大学生 Total graduation		
	合计 Total	本科 Regular college courses	专科 Special college courses	合计 Total	本科 Regular college courses	专科 Special college courses
1978	999	999				
1979	3009	3009		869	799	70
1980	557	557		1451	1334	117
1981	568	568		108		108
1982	639	588	51	690	690	
1983	721	662	59	668	668	
1984	758	714	44	529	476	53
1985	835	777	58	593	534	59
1986	752	752		574	574	
1987	985	810	175	572	572	
1988	1054	774	280	850	638	212
1989	748	632	116	892	687	205
1990	860	695	165	1003	734	269
1991	970	776	194	820	683	137
1992	1291	865	426	987	821	166
1993	1870	1032	838	899	684	215
1994	1721	1084	637	869	493	376
1995	1621	1123	498	1502	611	891
1996	1759	1148	611	1494	867	627

9.2 录取研究生和授予学位情况

Total Enrollment of Graduate Students and Degrees Granted

单位：人

年份 Year	录取研究生 Total enrollment			授予学位 Total degrees granted		
	合计 Total	博士 Doctor's degree	硕士 Master's degree	合计 Total	博士 Doctor's degree	硕士 Master's degree
1955	50		50			
1956	249		249			
1957	20		20			
1960	66		66			
1961	118		118			
1962	198		198			
1963	193		193			
1964	238		238			
1965	155		155			
1978	1400		1400			
1979	351		351			
1980	193		193			
1981	1123	107	1016	974		974
1982	1329	42	1287	178		178
1983	1334	59	1275	205		205
1984	1772	253	1519	469		469
1985	2349	372	1977	1253	72	1181
1986	2314	392	1922	998	78	920
1987	2361	561	1800	1187	82	1105
1988	2325	513	1812	2255	189	2066
1989	1966	416	1550	2370	313	2057
1990	1883	488	1395	1662	226	1436
1991	1862	562	1300	1940	326	1614
1992	2197	702	1495	1580	278	1302
1993	2383	724	1659	1019	244	775
1994	3024	1180	1844	1529	413	1116
1995	3372	1466	1906	1693	518	1175
1996	3631	1603	2028	2179	689	1490

9.3 研究生招收培养及授予

Total Enrollment of Graduate Students

招生单位 Institution	录取研究生 Enrollment in 1996			在学研究生 Total enrollment		
	合计 Total	博士 Ph. D.	硕士 M. S.	合计 Total	博士 Ph. D.	硕士 M. S.
总计 Total	**3631**	**1603**	**2028**	**10027**	**4249**	**5778**
北京市 Beijing	1356	685	671	3731	1885	1846
数学研究所 Inst. of Mathematics	20	15	5	65	47	18
应用数学研究所 Inst. of Applied Mathematics	11	7	4	46	32	14
系统科学研究所 Inst. of Systems Science	36	26	10	102	70	32
计算数学与科学工程计算研究所 Inst. of Computational Mathematics and Scientific/Engineering Computing	14	4	10	43	11	32
物理研究所 Inst. of Physics	67	46	21	213	144	69
声学研究所 Inst. of Acoustics	45	19	26	131	44	87
理论物理研究所 Inst. of Theoretical Physics	18	11	7	51	29	22
低温技术实验中心 Cryogenic Laboratory	3		3	10		10
高能物理研究所 Inst. of High Energy Physics	38	15	23	169	93	76
北京天文台 Beijing Astronomical Observatory	9	5	4	29	18	11
力学研究所 Inst. of Mechanics	40	23	17	105	64	41
化学研究所 Inst. of Chemistry	84	47	37	248	130	118
感光化学研究所 Inst. of Photographic Chemistry	41	20	21	128	56	72
生态环境研究中心 Research Center for Eco-Environmental Sciences	32	13	19	89	41	48

学位情况（1996 年）

and Degrees Granted：1996

单位：人

授予博士学位 Doctor's degree			授予硕士学位 Master's degree		
合计 Total	理学 Natural sciences	工学 Engineering	合计 Total	理学 Natural sciences	工学 Engineering
689	**568**	**121**	**1490**	**839**	**643**
301	257	44	420	259	161
10	8	2	6	4	2
17	17		7	7	
14	12	2	12	9	3
6	6		4	1	3
27	27		23	23	
8	8		12	12	
4	4		3	3	
			2	2	
13	13		13	9	4
5	5				
3	3		8	8	
15	15		27	27	
10	10		11	11	
10	10		15	15	

招生单位 Institution	录取研究生 Enrollment in 1996			在学研究生 Total enrollment		
	合计 Total	博士 Ph. D.	硕士 M. S.	合计 Total	博士 Ph. D.	硕士 M. S.
化工冶金研究所 Inst. of Chemical Metallurgy	50	23	27	128	63	65
地理研究所 Inst. of Geography	61	45	16	144	105	40
遥感应用研究所 Inst. of Remote Sensing Application	22	15	7	52	34	18
地质研究所 Inst. of Geology	43	30	13	93	65	28
地球物理研究所 Inst. of Geophysics	12	8	4	31	25	6
古脊椎动物与古人类研究所 Inst. of Vertebrate Paleontology and Paleoanthropology	3		3	9	4	5
大气物理研究所 Inst. of Atmospheric Physics	43	29	14	119	82	37
自然资源综合考察委员会 Commission for Integrated Surveys of Natural Resources	20	15	5	37	21	16
植物研究所 Inst. of Botany	53	32	21	139	87	52
动物研究所 Inst. of Zoology	39	28	11	110	76	34
心理研究所 Inst. of Psychology	26	12	14	61	30	31
微生物研究所 Inst. of Microbiology	39	20	19	91	44	47
生物物理研究所 Inst. of Biophysics	63	27	36	168	70	98
遗传研究所 Inst. of Genetics	29	15	14	76	35	41
发育生物学研究所 Inst. of Developmental Biology	4		4	18		18
计算技术研究所 Inst. of Computing Technology	88	36	52	215	91	124
计算机网络信息中心 Computer Network Information Center						

授予博士学位 Doctor's degree			授予硕士学位 Master's degree		
合计 Total	理学 Natural sciences	工学 Engineering	合计 Total	理学 Natural sciences	工学 Engineering
8		8	13		13
14	14		11	11	
			6	6	
7	7		5	5	
5	5		2	2	
20	20		17	17	
1	1		4	4	
22	22				
14	14		17	17	
5	5		6	6	
6	6		10	10	
10	10		18	18	
5	5		10	10	
			3	3	
6		6	38		38

招生单位 Institution	录取研究生 Enrollment in 1996			在学研究生 Total enrollment		
	合计 Total	博士 Ph. D.	硕士 M. S.	合计 Total	博士 Ph. D.	硕士 M.S.
软件研究所 Inst. of Software	67	28	39	154	59	95
半导体研究所 Inst. of Semiconductors	39	20	19	109	69	40
微电子中心 Microelectronics R&D Center	8		8	22		22
电子学研究所 Inst. of Electronics	34	13	21	86	31	55
自动化研究所 Inst. of Automation	58	19	39	167	55	112
电工研究所 Inst. of Electric Engineering	18	3	15	45	7	38
工程热物理研究所 Inst. of Engineering Thermophysics	13	5	8	42	15	27
空间科学与应用研究中心 Center for Space Science and Applied Research	13	2	11	40	10	30
遥感卫星地面站 Remote Sensing Satellite Ground Station	4		4	9		9
自然科学史研究所 Inst. of History of Natural Sciences	3	2	1	11	6	5
科技政策与管理科学研究所 Inst. of Science Policy and Management	6		6	12		12
中国科学技术大学研究生院 Graduate School of the University of Science and Technology of China	26	4	22	74	15	59
中国科学院文献情报中心 CAS Documentation and Information Center	11	3	8	29	7	22
北京科学仪器研制中心 Beijing R&D Center for Scientific Instruments	3		3	10		10
河北省 Hebei Province	6	2	4	17	6	11
石家庄农业现代化研究所 Shijiazhuang Inst. of Agricultural Modernization	3		3	6		6

授予博士学位 Doctor's degree			授予硕士学位 Master's degree		
合计 Total	理学 Natural sciences	工学 Engineering	合计 Total	理学 Natural sciences	工学 Engineering
6		6	20	1	19
9	8	1	9	4	5
			8		8
1		1	14		14
13		13	29		29
			5		5
5		5	13		13
2	2		7	2	5
			3	3	
			9	9	
			3		3

招 生 单 位 Institution	录取研究生 Enrollment in 1996			在学研究生 Total enrollment		
	合计 Total	博士 Ph. D.	硕士 M. S.	合计 Total	博士 Ph. D.	硕士 M. S.
渗流流体力学研究所 Inst. of Osmotic Mechanics	3	2	1	11	6	5
山西省 Shanxi Province	39	21	18	112	61	51
山西煤炭化学研究所 Shanxi Inst. of Coal Chemistry	39	21	18	112	61	51
辽宁省 Liaoning Province	230	120	110	669	311	358
大连化学物理研究所 Dalian Inst. of Chemical Physics	69	37	32	202	85	117
沈阳应用生态研究所 Shenyang Inst. of Applied Ecology	36	22	14	106	67	39
沈阳计算技术研究所 Shenyang Inst. of Computing Technology	11		11	37		37
沈阳自动化研究所 Shenyang Inst. of Automation	16		16	49		49
金属研究所 Inst. of Metals Research	78	50	28	217	126	91
金属腐蚀与防护研究所 Inst. of Corrosion and Protection of Metals	20	11	9	58	33	25
吉林省 Jilin Province	177	85	92	483	204	279
长春物理研究所 Changchun Inst. of Physics	28	16	12	76	37	39
长春应用化学研究所 Changchun Inst. of Applied Chemistry	87	44	43	248	117	131
长春地理研究所 Changchun Inst. of Geography	12		12	30		30
长春光学精密机械研究所 Changchun Inst. of Optics and Fine Mechanics	50	25	25	129	50	79
上海市 Shanghai	508	240	268	1374	616	758
上海原子核研究所 Shanghai Inst. of Nuclear Research	21	9	12	55	24	31
上海天文台 Shanghai Observatory	14	8	6	36	18	18

授予博士学位 Doctor's degree			授予硕士学位 Master's degree		
合计 Total	理学 Natural sciences	工学 Engineering	合计 Total	理学 Natural sciences	工学 Engineering
			3		3
7	6	1	11	6	5
7	6	1	11	6	5
42	17	25	111	30	81
8	6	2	21	18	3
11	11		12	12	
			16		16
			18		18
19		19	33		33
4		4	11		11
38	36	2	60	46	14
5	5		6	6	
29	29		21	21	
			9	9	
4	2	2	24	10	14
129	108	21	152	92	60
3	3		7	4	3
2	2		3	3	

招生单位 Institution	录取研究生 Enrollment in 1996			在学研究生 Total enrollment		
	合计 Total	博士 Ph. D.	硕士 M. S.	合计 Total	博士 Ph. D.	硕士 M. S.
上海硅酸盐研究所 Shanghai Inst. of Ceramics	43	22	21	97	50	47
上海有机化学研究所 Shanghai Inst. of Organic Chemistry	63	24	39	191	75	116
上海植物生理研究所 Shanghai Inst. of Plant Physiology	32	14	18	83	35	48
上海昆虫研究所 Shanghai Inst. of Entomology	9	5	4	23	12	11
上海药物研究所 Shanghai Inst. of Materia Medica	62	39	23	149	80	69
上海生理研究所 Shanghai Inst. of Physiology	23	10	13	57	28	29
上海生物化学研究所 Shanghai Inst. of Biochemistry	65	25	40	184	62	122
上海细胞生物学研究所 Shanghai Inst. of Cell Biology	27	6	21	71	22	49
上海脑研究所 Shanghai Inst. of Brain Research	15	10	5	35	19	16
上海生物工程研究中心 Shanghai Bioengineering Research Center	7		7	12		12
上海冶金研究所 Shanghai Inst. of Metallurgy	34	15	19	111	57	54
上海光学精密机械研究所 Shanghai Inst. of Optics and Fine Mechanics	53	34	19	145	84	61
上海技术物理研究所 Shanghai Inst. of Technical Physics	40	19	21	125	50	75
江苏省 Jiangsu Province	51	34	17	123	77	46
紫金山天文台 Purple Mountain Observatory	13	9	4	25	17	8
南京地理与湖泊研究所 Nanjing Inst. of Geography and Limnology	14	10	4	32	21	11
南京地质古生物研究所 Nanjing Inst. of Geology and Palaeontology	5	5		20	16	4

授予博士学位 Doctor's degree			授予硕士学位 Master's degree		
合计 Total	理学 Natural sciences	工学 Engineering	合计 Total	理学 Natural sciences	工学 Engineering
3		3	10		10
17	17		19	19	
14	14		13	13	
1	1		2	2	
14	14		13	13	
6	6		4	4	
18	18		8	8	
4	4		5	5	
1	1		3	3	
18	8	10	31	7	24
21	15	6	14	7	7
7	5	2	20	4	16
9	9		12	12	
4	4		4	4	
			3	3	

招生单位 Institution	录取研究生 Enrollment in 1996			在学研究生 Total enrollment		
	合计 Total	博士 Ph. D.	硕士 M. S.	合计 Total	博士 Ph. D.	硕士 M. S.
南京土壤研究所 Nanjing Inst. of Soil Science	16	10	6	40	23	17
南京天文仪器研制中心 Nanjing R&D Center for Astronomical Instruments	3		3	6		6
安徽省 Anhui Province	692	201	491	1994	516	1478
固体物理研究所 Inst. of Solid State Physics	20	10	10	60	28	32
等离子体物理研究所 Inst. of Plasma Physics	38	14	24	108	42	66
合肥智能机械研究所 Hefei Inst. of Intelligent Machines	3		3	5		5
安徽光学精密机械研究所 Anhui Inst. of Optics and Fine Mechanics	38	15	23	113	45	68
中国科学技术大学 University of Science and Technology of China	593	162	431	1708	401	1307
福建省 Fujian Province	14	5	9	54	17	37
福建物质结构研究所 Fujian Inst. of Research on the Structure of Matter	14	5	9	54	17	37
山东省 Shandong Province	54	25	29	124	57	67
海洋研究所 Inst. of Oceanology	54	25	29	124	57	67
湖北省 Hubei Province	95	46	49	246	109	137
武汉物理与数学研究所 Wuhan Inst. of Physics and Mathematics	24	10	14	64	32	32
武汉岩土力学研究所 Wuhan Inst. of Rock and Soil Mechanics	20	15	5	46	30	16
测量与地球物理研究所 Inst. of Geodesy and Geophysics	10	6	4	24	15	9
武汉植物研究所 Wuhan Inst. of Botany	5		5	17		17

续表 9.3

授予博士学位 Doctor's degree			授予硕士学位 Master's degree		
合计 Total	理学 Natural sciences	工学 Engineering	合计 Total	理学 Natural sciences	工学 Engineering
5	5		5	5	
69	43	26	466	170	288
4	4		7	7	
9	3	6	18	12	6
1	1		13	13	
55	35	20	428*	138	282
2	2		8	8	
2	2		8	8	
6	6		8	8	
6	6		8	8	
20	18	2	35	34	1
7	7		8	8	
2		2	1		1
5	5		1	1	
			3	3	

招生单位 Institution	录取研究生 Enrollment in 1996			在学研究生 Total enrollment		
	合计 Total	博士 Ph. D.	硕士 M. S.	合计 Total	博士 Ph. D.	硕士 M. S.
水生生物研究所 Inst. of Hydrobiology	24	15	9	59	32	27
武汉病毒研究所 Wuhan Inst. of Virology	12		12	36		36
湖南省 Hunan Province	7	5	2	13	9	4
长沙大地构造研究所 Changsha Inst. of Geotectonics	7	5	2	13	9	4
广东省 Guangdong Province	45	14	31	129	41	88
广州化学研究所 Guangzhou Inst. of Chemistry	10		10	29		29
广州地球化学研究所 Guangzhou Inst. of Geochemistry	12	8	4	25	18	7
南海海洋研究所 South China Sea Inst. of Oceanology	9	2	7	21	4	17
华南植物研究所 South China Inst. of Botany	9	4	5	42	19	23
广州能源研究所 Guangzhou Inst. of Energy Conversion	5		5	12		12
四川省 Sichuan Province	57		57	154		154
成都有机化学研究所 Chengdu Inst. of Organic Chemistry	20		20	44		44
成都山地灾害与环境研究所 Chengdu Inst. of Mountain Hazards and Environment	4		4	10		10
成都生物研究所 Chengdu Inst. of Biology	11		11	37		37
成都计算机应用研究所 Chengdu Inst. of Computer Application	9		9	27		27
光电技术研究所 Inst. of Optics and Electronics	13		13	36		36
贵州省 Guizhou Province	24	10	14	71	35	36

续表 9.3

授予博士学位 Doctor's degree			授予硕士学位 Master's degree		
合计 Total	理学 Natural sciences	工学 Engineering	合计 Total	理学 Natural sciences	工学 Engineering
6	6		10	10	
			12	12	
4	4		3	3	
4	4		3	3	
6	6		37	33	4
			8	8	
6	6		12	12	
			6	6	
			7	7	
			4		4
			35	23	12
			8	8	
			5	5	
			8	8	
			8	2	6
			6		6
16	16		12	12	

招生单位 Institution	录取研究生 Enrollment in 1996			在学研究生 Total enrollment		
	合计 Total	博士 Ph. D.	硕士 M. S.	合计 Total	博士 Ph. D.	硕士 M. S.
贵阳地球化学研究所 Guiyang Inst. of Geochemistry	24	10	14	71	35	36
云南省 Yunnan Province	49	17	32	113	47	66
云南天文台 Yunnan Observatory	9	4	5	29	19	10
昆明植物研究所 Kunming Inst. of Botany	24	8	16	46	16	30
西双版纳热带植物园 Xishuangbanna Tropical Botanical Garden	2		2	4		4
昆明动物研究所 Kunming Inst. of Zoology	14	5	9	34	12	22
陕西省 Shaanxi Province	59	28	31	162	76	86
陕西天文台 Shaanxi Observatory	2		2	10	4	6
水土保持研究所 Inst. of Soil and Water Conservation	21	11	10	43	21	22
西安光学精密机械研究所 Xi'an Inst. of Optics and Fine Mechanics	32	14	18	96	43	53
西安黄土与第四纪地质研究室 Xi'an Laboratory of Loess and Quaternary Geology	4	3	1	13	8	5
甘肃省 Gansu Province	137	62	75	372	172	200
近代物理研究所 Inst. of Modern Physics	50	15	35	113	39	74
兰州化学物理研究所 Lanzhou Inst. of Chemical Physics	46	25	21	146	80	66
兰州冰川冻土研究所 Lanzhou Inst. of Glaciology and Geocryology	14	10	4	33	21	12
兰州沙漠研究所 Lanzhou Inst. of Desert Research	10	3	7	29	10	19
兰州地质研究所 Lanzhou Inst. of Geology	7	3	4	21	8	13

续表 9.3

授予博士学位 Doctor's degree			授予硕士学位 Master's degree		
合计 Total	理学 Natural sciences	工学 Engineering	合计 Total	理学 Natural sciences	工学 Engineering
16	16		12	12	
4	4		20	20	
1	1		9	9	
1	1		5	5	
			2	2	
2	2		4	4	
7	7		27	24	3
			3	3	
2	2		6	6	
5	5		17	14	3
			1	1	
29	29		46	40	6
3	3		13	7	6
19	19		13	13	
3	3		3	3	
			5	5	
4	4		5	5	

招生单位 Institution	录取研究生 Enrollment in 1996			在学研究生 Total enrollment		
	合计 Total	博士 Ph. D.	硕士 M. S.	合计 Total	博士 Ph. D.	硕士 M. S.
兰州高原大气物理研究所 Lanzhou Inst. of Plateau Atmospheric Physics	10	6	4	30	14	16
青海省 Qinghai Province	16	3	13	42	10	32
青海盐湖研究所 Qinghai Inst. of Saline Lakes	9		9	15		15
西北高原生物研究所 Northwest Inst. of Plateau Biology	7	3	4	27	10	17
新疆维吾尔自治区 Xinjiang Uygur Autonomous Region	15		15	44		44
新疆物理研究所 Xinjiang Inst. of Physics	4		4	12		12
乌鲁木齐天文工作站 Ürümqi Astronomic Working Station						
新疆化学研究所 Xinjiang Inst. of Chemistry	4		4	14		14
新疆地理研究所 Xinjiang Inst. of Geography	4		4	10		10
新疆生物土壤沙漠研究所 Xinjiang Inst. of Biology, Pedology and Desert Research	3		3	8		8

注：中国科学技术大学授予的 428 名硕士学位中有 3 名法学硕士和 5 名文学硕士。

Note: Of the 428 Master's degrees granted by the University of Sciences and Technology of China, three are Masters of Laws

授予博士学位 Doctor's degree			授予硕士学位 Master's degree		
合计 Total	理学 Natural sciences	工学 Engineering	合计 Total	理学 Natural sciences	工学 Engineering
			7	7	
			13	13	
			7	7	
			6	6	
			11	6	5
			5		5
			4	4	
			2	2	

and five are Maters of Arts.

9.4 中国科学院院长奖学金获奖情况

Statistics of CAS President's Scholarship

年份 Year	获特别奖人数 Number of special awards	获优秀奖人数 Number of excellence awards
1989	8	136
1990	10	145
1991	10	142
1992	9	154
1993	10	154
1994	15	151
1995	16	152
1996	20	150

9.5 博士后流动站情况（1996 年）

Post-doctoral Researchers Centers：1996

建站单位 Institution	进站人数 Total employed	获国外博士学位人数 Those who received their doctor's degrees abroad	出站人数 Those who have left
总计 **Total**	**318**	**34**	**149**
北京市 Beijing	173	17	97
数学研究所 Inst. of Mathematics	7	3	6
应用数学研究所 Inst. of Applied Mathematics	3		3
系统科学研究所 Inst. of Systems Science	6		4
计算数学与科学工程计算研究所 Inst. of Computational Mathematics and Scientific/Engineering Computing	2		
物理研究所 Inst. of Physics	16	1	11
声学研究所 Inst. of Acoustics	4		
理论物理研究所 Inst. of Theoretical Physics	10		9
*低温技术实验中心 Cryogenic Laboratory	1	1	
高能物理研究所 Inst. of High Energy Physics	12	2	6
北京天文台 Beijing Astronomical Observatory	3	1	
力学研究所 Inst. of Mechanics	9		5
化学研究所 Inst. of Chemistry	14	2	10
感光化学研究所 Inst. of Photographic Chemistry	2		
生态环境研究中心 Research Center for Eco-Environmental Sciences	6	1	

续表 9.5

建 站 单 位 Institution	进站人数 Total employed	获国外博士学位人数 Those who received their doctor's degrees abroad	出站人数 Those who have left
化工冶金研究所 Inst. of Chemical Metallurgy	4		2
地理研究所 Inst. of Geography	5		4
遥感应用研究所 Inst. of Remote Sensing Application	3		
地质研究所 Inst. of Geology	5	1	3
地球物理研究所 Inst. of Geophysics	6		2
古脊椎动物与古人类研究所 Inst. of Vertebrate Paleontology and Paleoanthropology	1		1
大气物理研究所 Inst. of Atmospheric Physics	5		4
植物研究所 Inst. of Botany	6		3
动物研究所 Inst. of Zoology	4		2
心理研究所 Inst. of Psychology	1		
微生物研究所 Inst. of Microbiology	3		5
生物物理研究所 Inst. of Biophysics	3	1	3
遗传研究所 Inst. of Genetics	5		
计算技术研究所 Inst. of Computing Technology	7		3
软件研究所 Inst. of Software	4		2
半导体研究所 Inst. of Semiconductors	7	2	2
自动化研究所 Inst. of Automation	4	1	1

建 站 单 位 Institution	进站人数 Total employed	获国外博士学位人数 Those who received their doctor's degrees abroad	出站人数 Those who have left
工程热物理研究所 Inst. of Engineering Thermophysics	2		6
空间科学与应用研究中心 Center for Space Science and Applied Research	3	1	
山西省 Shanxi Province	1		
山西煤炭化学研究所 Shanxi Inst. of Coal Chemistry	1		
辽宁省 Liaoning Province	19	1	4
大连化学物理研究所 Dalian Inst. of Chemical Physics	7	1	
沈阳应用生态研究所 Shenyang Inst. of Applied Ecology	3		
金属研究所 Inst. of Metals Research	7		4
金属腐蚀与防护研究所 Inst. of Corrosion and Protection of Metals	2		
吉林省 Jilin Province	8		3
长春应用化学研究所 Changchun Inst. of Applied Chemistry	4		
长春光学精密机械研究所 Changchun Inst. of Optics and Fine Mechanics	4		3
上海市 Shanghai	41	5	9
上海原子核研究所 Shanghai Inst. of Nuclear Research	2	1	
上海天文台 Shanghai Observatory	1		
上海硅酸盐研究所 Shanghai Inst. of Ceramics	3	2	
上海有机化学研究所 Shanghai Inst. of Organic Chemistry	11	1	1

建站单位 Institution	进站人数 Total employed	获国外博士学位人数 Those who received their doctor's degrees abroad	出站人数 Those who have left
上海植物生理研究所 Shanghai Inst. of Plant Physiology	4	1	
上海药物研究所 Shanghai Inst. of Materia Medica	1		2
上海生理研究所 Shanghai Inst. of Physiology	2		2
上海生物化学研究所 Shanghai Inst. of Biochemistry	4		1
上海细胞生物学研究所 Shanghai Inst. of Cell Biology	3		1
上海脑研究所 Shanghai Inst. of Brain Research	3		
上海冶金研究所 Shanghai Inst. of Metallurgy	2		
上海光学精密机械研究所 Shanghai Inst. of Optics and Fine Mechanics	3		2
上海技术物理研究所 Shanghai Inst. of Technical Physics	2		
江苏省 Jiangsu Province	7	1	3
南京地质古生物研究所 Nanjing Inst. of Geology and Palaeontology	2	1	1
南京土壤研究所 Nanjing Inst. of Soil Science	5		2
安徽省 Anhui Province	29	6	12
固体物理研究所 Inst. of Solid State Physics	2		
等离子体物理研究所 Inst. of Plasma Physics	2		
安徽光学精密机械研究所 Anhui Inst. of Optics and Fine Mechanics	1	1	
中国科学技术大学 University of Science and Technology of China	24	5	12

建 站 单 位 Institution	进站人数 Total employed	获国外博士学位人数 Those who received their doctor's degrees abroad	出站人数 Those who have left
福建省 Fujian Province	2		4
福建物质结构研究所 Fujian Inst. of Research on the Structure of Matter	2		4
山东省 Shandong Province	4		1
海洋研究所 Inst. of Oceanology	4		1
湖北省 Hubei Province	6	1	7
武汉物理与数学研究所 Wuhan Inst. of Physics and Mathematics	4	1	3
水生生物研究所 Inst. of Hydrobiology	2		4
广东省 Guangdong Province	6		1
广州地球化学研究所 Guangzhou Inst. of Geochemistry	6		1
贵州省 Guizhou Province	10		5
贵阳地球化学研究所 Guiyang Inst. of Geochemistry	10		5
云南省 Yunnan Province	2		
昆明植物研究所 Kunming Inst. of Botany	1		
昆明动物研究所 Kunming Inst. of Zoology	1		
陕西省 Shaanxi Province	1		1
西安光学精密机械研究所 Xi'an Inst. of Optics and Fine Mechanics	1		1
甘肃省 Gansu Province	8	3	2

建 站 单 位 Institution	进站人数 Total employed	获国外博士学位人数 Those who received their doctor's degrees abroad	出站人数 Those who have left
近代物理研究所 Inst. of Modern Physics	3	2	1
兰州化学物理研究所 Lanzhou Inst. of Chemical Physics	1		
兰州冰川冻土研究所 Lanzhou Inst. of Glaciology and Geocryology	1		1
兰州沙漠研究所 Lanzhou Inst. of Desert Research	3	1	
青海省 Qinghai Province	1		
西北高原生物研究所 Northwest Inst. of Plateau Biology	1		

注：低温技术实验中心为非设站单位。

Note: Cryogenic Laboratory in an Institution without Post-doctoral Researches Center.

9.6 派往国外留学人员情况

Statistics of Students and Visiting Scholars Sent Abroad

单位：人

年份 Year	派出总人数 Total	访问学者 Visiting scholars	研究生 Graduate students	回国人数 Number of people returned
1979	588	489	99	408
1980	651	520	131	517
1981	725	566	159	536
1982	520	395	125	186
1983	559	389	170	36
1984	435	325	110	549
1985	779	555	224	302
1986	919	504	415	317
1987	710	420	290	295
1988	591	373	218	214
1989	410	355	55	199
1990	360	325	35	70
1991	326	313	13	113
1992	389	366	23	226
1993	373	346	27	230
1994	409	378	31	347
1995	415	369	46	322
1996	357	308	49	293

9.7 派往国外留学

Statistics of Students and Visiting

派往国家和地区 Country and region	当年派出人数 Number of people sent abroad in 1995			年龄 Age group		
	总计 Total	其中 Of which 访问学者 Visiting scholars	其中 Of which 研究生 Graduate students	30岁以下 Under 30	30～40岁 30～40	40岁以上 Over 40
总计 **Total**	**357**	**308**	**49**	**78**	**194**	**85**
美国 USA	136	134	2	18	69	49
加拿大 Canada	22	22		2	15	5
英国 UK	24	23	1		16	8
法国 France	6	6			5	1
德国 Germany	25	20	5	8	16	1
日本 Japan	30	28	2	6	20	4
澳大利亚 Australia	10	9	1		10	
奥地利 Austria	2	2		1		1
比利时 Belgium	1	1		1		
丹麦 Denmark	2	2		2		
芬兰 Finland						
荷兰 Netherlands	3	3		1	1	1

人员情况（1996 年）

Scholars Sent Abroad：1996

单位：人

研究课题性质 Field of study			当年回国人数 Number of people returned in 1995		在国外和其他地区人数 Those still studying abroad	
基础 Basic	应用 Applied	其他 Others	访问学者 Visiting scholars	研究生 Graduate students	访问学者 Visiting scholars	研究生 Graduate students
284	**65**	**8**	**253**	**40**	**2551**	**1807**
113	18	5	93	18	1151	1203
11	11		20	2	263	133
19	5		26	4	188	83
6			12	1	74	33
23	2		18	3	186	60
23	7		35	2	195	49
8	2		13	4	117	55
2			1		15	3
1			5		30	3
2					8	4
					8	2
3			6	1	28	7

派往国家和地区 Country and region	当年派出人数 Number of people sent abroad in 1995			年 龄 Age group		
	总计 Total	其中 Of which 访问学者 Visiting scholars	研究生 Graduate students	30 岁以下 Under 30	30～40 岁 30～40	40 岁以上 Over 40
瑞典 Sweden	2	2		1	1	
瑞士 Switzerland	3	3			2	1
西班牙 Spain						
意大利 Italy	3	3			1	2
新加坡 Singapore	5	5		1	4	
新西兰 New Zealand						
香港 Hong Kong	67	29	38	33	25	9
韩国 Republic of Korea	10	10		3	7	
巴西 Brazil	1	1			1	
波兰 Poland						
捷克 Czech	1	1		1		
独联体各国 CIS	2	2				2
以色列 Israel	1	1			1	
其他 Others	1	1				1

研究课题性质 Field of study			当年回国人数 Number of people returned in 1995		在国外和其他地区人数 Those still studying abroad	
基础 Basic	应用 Applied	其他 Others	访问学者 Visiting scholars	研究生 Graduate students	访问学者 Visiting scholars	研究生 Graduate students
2					41	15
2	1				43	13
					2	
3			1		29	3
4		1			8	
					7	4
53	13	1	17	4	81	105
4	5	1	3		12	
1					2	1
					1	
1			1		1	
2			1	1	24	18
1			1		9	2
	1				28	11

9.8 职工教育和社会

Statistics of Staff Training and Personnel

单 位 Unit	总 计 Total	继续教育 Continued education	
		外语 Foreign language	科技专业知识 S&T professional knowledge
合 计 **Total**	**51860**	**1572**	**21110**
一、院校培训 By university and college	15331	105	
管理干部学院 College of Training Managerial Caders	981		
职工科技大学 Worker's S&T College	1121	35	
中国科学技术大学 University of Science and Technology of China	12368	70	
成都分院职工大学 Workers' College of Chengdu Branch	479		
合肥分院科学技术学校 S&T School of Hefei Branch	382		
二、地区培训 By region	36529	1467	21110
北京地区 Beijing region	8441	129	5836
沈阳地区 Shenyang region	5484	51	4954
武汉地区 Wuhan region	1054	227	317

培训情况（1996 年）

Trained for the Society：1996

单位：人次（person・times）

管理培训 Management training		技术岗位培训 Technical training		学历教育 Schooling education		在职攻读学位 On-job degree study	为社会培训 Trained for the society
科技管理 S&T management	经营开发 Business administration	实验技术 Laboratory techniques	技术工人 Technical training for workers	成人高教 Adult higher education	中专、技校 Specialized secondary technical school		
5873	**1155**	**1620**	**2980**	**2911**	**861**	**679**	**13099**
651	191	42	712	2113	855		10662
625	106			250			
			712	90	84		200
26	85	42		1683			10462
				90	389		
					382		
5222	964	1578	2268	798	6	679	2437
1145	220	74	349	34	2	120	532
158	25	43	107	9		55	82
329	6	23	81	8		63	

单 位 Unit	总 计 Total	继续教育 Continued education	
		外语 Foreign language	科技专业知识 S&T professional knowledge
广州地区 Guangzhou region	1402	32	609
长春地区 Changchun region	2276	41	556
成都地区 Chengdu region	1561	303	713
兰州地区 Lanzhou region	1680	186	724
西安地区 Xi'an region	2258	238	226
合肥地区 Hefei region	1529	73	150
南京地区 Nanjing region	2066	1	1200
昆明地区 Kunming region	981		725
上海地区 Shanghai region	4701	46	3388
新疆地区 Xinjiang region	767	25	417
其他地区 Other regions	2329	115	1295

续表 9.8

管理培训 Management training		技术岗位培训 Technical training		学历教育 Schooling education		在职攻读学位 On-job degree study	为社会培训 Trained for the society
科技管理 S&T management	经营开发 Business administration	实验技术 Laboratory techniques	技术工人 Technical training for workers	成人高教 Adult higher education	中专、技校 Specialized secondary technical school		
264	11	8	28	20		22	408
476	242	300	420	5		49	187
179	26		13	241		21	65
213	41	95	33	327		35	26
277	66	472	614	6		29	330
709	65	152	180	66		119	15
205	150	24	182	4			300
168	21		2			14	51
666	63	16	206	35	2	68	211
260	15		11	18		21	
173	13	371	42	25	2	63	230

9.9 获青年科学家

Statistics of the Young

年份 Year	等级 Awards	总计 Total	性别 Sex 男 Male	女 Female	平均年龄 Average age	年龄 Age 30岁以下 Under 30	31～35岁 31～35	36～40岁 36～40
1989	全部获奖者 Total winners	21	21		33	6	10	5
	一等奖 First prize	4	4		41.75			4
	二等奖 Second prize	17	17		31	6	10	1
1991	全部获奖者 Total winners	25	23	2	31.6	11	11	3
	一等奖 First prize	5	5		34.6	2		3
	二等奖 Second prize	20	18	2	30.8	9	11	
1993	全部获奖者 Total winners	40	39	1	32	14	22	4
	一等奖 First prize	10	10		34.4	1	5	4
	二等奖 Second prize	30	29	1	31.3	13	17	
1995	全部获奖者 Total winners	40	38	2	33	7	30	3
	一等奖 First prize	10	10		34	1	6	3
	二等奖 Second prize	30	28	2	32	6	24	

注：中国科学青年科学家奖每二年评选一次。

Note：The appraisal of the Young Scientist Award is conducted every two years.

奖人员情况
Scientist Award Winners

学位 Academic degrees			职称 Professional posts		发表论文 Papers published (article)	获奖情况 Awards	
国内 Granted domestically		国外 Granted abroad	研究员 Full research fellow	副研究员 Associate research fellow		国家级 At the state level	省部院级 At the provincial, ministerial and CAS levels
博士 Ph. D	硕士 MS	博士 Ph. D					
9	9	3	4	17	344	5	8
2		2	4		130	2	3
7	9	1		17	214	3	5
13	8	3	2	23	643	1	11
3	2		2	3	139	1	1
10	6	3		20	504		10
31	5	3	13	27	1159	6	32
9		1	10		355	1	9
22	5	2	3	27	804	5	23
27	9	4	20	20	1582	9	35
8	2		7	3	359	8	9
19	7	4	13	17	1223	1	26

9.10 特批高级专业技术职务人数

Statistics of Senior Professional Posts Specially Approved

年份 Year	总计 Total	正高级 Full professors & equivalent	副高级 Associate professors & equivalent	其中 Of which 男 Male	其中 Of which 女 Female
1987	22	4	18	22	
1988	31	14	17	27	4
1989	31	4	27	27	4
1990	43	16	27	41	2
1991	80	15	65	75	5
1992	141	19	122	139	2
1993	318	59	259	301	17
1994	311	92	219	291	20
1995	492	115	377	463	29
1996	196	196		189	7

9.11 有突出贡献的专家人数

Statistics of Professionals with Outstanding Contributions

年份 Year	1984	1986	1988	1990	1992	1994	1996
国家级 At the state level	60	51	65	35	30	21	20
院级 At CAS level				30	30	30	30

9.12 中国科学院"百人计划"招聘情况

Young Scholars Selected into CAS One Hundred Talents Program

年份 Year	招聘人数 Number of scholar selected	平均年龄 Average age	入选者来源 Source of scholars 国外 From abroad	院外 From outside CAS	院内 From CAS 所外 From outside the institute	所内 From the institute	性别 Sex 男 Male	女 Female
1994	14	35.3	3	1		10	14	
1995	18	33.9	7	1	2	8	18	
1996	27	36.7	14	5	1	7	27	

注：入选者全部为博士学位获得者。

Note: Scholars selected are all doctor's degree holders.

9.13 中国科学院"百人计划"各单位招聘情况

Young Scholars Selected into CAS One Hundred Talents Program, by Institution

科研单位 Research unit	1994 年	1995 年	1996 年
总 计 **Total**	**14**	**18**	**27**
北京市 Beijing			
数学研究所 Inst. of Mathematics		1	
应用数学研究所 Inst. of Applied Mathematics			1
系统科学研究所 Inst. of Systems Science			2
物理研究所 Inst. of Physics	1		1
声学研究所 Inst. of Acoustics		1	
高能物理研究所 Inst. of High Energy Physics		1	
北京天文台 Beijing Astronomical Observatory	1		
化学研究所 Inst. of Chemistry			2
化工冶金研究所 Inst. of Chemical Metallurgy			1
遥感应用研究所 Inst. of Remote Sensing Application			1
地质研究所 Inst. of Geology			1
地球物理研究所 Inst. of Geophysics	2		2
大气物理研究所 Inst. of Atmospheric Physics		2	

科研单位 Research unit	1994 年	1995 年	1996 年
植物研究所 Inst. of Botany	1		
动物研究所 Inst. of Zoology		2	
微生物研究所 Inst. of Microbiology	1		
计算技术研究所 Inst. of Computing Technology			1
自动化研究所 Inst. of Automation			1
工程热物理研究所 Inst. of Engineering Thermophysics			1
山西省 Shanxi Province			
山西煤炭化学研究所 Shanxi Inst. of Coal Chemistry	1		
辽宁省 Liaoning Province			
金属研究所 Inst. of Metals Research		1	
金属腐蚀与防护研究所 Inst. of Corrosion and Protection of Metals		1	
大连化学物理研究所 Dalian Inst. of Chemical Physics		1	1
吉林省 Jilin Province			
长春应用化学研究所 Changchun Inst. of Applied Chemistry			1
长春光学精密机械研究所 Changchun Inst. of Optics and Fine Mechanics	1		
上海市 Shanghai			

续表 9.13

科研单位 Research unit	1994 年	1995 年	1996 年
上海天文台 Shanghai Observatory			1
上海硅酸盐研究所 Shanghai Inst. of Ceramics	1		
上海有机化学研究所 Shanghai Inst. of Organic Chemistry	2		
上海药物研究所 Shanghai Inst. of Materia Medica			1
上海生物化学研究所 Shanghai Inst. of Biochemistry		1	
上海光学精密机械研究所 Shanghai Inst. of Optics and Fine Mechanics	1		
江苏省 Jiangsu Province			
南京地质古生物研究所 Nanjing Inst. of Geology and Palaeontology		1	
安徽省 Anhui Province			
固体物理研究所 Inst. of Solid State Physics			1
等离子体物理研究所 Inst. of Plasma Physics			2
中国科学技术大学 University of Science and Technology of China	1		1
山东省 Shandong Province			
海洋研究所 Inst. of Oceanology		1	1
湖北省、湖南省 Hubei and Hunan provinces			
武汉数学物理研究所 Wuhan Inst. of Mathematical Sciences		2	

续表 9.13

科研单位 Research unit	1994 年	1995 年	1996 年
水生生物研究所 Inst. of Hydrobiology			1
广东省 Guangdong Province			
广州地球化学研究所 Guangzhou Inst. of Geochemistry			1
广州能源研究所 Guangzhou Inst. of Energy Conversion		1	
四川省 Sichuan Province			
成都有机化学研究所 Chengdu Inst. of Organic Chemistry		1	
云南省 Yunnan Province			
昆明植物研究所 Kunming Inst. of Botany		1	
陕西省 Shaanxi Province			
水土保持研究所 Inst. of Soil and Water Conservation	1		
甘肃省、青海省 Gansu and Qinghai provinces			
近代物理研究所 Inst. of Modern Physics			2

十、文献、情报

DOCUMENTATION AND INFORMATION

10.1 文献情报系统馆藏文献情况

Statistics of Documentation Collected by CAS Documentation and Information System

年份 Year	文献收藏总量 Total collection (万册) (ten thousand volumes)	其中：院中心和地区中心藏书量 Of which: Total books collected by DICCAS and CAS regional centers	图书（万册）Books (title) 合计 Total	中文 Chinese	外文 Foreign languages	期刊（万册）Periodicals (title) 合计 Total	中文 Chinese	外文 Foreign languages	其他文献（万册）Others (ten thousand volumes)
1950	63	34	51			12	6	6	
1955	272	118	182	115	67	88	26	62	2
1959	813	413	484	347	137	314	81	233	15
1965	1542	849	851	608	243	664	221	443	27
1978	867	692	367	184	183	193	102	91	307
1981	1753	876	668	354	314	679	190	489	406
1985	2104	962	600	312	288	1089	352	737	415
1988	2935	1240	679	359	320	1809	367	1442	447
1990	2565	1033	836	402	434	1729	357	1372	530
1991	3306	1269	810	392	418	1834	396	1438	662
1992	3032	1446	821	402	419	1553	353	1200	658
1993	3006	1450	786	409	377	1563	364	1199	657
1994	3032	1224	791	456	335	1592	368	1224	649
1995	3632	1232	768	394	374	2236	533	1703	628
1996	3700	1248	764	405	359	2316	549	1767	620

10.2 文献情报系统馆藏图书、期刊情况（1996年）

Statistics of Books and Periodicals Collected by CAS Documentation and Information System：1996

单位：万册（ten thousand volumes）

	合计 Total	中文 Chinese	西文 Western languages	日文 Japanese	俄文 Russian	其他 Other languages
图书总册数 Total number of books	763.4	404.8	208.8	24.7	81.7	43.4
其中：院中心与地区中心 Of which：Collected by DICCAS and CAS regional documentation and information centers	254.6	102.7	67.9	11.1	31.5	41.4
期刊总册数 Total items of periodicals	2316.4	549.1	1385.2	165.6	187.5	29
其中：院中心与地区中心 Of which：Collected by DICCAS and CAS regional documentation and information centers	993.2	247.2	572.6	78.6	65.8	29

注：1. DICCAS：中国科学院文献情报中心。

Note：DICCAS——The Documentation and Information Center of the Chinese Academy of Sciences.

2. 中国科学院文献情报系统包括中国科学院文献情报中心、4个地区文献情报中心和研究所级的122个文献情报室。

CAS documentation and information system includes DICCAS，4 regional documentation and information centers and 122 documentation and information services of in the CAS institutes.

10.3 文献情报系统馆藏印刷型特种文献情况（1996 年）

Statistics of Printed Special Documents Collected by CAS Documentation and Information System：1996

	古籍（册）Ancient books (volume)	学位论文（篇）Theses (article)	会议文献（篇）Conference proceedings (article)	专利文献（件）Patents (item)	照片图纸（张）Photos and blueprints (frame)	科技报告（篇）S&T report (article)	成果资料（件）Achievement documents (item)	标准文献（件）Standard documents (item)	其他（件）Others (item)
总　计 Total	**738838**	**30323**	**116845**	**588707**	**2409869**	**629659**	**118659**	**32175**	**124986**
其中：院中心与地区中心 Of which：Collected by DICCAS and CAS regional documentation and information centers	540212	11624	19344	410627	43	402694		15427	6844

10.4 文献情报系统馆藏非印刷型特种文献情况（1996 年）

Statistics of Non-printed Special Documents Collected by CAS Documentation and Information System：1996

	录音带（盒）Audio-tapes (cassette)	录像带（盒）Video-tapes (cassette)	电影片（部）Motion pictures (set)	缩微平片（张）Microfiche (sheet)	缩微胶卷（盒）Microfilms (box)	机读磁带或磁盘（盒或张）Computer-readable tapes or disks (box or piece)	光盘（张）Optical disks (piece)	其他（件）Others (item)
总　计 Total	**17787**	**2264**	**233**	**955971**	**331601**	**1916**	**356**	**101596**
其中：院中心与地区中心 Of which：Collected by DICCAS and CAS regional documentation and information centers	1531	817		895328	321682	15	238	

10.5 文献情报系统情报服务情况（1996 年）

Documentation Services Provided by CAS Documentation and Information System：1996

	文献流通（册・次）Documents circulated (volume・times)	馆际互借（册・次）Inter-library loans (volume・times)	国际交换（册）International document exchange (volume)	文献复制 Document reproduction		
				静电复制（页）Xerox (page)	缩微胶片（张）Microfiche (sheet)	缩微胶卷（米）Microfilm (meter)
总 计 **Total**	**2830962**	**21428**	**86485**	**4742702**	**287836**	**382**
其中：院中心与地区中心 Of which：Collected by DICCAS and CAS regional documentation and information centers	503506	2124	20381	1344300	280000	

10.6 文献情报系统情报加工与服务情况（1996 年）

Information Processing and Services Provided by CAS Documentation and Information System：1996

	情报服务 Information services				二次文献加工 Secondary information processing				情报调研报告（篇）Information research report (No. of article)	翻译（万字）Translation (ten thousand characters)
	专题咨询（次）Special subject consultation (times)	手工检索（条）Manual retrieval (item)	机器检索（条）Computerized retrieval (item)	展览（次）Exhibitions (times)	文摘（条）Abstract (item)	工作单（张）Work sheets (sheet)	题录（条）Bibliography (item)	目录索引（种）Bibliography (title)		
总 计 **Total**	**4012**	**56928**	**235209**	**168**	**67527**	**238007**	**46700**	**329**	**255**	**776**
其中：院中心与地区中心 Of which：Collected by DICCAS and CAS regional documentation and information centers	1655	5157	23448	6	25876	133139	5821	5	101	131

十一、图书出版

PUBLICATION

11.1 图书

Classification of

年份 Year	合计 Total		科学出版社 Science Press		
	初版（种） First edition （title）	重版（种） Republication （title）	初版书 First edition		
			种 （title）	万字 （ten-thousand Chinese characters）	万册 （ten thousand volumes）
总计 Total	**14028**	**4286**	**13196**	**354935**	**16031.4**
1950～1954	238		238	3157	105.6
1955～1965	3301	1557	3301	71427	1395.9
1966～1970	172	126	172	4834	187.6
1971～1977	892	177	892	21508	3981.2
1978～1985	3140	748	3140	89744	5867.1
1986	472	126	462	12620	213.5
1987	628	139	607	20810	240.3
1988	536	72	495	15310	373.9
1989	573	63	507	13940	712.9
1990	498	79	409	13600	217
1991	483	176	396	14624	289
1992	541	136	465	15680	599.3
1993	618	113	465	17125	399.3
1994	678	209	608	22448	441.2
1995	605	247	505	20309	541.6
1996	653	318	534	17799	466

重版书 Republication		中国科学技术大学出版社 The Press of the University of Science and Technology of China				
		初版书 First edition			重版书 Republication	
种 (title)	万册 (ten thousand volumes)	种 (title)	万字 (ten-thousand Chinese characters)	万册 (ten thousand volumes)	种 (title)	万册 (ten thousand volumes)
3945	**6355.4**	**832**	**2800**	**1240.1**	**341**	**457.3**
1557	451.8					
126	26.2					
177	1547.3					
748	2482.7					
126	63.5	10	280	14.4		
133	121.9	21	641	37.6	6	13
64	80.9	41	1328	31.8	8	28.5
52	56.9	66	1763	82.5	11	6
61	41	89	3118	88.6	18	30
133	129	87	2659	59.8	43	100
109	271.1	76	2822	51	27	32
85	64.9	153	4597	653	28	24.7
137	149	70	2586	43.9	72	69.6
167	376.3	100	3651	77.5	80	94
270	492.9	119	4550	100	48	59.5

11.2 图书出版情况（1996 年）

Classification of Books Published：1996

单位：种数（title）

学科及书类 Field and type	合计 Subtotal	科学出版社* Science Press	中国科学技术大学出版社 The Press of the University of Science and Technology of China
总计 **Total**	**971**	**804**	**167**
一、按学科分 By field			
数学、力学 Mathematics & mechanics	34	25	9
物理 Physics	20	10	10
化学 Chemistry	11	11	
天文学 Astronomy	3	3	
地学 Earth sciences	70	70	
生物学 Biological sciences	121	113	8
技术科学 Technological sciences	222	166	56
综合类 Comprehensive	490	406	84
二、按书类分 By type			
专著 Monographs	116	114	2
基础理论 Basic theory	127	89	38
论文集 Collected works	35	32	3

续表 11.2

学科及书类 Field and type	合计 Subtotal	科学出版社* Science Press	中国科学技术大学出版社 The Press of the University of Science and Technology of China
应用技术 Applied technology	176	128	48
基本资料 Basic information	47	47	
工具书 Reference books	27	22	5
科普 Popular science	11	11	
综述评论 Reviews	9	9	
其他 Others	423	352	71

*其中包括外文版 28 种，译著 77 种。

Of which, 28 are in English and 77 are translated books.

11.3 自然科学期刊分类情况（1996 年）

Classification of Periodicals in Natural Science：1996

	总计 Total	学术 Academic journals	技术 Technological journals	检索 Retrieval journals	科普 Popular science	指导 Instructional journals
一、期刊总数 Total number of periodicals	294	258	10	15	6	5
二、刊期 Frequency						
半月刊 Semimonthly	2	2				
月刊 Monthly	28	23	3		2	
一个半月刊 Semiquarterly	2	2				
双月刊 Bimonthly	90	76	3	7	2	2
季刊 Quarterly	163	147	4	8	2	2
半年刊 Semiannually	9	8				1
三、学科 Field						
综合 Comprehensive	30	23		3	1	3
数学 Mathematics	14	13		1		
力学 Mechanics	8	7		1		
物理学 Physics	29	23	2	3	1	
化学 Chemistry	16	16				

续表 11.3

	总计 Total	学术 Academic journals	技术 Technological journals	检索 Retrieval journals	科普 Popular science	指导 Instructional journals
三、学科 Field						
天文学 Astronomy	6	4	1	1		
地学 Earth sciences	45	41		3	1	
生物学 Biology sciences	56	51	1	2	2	
农学 Agriculture sciences	4	4				
环境科学 Environmental sciences	11	11				
技术科学 Technological sciences	59	51	6	1	1	
其他 Others	16	14				2

注：1. 其中英文版期刊 45 种。

Note：There are 45 journals published in English.

2. 统计数字不包括各种不定期和非正式刊物。

Journals published irregularly or not publicly circulated are not included.

ISBN 7-03-006234-5